Peter Lauster, in Stuttgart geboren, studierte Psychologie, Philosophie, Anthropologie und Kunstgeschichte. Seit 1971 leitet er die «Praxis für psychologische Diagnostik und Beratung». In den letzten Jahren beschäftigte er sich verstärkt mit der Erforschung sozialer Phänomene, die den Menschen neurotisieren. Seine Sachbücher erreichten eine Gesamtauflage von über 5 Millionen Exemplaren und erschienen in 16 Ländern. Alle Informationen zu Autor und Werk finden Sie im Internet unter www.peterlauster.de.

Peter Lauster

# *Lassen Sie sich nichts gefallen*

## Die Kunst, sich durchzusetzen

Rowohlt Taschenbuch Verlag

Neuausgabe April 2011
Veröffentlicht im Rowohlt Taschenbuch Verlag,
Reinbek bei Hamburg, Januar 2005
Copyright © 2005 by Rowohlt Verlag GmbH,
Reinbek bei Hamburg
Umschlaggestaltung ZERO Werbeagentur, München
Umschlagabbildung: Bill Ross © Corbis
Satz Proforma PostScript (InDesign)
bei KCS GmbH, Buchholz bei Hamburg
Druck und Bindung CPI – Clausen & Bosse, Leck
Printed in Germany
ISBN 978 3 499 62038 6

## Inhalt

Vorwort 7

1 **Status quo unserer psychischen Blindheit**
   Das vernachlässigte psychische Weltbild 11

2 **Bewältigung der Angst**
   Die Angstabwehr 31

3 **Acht Lebenslügen**
   Erste Lebenslüge 115
   Zweite Lebenslüge 135
   Dritte Lebenslüge 157
   Vierte Lebenslüge 172
   Fünfte Lebenslüge 182
   Sechste Lebenslüge 204
   Siebte Lebenslüge 217
   Achte Lebenslüge 230

4 **Wir müssen uns wehren**
   Die acht Lebenslügen sind Alarmreaktionen 243
   Die Macht der Sozialstrukturen 264

   **Anhang**
   Quellenverzeichnis 274
   Quellenverzeichnis der Abbildungen 278
   Quellenverzeichnis der Tabellen 279
   Bibliographie 280
   Empfohlene Literatur 281

«Unsere Gedanken und Einsichten sind im besten Fall Halbwahrheiten, mit sehr viel Irrtum untermischt, zu schweigen von den unnötigen falschen Informationen über das Leben und die Gesellschaft, denen wir beinahe von Geburt an preisgegeben sind.»

*Erich Fromm*

## Vorwort

Dieses Buch ist erstmals im Herbst 1976 als Econ-Sachbuch erschienen. Für die neue Taschenbuchausgabe habe ich es nochmals durchgesehen und kann sagen, es hat nichts von seiner Aktualität eingebüßt; es ist das «Basisbuch», auf dem meine später erschienenen Bücher aufbauen.

Weil der Titel vieldeutig ist, möchte ich gleich zu Anfang klären, dass keinem autoritären «Ellenbogenegoismus» das Wort geredet wird. Die Absicht des Buches besteht in der Aufdeckung der Schädlichkeit von als selbstverständlich angenommenen «Lebensregeln». Der Anfang des Buches ist deshalb den von Anna Freud erstmals beschriebenen «Abwehrmechanismen» der Seele gewidmet, die einer oberflächlichen Angstbewältigung dienen und Lebenslügen fördern. Dieses falsche «Durchsetzungsverhalten» führt nur immer tiefer in die Selbstunterdrückung und in seelische Konflikte. Ich möchte meinen Lesern Mut machen, sich bewusster in Beruf und Alltag zu mehr seelischer Freiheit, Individualität und Selbstentfaltung aufzumachen.

Köln, August 1985

# 1 Status quo
unserer psychischen Blindheit

# Das vernachlässigte psychische Weltbild

> «Denn die Gefährdung der heutigen Menschheit entspringt nicht so sehr ihrer Macht, physikalische Vorgänge zu beherrschen, als ihrer Ohnmacht, das soziale Geschehen vernünftig zu lenken.»
> 
> *Konrad Lorenz*

Die Wissensexplosion ist für den Normalbürger nicht mehr zu bewältigen. Selbst der Fachmann kann sämtliche Neuerscheinungen auf seinem Fachgebiet nicht mit normaler Lesegeschwindigkeit aufarbeiten.

Das Wissen verdoppelte sich von 1800 bis 1900 in nur 100 Jahren, von 1900 bis 1950 in fünfzig Jahren und von 1950 bis 1960 in nur zehn Jahren, schließlich verdoppelte es sich erneut von 1960 bis 1966 in nur sechs Jahren. Ein Student, der 1960 sein Studium aufnahm, stand nach Abschluss seines Examens 1966 vor der doppelten Wissensmenge als bei Studienbeginn. Kein Wunder, dass die meisten Akademiker vor interdisziplinärer Betrachtungsweise zurückschrecken und sich resignierend in die Laufbahn des Fachidioten schicken.

Das Wissen ist natürlich nicht in allen Fachgebieten mit gleicher Geschwindigkeit explodiert. So gut wie stagniert hat zum Beispiel die Wissenschaft der experimentellen Ästhetik, die von Gustav Theodor Fechner 1871 in Leipzig begründet wurde.[1] Die experimentelle Psychologie, die etwa zur gleichen Zeit ihre Forschungsarbeit aufnahm, hat sich dagegen wesentlich dynamischer entfaltet. Im Vergleich zur Psychologie entwickelten sich jedoch wiederum die Naturwissenschaften, Physik und Chemie in unvergleichlich rasanterem Tempo.

Der Grund für die verschiedenen Entwicklungsgeschwindigkeiten der Wissenschaften liegt nicht darin, dass die Forscher an Ästhetik weniger Interesse hätten als an physikalischen Problemen der Thermodynamik, sondern am subjektiven Karrierefeeling. Für Untersuchungen zur ästhetischen Wirkung des «goldenen Schnitts» gibt es keine Forschungsmittel, weder der Staat noch die Industrie schenken anerkennende Aufmerksamkeit und Beachtung. Anders verhält es sich beispielsweise bei dem zufällig herausgegriffenen Gebiet der Strömungslehre; hier fließen eher Forschungsmittel für den Forscher, zeichnen sich Aufstiegschancen ab, letztendlich winkt ihm der Nobelpreis.

Aus meiner Tübinger Studentenzeit (1961 bis 1968) ist mir noch gut eine Bemerkung von Professor Wilhelm Witte in Erinnerung aus seiner Vorlesung über psychologische Optik: «Ein Psychologe soll alles können, nur eines kann er nicht, den Nobelpreis gewinnen.» In dieser Vorlesung saßen 1962 etwa 30 bis 40 Studenten. Ein Numerus clausus war nicht nötig. «Was studierst du? Psychologie? Was willst du denn damit später einmal machen?», fragten mich Studenten anderer Fakultäten mit mitleidigem Unterton. Die Frage wurde meist mit dem Rat ergänzt: »Wenn du noch Volkswirtschaft studierst oder Medizin, ist das eine gute Kombination, aber sonst ...»

Psychologie war noch 1962 im Bewusstsein der Studenten und der Bevölkerung eine brotlose Kunst. Mittlerweile hat sich die Wissenschaft von der Seele jedoch verstärkt durchgesetzt, mehr Forschungsmittel stehen zur Verfügung, die Stellenanzeigen nahmen zu, auf vier ausgeschriebene Positionen kommt heute etwa ein Bewerber. Mit diesen Veränderungen stieg natürlich die Zahl der Psychologiestudenten an, und heute bestehen Zulassungsbeschränkungen an jeder Universität.

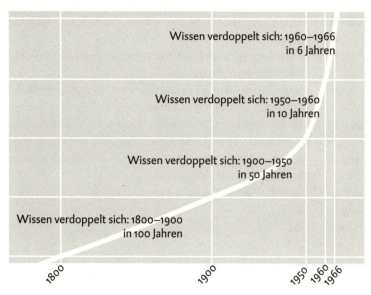

1: Die Explosion des Wissens von 1800 bis 1966

Die Ästhetik stagniert noch immer. Für diese Wissenschaft gibt es auch 100 Jahre später kaum mehr Subventionen als 1870 zur Zeit von Gustav Theodor Fechner.

Die Ausgaben des deutschen Forschungsministeriums 1973[2]:

Mio. DM
| | |
|---|---|
| 1014,980 | Energieforschung und Technologie |
| 588,698 | Einrichtungen und Vorhaben der Weltraum-Luftfahrtforschung und -Technik |
| 542,600 | Naturwissenschaftlich-technische Forschung und Entwicklung |
| 445,546 | Datenverarbeitung, Nachrichten, Technologie und Dokumentation |
| 311,965 | Allgemeine Forschungsförderung |

*Status quo unserer psychischen Blindheit*

| | |
|---|---|
| 247,570 | Trägerorganisationen der allgemeinen Forschungsförderung MPG/FHG |
| 136,990 | Einrichtungen und Vorhaben im Bereich von Biologie, Ökologie und Medizin |
| 84,570 | Neue Technologien im Bereich des Verkehrs und der kommunalen Ver- und Entsorgung |
| 64,745 | Technologien in Schlüsselbereichen, Roh-, Grund- und Werkstoffe, chemische Forschung |
| 40,250 | Meeresforschung und Meerestechnik (ohne Meeresbiologische Anstalt Helgoland) |
| 9,875 | Sozialwissenschaftliche Einrichtungen |
| 6,900 | ESO |
| 0,846 | IMT |

Sozialwissenschaftliche Einrichtungen stehen an drittletzter Stelle. An den ersten Stellen liegen, wie nicht anders zu erwarten: Energieforschung und Technologie, Einrichtungen und Vorhaben der Weltraum-, Luftfahrtforschung und -Technik, naturwissenschaftlich-technische Forschung und Entwicklung.

Diese Forschungsgewichtung muss sich in den nächsten Jahren ändern. Die sozialwissenschaftliche, sozialpsychologische und psychotherapeutische Forschung muss intensiviert werden. Was nützt uns eine weitere Explosion des naturwissenschaftlich-technischen Wissens, wenn die Städte unwirtlicher werden, die Umwelt weiter verschmutzt, die Ökologie durcheinander gerät, die Neurosen und psychosomatischen Symptome anwachsen und das Leben an Qualität verliert. Die Technologieförderung muss neu überdacht werden und in Richtung «soft technology» gehen. Wir brauchen zusätzlich eine «Technologie des Verhaltens», wie auch der amerikanische Psychologe B. F. Skinner vorschlägt, allerdings nicht in seinem behavioristischen Sinne.

Die Länder dieser Erde geben pro Jahr etwa 200 Milliarden Dollar für die Rüstung aus. Nur zehn Prozent dieser Summe (20 Milliarden) würden ausreichen, um die Forschung für die Verbesserung der zwischenmenschlichen Beziehungen zu realisieren. Damit könnte die atomare Kriegsgefahr vermindert und schließlich sogar unmöglich gemacht werden. Was hindert uns daran?

Es wurde bisher nur an der Erweiterung des physikalischen Weltbildes gearbeitet. Das psychische und soziale Weltbild galt im Vergleich dazu als unwichtig. Diese antiquierte Vorstellung muss revidiert werden, denn nur über die Erweiterung des psychosozialen Weltbildes ist die Selbstvernichtung des Menschen aufzuhalten.

Wohin wird die Psychologie nach Meinung von fünfzig britischen Psychologen nach einer futurologischen Prognose gehen? Sie sind der Ansicht, dass die Sozial- und Personalpsychologie am stärksten wachsen wird, und sie erwarten gegen Ende dieses Jahrhunderts einen großen Erkenntnisdurchbruch in der Neurophysiologie und der damit verbundenen Herstellung von Psychodrogen.

Bis 1987 sagen die englischen Psychologen wichtige Erkenntnisse auf dem Gebiet der Verhaltenskontrolle und neue Techniken der Selbstmanipulation voraus. Die Psychologie wird nach ihrer Vorausschau insgesamt praxisorientierter und vor allem wird sie stärkeren Einfluss auf die Erziehung nehmen.

Besonders interessant ist der Hinweis der Futurologen auf das Wachstum der Sozialpsychologie und der Personalpsychologie. Das heutige Weltsystem ist ohne mehr Wissen über soziale Prozesse und Konfliktverhalten nicht mehr zukunftssicher zu steuern. Die Konkurrenz- und Leistungsgesellschaft muss in eine Kooperations- und Teamgesellschaft übergeführt werden. Die Sehnsucht der Menschen nach Solidarität, Statusangleichung und mehr Gleichwertigkeit lässt sich nicht mehr lange unterdrücken.

*Physikalisch-technische Offenheit, sofern sie sich verkaufen lässt*

Am Beginn ihrer Entwicklung hatte es die europäische Naturwissenschaft schwer, ihre Erkenntnisse und «Wahrheiten» offen auszusprechen und zu verbreiten. Der italienische Renaissance-Denker Giordano Bruno wurde in Rom im Februar des Jahres 1600 als Ketzer verbrannt, weil er behauptete, dass die Erde im Kosmos nur ein Stäubchen unter anderen Stäubchenwolken ist. Zu dieser Zeit war der Begründer der experimentellen Physik, Galileo Galilei, 36 Jahre alt. Er konstruierte sechs Jahre später ein Fernrohr und entdeckte Mondberge, Jupitermonde und Sonnenflecken. Wegen seiner Bekenntnisse zum heliozentrischen Weltbild (die Erde kreist um die Sonne, nicht umgekehrt) wurde er 1616 von der Kirche zum Schweigen verurteilt. Dem eitlen Selbstbild des Menschen fügte er die Kränkung zu, nicht im Mittelpunkt des Kosmos zu leben; diese Wahrheit wollte man verbieten und unterdrücken.

Galilei wurde wegen dieser Kränkung der damaligen Mächtigen der Ketzerei beschuldigt und schwor in Rom 1633 vor einem Inquisitionsgericht von seiner Erkenntnis ab, obwohl er überzeugt war, dass seine Auffassung richtig war: Und sie bewegt sich doch.

Die zweite große Kränkung wurde der Menschheit durch den englischen Naturforscher Charles Darwin 1859 zugefügt mit der Entdeckung, dass der Mensch auf dieser Erde kein Sonderwesen darstellt, sondern stammesgeschichtlich mit den Tieren in einem Verwandtschaftsverhältnis steht, das zu den Menschenaffen besonders nahe ist. Auch hier vermischte sich wieder die Kollision mit religiösen Anschauungen und einer eitlen Selbstüberschätzung des Menschen: Ich bin ein Sonderwesen, das weit über tierischen Arten steht und mit ihnen in keiner Weise vergleichbar ist.

Für die dritte große Kränkung der Menschheit sorgte der Erfinder der Psychoanalyse, Sigmund Freud, als er in seinen Büchern Anfang dieses Jahrhunderts dem Menschen sagte, dass er «nicht Herr im eigenen Haus» ist, sondern sein Verhalten von unbewussten Motiven und Trieben aus der Tiefe seiner Seele beeinflusst wird. Freud wurde von seinen Zeitgenossen heftig attackiert, des wertblinden Materialismus und pornographischer Tendenzen bezichtigt. Seine Bücher wurden von den Nationalsozialisten verboten und im Mai 1933 in Berlin (Freud ist 77 Jahre alt) verbrannt. Der Aggressionsforscher Konrad Lorenz äußerte sich zu diesen versuchten Unterdrückungen der Wahrheit recht aggressiv: «Die Menschheit verteidigt ihre Selbsteinschätzung mit allen Mitteln, und es ist wahrlich am Platze, Humilitas zu predigen und ernstlich zu versuchen, die hochmütigen Hemmnisse der Selbsterkenntnis in die Luft zu sprengen.»[3]

Die Unterdrückung der Wahrheit sollte die glorifizierte Selbsteinschätzung des Menschen und seiner einzigartigen Welt nicht ins Wanken bringen. Die Unterdrückung der Wahrheit geschieht in der Psyche jedes Menschen in der Form von Abwehrmechanismen, damit seine persönliche Selbsteinschätzung nicht in Frage gestellt wird. Über diese Angst vor der Wahrheit berichtet ausführlich das nächste Kapitel.

Die Naturwissenschaften, besonders die physikalische und technische Richtung, haben eine explosionsartige Wissensentwicklung hinter sich gebracht. Heute bestehen für die Physiker alle Freiheiten, neue physikalische Weltbilder nach Belieben zu entwerfen. Das Kapital setzt allerdings die Prioritäten.

Allein die Wachstumsrate der Energie zeigt, welches Energiepotenzial die Physik der Menschheit zur Verfügung stellte. Die frühen Windmühlen entwickelten etwa 10 PS, Watts erste Dampfmaschine (1765) entwickelte bereits 100 PS, die spätere Dampfmaschine (1850) schon 10 000 PS und die Rakete (1955) etwa 1 000 000 PS. Heute bauen wir Atomkraftwerke mit 1200 Megawatt elektrischer Leistung (umgerechnet 1 600 000 PS), genug, um zum Beispiel eine Stadt wie Hamburg mit Strom zu versorgen – und die Atombomben, um die Weltbevölkerung auszurotten und den Erdball einzuebnen. Interessanterweise wurde zuerst die Bombe entwickelt und erst später das Atomkraftwerk. Seit einigen Jahren ist das zweite Atomzeitalter angebrochen: die Verbreitung atomarer Technologie über die bisherigen Atommächte hinaus. Bis 1985 werden bis zu zwanzig Staaten über eigene Atombomben verfügen. In etwa vierzig Ländern werden Atomkraftwerke stehen. Der nukleare Flaschengeist hat den Korken gesprengt und kommt heraus.

Die Physik hat diesen phantastischen Aufschwung erlebt, weil mit der Anwendung physikalischer Erkenntnisse Geld zu verdienen war. Die Vermarktung ermöglichte die industrielle Revolution, und damit brach das Industriezeitalter mit seinen materiellen Vorteilen für die breite Bevölkerung und vor allem für die Unternehmer an. Der allgemeine Wohlstand stieg, die Arbeitszeit wurde verringert (in den vergangenen zwanzig Jahren um zehn Wochenstunden), den Armen ging es besser, und die Reichen wurden noch viel reicher (Einkommensschere).

Das Nettosozialprodukt betrug pro Kopf und Jahr in Mark (umgerechnet in Preise von 1962)[4]:

| 1880 | = | 1290 Mark | 1950 | = | 2791 Mark |
| 1900 | = | 1902 Mark | 1960 | = | 5421 Mark |
| 1925 | = | 2170 Mark | 1971 | = | 7683 Mark |

Bei diesen Erfolgen des physikalisch-technischen Fortschritts ist es kein Wunder, dass Naturwissenschaftlern alle Forschungsmittel, die sie wollten, gegeben wurden und ihrer Arbeit absolute Priorität eingeräumt wurde. Kein Wunder auch, dass sich nun ihr Denken frei entfalten durfte und mehr Offenheit herrschte. Keine Beschränkungen, weder finanzieller noch ethischer Art, begrenzten die physikalische Wissensexplosion der letzten siebzig Jahre.

Seit kurzer Zeit mehren sich jedoch die kritischen Stimmen, und es werden Fragen laut: Ersticken wir am Fortschritt? Muss die wissenschaftliche Hybris gezähmt werden? Soll der Fortschritt in Bahnen gelenkt oder gar in seinem Tempo reduziert werden? Sind die Zauberlehrlinge in den Laboratorien ratlos? Haben wir ein «Selbstmord-Programm» entfesselt?

Der «Club of Rome», ein Verein von Wirtschaftsführern und Wissenschaftlern, beauftragte ein Team des Massachusetts Institute of Technology (MIT), eine Hochrechnung über unsere Zukunft nach dem heutigen Stand der Entwicklung mit dem Computer zu erstellen. Das Ergebnis war der Aufsehen erregende und umstrittene Bestseller «Grenzen des Wachstums» mit dem Ergebnis: Falls das Wachstum nicht bis 1985 gestoppt wird, gerät die Welt in eine Katastrophe, die unsere Zivilisation tödlich gefährdet. Einige Jahre später (1974) erschien die zweite «Club of Rome»-Studie mit dem mahnenden Titel: «Menschheit am Wendepunkt».

Die janusgesichtige Situation, einerseits mehr Wohlstand und Bequemlichkeit für die Menschheit, andererseits die atomare und ökologische Gefahr, führt zu der Frage, ob die destruktive Seite der Technik tatsächlich zu ihrem Wesen gehört oder ob es nicht viel mehr die ökonomischen und politischen Egoismen sind, die zu der Situation geführt haben. Die Technik ist so human oder inhuman wie der Mensch, der sie anwendet. Die Entscheidung über die Anwendung treffen jedoch nicht die Naturwissenschaftler, sondern eine winzige Machtelite von Unternehmern, Wirtschaftlern, Militärstrategen und Politikern. Tausende von Wissenschaftlern stehen der Anwendung ihrer Erfindungen ziemlich hilf- und machtlos gegenüber, weil sie sich von Staatsbudgets und Firmengeldern verlocken ließen. Sie haben sich verkauft, ihre Entdeckungen gehören nicht ihnen, sondern dem Kapitalgeber – sie können also nur Ratschläge erteilen, aber keine Entscheidung treffen.

*Die psychische Blindheit ist gewollt*

Wir erlebten ein uneingeschränktes Wachstum der Technologien, der Wirtschaft und des allgemeinen Wohlstandes. Dies ist die positive Seite der bisherigen Zivilisationsentfaltung. Das Wissen über individual- und sozialpsychologische Zusammenhänge ist jedoch nicht mit gleicher Geschwindigkeit mitgewachsen. Das Wis-

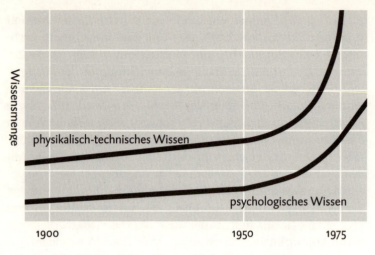

2: Das zurückgebliebene Wissen über psychische Zusammenhänge

sen über die Psyche hinkt weit hinterher, weil ihrer Erforschung in der technischen Expansionsphase leider wenig oder gar keine Beachtung geschenkt wurde.

Trotz der Zunahme des Wohlstandes und mehr sozialer Sicherheit (manche Kritiker glauben, wir hätten bereits zu viel Sozialstaat) sind die psychischen Störungen und Krankheiten nicht zurückgegangen, sie stagnierten nicht einmal, sondern nahmen erheblich zu.

Der Nervenarzt Prof. Dr. Kurt Heinrich (von der Neuropsychiatrischen Klinik Mainz) schätzt, dass jeder dritte Patient, der die Praxis eines Allgemeinmediziners aufsucht, auch in psychiatrische Behandlung gehört.[5] Ein Anästhesist erzählte mir aus seiner täglichen Praxis im Operationssaal, dass 50 Prozent aller operierten Patienten keinen organischen Befund aufweisen und als «psychische Fälle» gelten können.

Das niedersächsische Sozialministerium gab Anfang 1973 eine Statistik heraus, nach der rund zehn Millionen Einwohner der

Bundesrepublik an seelischen Störungen leiden, die behandelt werden müssen.[6] (In der Bundesrepublik leben etwa zweiundsechzig Millionen Menschen, Kleinkinder und Pensionäre eingeschlossen.)

Darüber hinaus leiden etwa zwei Millionen der Bevölkerung an einer Geistes- und Gemütskrankheit und sind aus diesem Grund berufs- und arbeitsunfähig.[7] Etwa 100 000 dieser Patienten werden stationär in Nervenheilanstalten behandelt. Die psychiatrische Betreuung ist meist völlig unzureichend, und die Anstalten sind total überbelegt. Oft sind bis zu sechzig Patienten in einem Schlafsaal untergebracht. Die Missstände in der psychiatrischen Versorgung der Bevölkerung würden ein Buch füllen, sie können jedoch hier nur kurz angedeutet werden, um vom Thema nicht abzukommen.

Die Zahl der Aufnahmen in den psychiatrischen Landeskrankenhäusern steigt ständig. Sie hat sich in dem Erfassungszeitraum von 1956 bis 1970 verdoppelt.[8]

Vor allem die Aufnahme mit der Diagnose «Alkoholismus» nahm stark zu – von 1956 bis 1971 um etwa 480 Prozent[9]. Die meisten Patienten der Anstalten leiden unter Schizophrenie (50,4 Prozent), Schwachsinn (11 Prozent), Alkoholismus (9,4 Prozent) und manisch-depressiver Gemütskrankheit (3,9 Prozent).

Die Patienten in den psychiatrischen Landeskrankenhäusern sind jedoch nur die winzige Spitze eines Eisbergs des psychischen Elends, sie sind die ganz schweren Fälle psychischer Erkrankung (Psychosen, Geistes- und Gemütskrankheiten). Eine umfassende ambulante psychiatrische Betreuung der Bevölkerung ist nicht möglich, da in der Bundesrepublik nur etwa 1200 Psychiater (Nervenärzte) mit eigener Praxis niedergelassen sind. In anderen Ländern ist die Zahl der Psychiater pro Einwohner nicht viel höher, teilweise wesentlich geringer.

Aber noch viel schlechter steht es mit der Versorgung von zehn Millionen psychisch gestörten Patienten, die zwar an keiner Geistes- und Gemütskrankheit leiden, aber an psychosomatischen

Dr. Knowhow mit 30

Dr. Knowhow mit 60
Die Saat ist aufgegangen

3: Die Saat ist aufgegangen

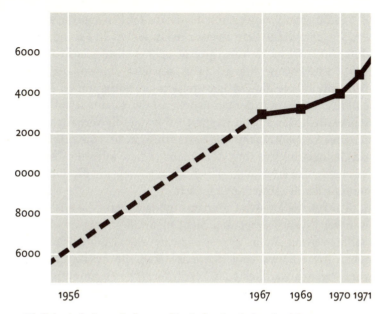

4: Jährliche Aufnahmen in den psychiatrischen Landeskrankenhäusern

Symptomen (zum Beispiel Magen- oder Zwölffingerdarm-Geschwür, Herzneurose, Migräne) oder an einer Neurose. Für ihre Versorgung stehen in der Bundesrepublik (wie auch in anderen europäischen Ländern) etwa 600 bis 1000 Psychotherapeuten und Psychologen mit freier Praxis zur Verfügung. Auf einen Psychotherapeuten kommen also etwa 10 000 potenzielle Patienten. Im Vergleich dazu schneidet die medizinische Versorgung gut ab; ein Kassenarzt betreut etwa 1350 Bürger. Ein Psychotherapeut kann jedoch pro Tag nur maximal sechs Patienten jeweils eine Stunde Behandlungszeit widmen, das sind nur dreißig verschiedene Patienten pro Woche.

Eine orthodoxe Psychoanalyse dauert durchschnittlich drei bis fünf Jahre. Also kann ein Psychoanalytiker nur an dreißig Patienten alle drei bis fünf Jahre eine abgeschlossene psychoanalytische

Behandlung vollbringen. In seinem Arbeitsleben kann er, wenn er dreißig Jahre praktiziert, an etwa 100 Patienten die Psychoanalyse durchführen. Es fehlen also grob gerechnet mindestens 50 000 bis 100 000 Psychoanalytiker. Häufig ist jedoch eine so langwierige Behandlung wie die Psychoanalyse nicht nötig, um einem psychisch erkrankten Patienten zu helfen. Es gibt heute zeitökonomischere Methoden wie die Gesprächstherapie, die Verhaltenstherapie, die Gruppentherapie, die Gestalttherapie und die aufklärende psychologische Beratung. Aber auch für diese kürzeren Therapieformen fehlen etwa 50 000 Psychotherapeuten, um die nötige Versorgung der Bevölkerung zu leisten.

Trotz dieser krassen Unterversorgung wird für die Ausbildung weiterer Psychotherapeuten nicht mehr als im bisher üblichen Rahmen getan. Dafür gibt es verschiedene Gründe. Die praktischen Ärzte haben kein Interesse daran, die Zusatzausbildung zum Psychoanalytiker oder Psychotherapeuten zu absolvieren, weil das für sie erstens drei bis vier Jahre aufgeschobener Verdienst bedeutet und weil mit einer psychotherapeutischen Praxis niemals ein Jahresumsatz von 150 000 bis 250 000 DM zu erzielen ist.

Bei der derzeitigen geringen Psychotherapeutenzahl sind die Therapeuten mit Patienten gut ausgelastet; manche haben sogar Wartezeiten bis zu mehreren Monaten. Die meisten sind Privatpatienten aus der Mittel- und Oberschicht, die ein Stundenhonorar von 60 bis 150 DM aus eigener Tasche bezahlen und diese Kosten steuerlich absetzen können. Die Krankenkassen machen große Schwierigkeiten bei der Erstattung der Kosten der psychotherapeutischen Behandlung. Sie wissen genau, dass sie die Beiträge ins Unermessliche erhöhen müssten, wenn die breite Bevölkerung die Psychotherapie entdecken würde. Es ist für die Kassen und letztlich auch für den Beitragszahler ökonomischer, wenn er sich mit Psychopharmaka zufrieden stellen lässt, obwohl das natürlich für seine psychische Gesundheit nicht besser ist. Auf diese Problematik wird noch näher eingegangen.

Das psychische Massenelend (zehn Millionen sind psychisch

gestört) ist nur sehr grob geschätzt, es ist in Wirklichkeit noch viel größer, wenn das diffuse Problemfeld der Minderwertigkeitsgefühle, Nervosität und Verstimmbarkeit mit einbezogen wird. Amerikanische Psychologen haben in Testuntersuchungen festgestellt, dass in den USA jeder Zweite sich schüchtern und gehemmt fühlt.[10]

Nach meiner eigenen Erfahrung leiden weit über fünfzig Prozent der Bevölkerung der westlichen Industrienationen an Störungen ihres Selbstwertgefühls und würden gerne psychisch freier und selbstbewusster ihre individuelle Persönlichkeitsstruktur entfalten. Aus diesem Grund fühlte ich mich motiviert, dieses Buch zu schreiben. Es soll dem Leser helfen, seine psychische Blindheit langsam und schrittweise abzubauen und den Selbstfindungsprozess anzuregen.

Der Psychologie sollten im Moment keine Vorwürfe gemacht werden, denn sie ist erstens noch eine junge Wissenschaft, die sich zweitens mit der Beschaffung des Forschungskapitals, wie bereits angedeutet, schwer tut. Die Prioritäten sind (noch) anders gesetzt, weil mit Technologie direkt Gewinne zu erzielen sind. Mit psychologischen Forschungsergebnissen lässt sich nicht unmittelbar ein Geschäft machen. Deshalb haben bisher weder die Unternehmer noch die Politiker in individual- und sozialpsychologische Therapieforschung Kapital investiert. Der Staub des Mondes erscheint eben wichtiger als der Angstschweiß eines Erstklässlers in der Rechenstunde.

Der renommierte Verhaltensforscher und ehemalige Lorenz-Schüler Irenäus Eibl-Eibesfeldt klagte 1973 zu Recht in einem Spiegel-Essay[11]: «Wir schießen Sonden zum Mars und lassen Bilder zur Erde funken, aber wie man mit dem Nachbarn zusammenlebt, das lösen wir offenbar nicht so leicht.» Die Möglichkeiten, dieses Problem zu lösen, wären jedoch gegeben, wenn die Verhaltensforschung und die Psychologie ein gleich hohes Forschungsbudget hätten wie die Weltraumforschung.

Recht bescheidene Forschungsmittel (im Vergleich zur Physik

und Chemie) pumpte die Industrie in den letzten Jahren in die angewandte Betriebspsychologie (optimalere Ausnützung der menschlichen Arbeitskraft), Werbepsychologie (Manipulation des Konsumenten), Verkaufspsychologie (Schulung des Verkaufspersonals, um den Absatz zu steigern) und Testpsychologie (Auslese der optimalen Bewerber). Letztendlich geht es hierbei um den Faktor Mensch nur im ökonomischen Sinn als Arbeitskraft und Konsument, es geht um Leistungssteigerung und auch hier wieder um Gewinnmaximierung.

Für die individualpsychologische, therapeutische Forschung und die sozialpsychologische Überwindung der bestehenden Blindheit steht kein Kapital zur Verfügung, weil es der Industrie (nach der konventionellen Meinung) nicht direkt eine konkrete ökonomische Effizienz bringt. Als nützlich gilt die Kreativitätsförderung und Persönlichkeitsschulung (imponierend selbstsicheres Auftreten im beruflichen Bereich) und die sozialpsychologische Forschung über anpassungsbereite Teamfähigkeit. Gezielte Forschungsergebnisse dieser Art werden finanziert und begierig in das System integriert.

Der psychologischen Forschung stehen die Industrie und der Staat (Universitätsbetrieb) jedoch sofort abwehrend gegenüber, wenn sozialpsychologische Untersuchungen das bestehende Konkurrenz- und Leistungssystem ankratzen, wenn Unterdrückungsmechanismen aufgezeigt werden und das individuelle psychische Leiden auf die bestehenden sozialen Systemverhältnisse zurückgeführt wird. Aufdeckung und Aufklärung dieser Art wird nicht gewünscht und deshalb auch finanziell nicht unterstützt, denn psychische Blindheit soll gerade hier weiter erhalten bleiben.

Wir haben heute in der Psychologie unter den Psychologen und Psychotherapeuten deshalb zwei verschiedene Einstellungen. Der größeren und mächtigeren Psychologen- und Psychotherapeutengruppe geht es primär nicht um die Erforschung der gesellschaftlichen Verhältnisse, sondern um die «wertneutrale» Betrachtung der Motive des Handelns und des Verhaltens. So warnt

«Info-Psychologie-aktuell», ein Informationsdienst für Psychologiestudenten, über das Wintersemester 1975/76 vor dem Studienmotiv «Psychologie als Gesellschafts- oder Systemtherapie». Und ironisch heißt es, Psychologen erwecken «manchmal den Verdacht (die Hoffnung), mittels Psychologie spät-kapitalistische Gesellschaftsstrukturen aufzuweichen und früh-paradiesische Strukturen inszenieren zu können».

Warum wird davor gewarnt, die Psychologie auch unter dem Aspekt der Hilfe für eine Gesellschaftstherapie zu verstehen? Weil der Student sehr rasch erkennen muss, dass die Psychologie, die an der Hochschule gelehrt und praktiziert wird, dieses Ziel nicht ansteuert. Die Psychologie hat sich voll in den Dienst seines Kapitalgebers zu stellen und zu erforschen, was ihm nützt – für andere Forschungen steht kein Geld zur Verfügung, weil hier die Blindheit weiter bestehen soll.

Die Lage der Psychologie kennzeichnet ein Aphorismus von George Bernard Shaw: «Der vernünftige Mensch passt sich der Welt an, der unvernünftige versucht, die Welt sich ihm anzupassen. Daher hängt aller Fortschritt von den Unvernünftigen ab.» Es ist zu hoffen, dass in Zukunft möglichst viele Psychologen «unvernünftig» sind und die Warnung vor dem Studienmotiv «Psychologie als Gesellschafts- oder Systemtherapie» missachten.

*Status quo unserer psychischen Blindheit*

# 2 Bewältigung der Angst

# Die Angstabwehr

> «Seine (des Menschen) nächste Aufgabe ist dann, das von der Abwehr Geleistete wieder rückgängig zu machen, das heißt, das durch Verdrängung Ausgelassene zu erraten und wieder einzufügen, das Verschobene zurechtzurücken, das Isolierte wieder zu verbinden.»
>
> *Anna Freud*

Um die menschliche Psyche besser zu verstehen, ist das Studium des dynamischen Strukturmodells der Persönlichkeit von Sigmund Freud unerlässlich. Die Kenntnis des innerseelischen Kräftespiels führt zu Freuds provozierender und noch heute gültiger Schlussfolgerung, dass der Mensch nicht Herr im eigenen Haus ist.

Anna Freud, die Tochter des Begründers der Psychoanalyse, setzte das Werk ihres Vaters auf dem Gebiet der Ich-Psychologie und der Dynamik der Abwehrmechanismen konsequent fort. Sie veröffentlichte einundvierzigjährig 1936 (ihr Vater war bereits 80 Jahre alt, drei Jahre zuvor wurden seine Werke verbrannt) das bis heute grundlegende Buch über «das Ich und die Abwehrmechanismen»[1], das 1973 als Taschenbuch die achte Auflage erreichte und heute zur Standardliteratur der Psychoanalyse zählt.

Sigmund Freuds Instanzen-Modell der Psyche (Es, Ich, Über-Ich) gehört mittlerweile zur Allgemeinbildung der bildungsbürgerlichen Mittelschicht und Oberschicht und soll hier nochmals kurz skizziert werden, um die für unser Thema daraus ableitbaren Schlussfolgerungen leichter verständlich zu machen.

Freud unterscheidet innerhalb der Psyche drei Instanzen, die auf das Verhalten des Menschen Einfluss nehmen, das Es (mit unbewusstem Triebbereich des Sexual- und Aggressionstriebs), das Ich (Basis für überlegtes Handeln) und das Über-Ich (mit übernommenen Moralvorstellungen und der Gewissensfunktion).

Das Ich übernimmt die zentrale Vermittlerposition im Kräftespiel der Forderungen von Umwelt, Über-Ich und Es. Das Ich wird also von drei Seiten beeinflusst, wie die Grafik schematisch verdeutlicht:

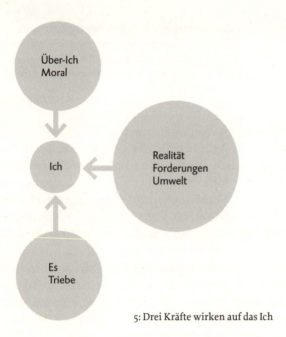

5: Drei Kräfte wirken auf das Ich

Das Ich wird vom Es getrieben (die Sexualität fordert Befriedigung), vom Über-Ich eingeschränkt (die Moral verbietet zum Beispiel eine sofortige Befriedigung) und von der Realität gelockt, aber auch blockiert. In diesem dreiseitigen Kräftespiel ringt das Ich um Harmonie und seelische Balance.

Schwer durchschaubar ist dieser innerseelische Prozess für den Einzelnen deshalb, weil nach der großen Entdeckung von Freud die Impulse aus dem Es und Über-Ich teilweise unbewusst sind, der Mensch also oft keine Klarheit darüber hat, warum er so und nicht anders handelt. Das bedeutet nicht, dass er wie ein ungesteuertes Schiff durch das Meer des Lebens segelt, da er ja von den Forderungen der Realität und den schwer durchschaubaren Normrichtlinien des Über-Ich sehr wohl gesteuert wird.

Wenn das Ich in dem innerseelischen Kräftespiel schwach ist und einem der beiden anderen Instanzen (dem Es oder Über-Ich) unterliegt, können seelische Störungen, Neurosen und Psychosen entstehen. Siegt zum Beispiel das Es über das Ich und kann sich auch das moralische Über-Ich nicht behaupten, dann wird der Mensch haltlos und unbeherrscht, da er sowohl seinen sexuellen Impulsen wie auch seinen aggressiven Wünschen (die nach Freud triebhaft sind, diese These ist jedoch zu Recht umstritten) freien Lauf lässt und auf diese Weise in Kollisionen mit seiner Umwelt gerät.

Siegt jedoch das Über-Ich über das Ich, wird der Mensch von den Normen und Moralvorstellungen seiner Erziehung (Autoritätspersonen) dermaßen beherrscht, dass er zwanghaft angepasst lebt und ihm von dieser Norm abweichende Impulse aus seiner Psyche Angst machen. Aus Angst vor seinen aggressiven und sexuellen Impulsen entwickelt er die verschiedenen Abwehrmechanismen, um damit besser seine Triebimpulse und Wünsche zu unterdrücken und zu hemmen.

Abwehrmechanismen sind zwar in unserem Kulturkreis bei jedem Menschen zu beobachten, sie sind jedoch bereits erste Symptome einer seelischen Erkrankung. Der so häufige Versuch, Impulse aus dem Es völlig zu unterdrücken, muss zwangsläufig in die Neurose führen. Diesem Prozess möchte dieses Buch auf die Spur kommen, und es soll die Frage geklärt werden, ob wir die Abwehrmechanismen wirklich brauchen oder ob dieser Selbstbetrug gestoppt werden kann.

Zunächst muss die Struktur des unbewussten Abwehrprozesses in der Psyche aufgeklärt und bewusst gemacht werden. Durch diesen Lernprozess des Bewusstseins wird der erste Schritt erreicht, um aus dem Abhängigkeitsverhältnis von den seelischen Instanzen (Es, Über-Ich) herauszufinden und mehr Offenheit und Ehrlichkeit wirken zu lassen.

Die meisten Menschen glauben zu wissen, was sie tun, und sie verteidigen ihre Handlungen mit Redewendungen wie: «Das ist eben so. So ist der Mensch, keiner kann aus seiner Haut. Das steckt eben im Menschen drin, da kann man nichts machen.»

Durch die Aufklärungsarbeit der Psychoanalyse, Psychologie, Anthropologie, Soziologie und vergleichenden Verhaltensforschung wurde das menschliche Verhalten transparenter gemacht. Zum Vorteil des Individuums und der Gesellschaft hat sich leider bisher trotzdem noch nicht viel verändert.

Es wurde sehr viel neues Wissen über die Sexualität, Aggression und Erziehung erarbeitet. Zum Beispiel ist längst geklärt und auch popularisiert, dass die autoritäre Erziehung einen autoritären, autoritätsgläubigen Menschentyp heranbildet, mit den viel zitierten allgemeinen negativen Folgen. Es ist bekannt, dass Lob ein besseres Erziehungsmittel als Strafe ist, weil zum Beispiel Frustrationen unter anderem Aggressionen erzeugen. Trotzdem erziehen die meisten Eltern ihre Kinder nach wie vor strafend und autoritär. Sie tun nicht, was sie wissen! Dem Wissen fehlt das praktische Verstehen, das nicht stattfindet, solange dieses Wissen nicht täglich auch praktisch erlebt wird. Und täglich wird eben der autoritäre Stil durchlebt, von den Eltern in gesellschaftlichen Alltagssituationen, im Beruf und in den Verwaltungsinstitutionen. Sie wagen nicht zu tun, was sie wissen, aus Angst vor der Triebstärke und den Sanktionen der Realität. Und vor allem: Das Über-Ich erzwingt seine Forderungen mit großer Härte.

Anna Freud hat zehn Abwehrmechanismen analysiert, die teilweise in den folgenden Abschnitten ausführlicher erklärt und diskutiert werden. Diese Abwehrmechanismen sind die Introjektion, die Projektion, die Wendung gegen die eigene Person, die Verdrängung, die Regression, die Reaktionsbildung, die Isolierung, das Ungeschehenmachen und die Sublimierung, die jedoch nicht nur als Abwehrmechanismus interpretiert wird, sondern auch als eine Leistung der gereiften Persönlichkeit gilt.

Diese durch Anna Freud schon klassisch gewordenen Abwehrmechanismen können erweitert werden durch die Betäubung, die Abschirmung, die Verleugnung, das Rollenspiel, die Gefühlspanzerung, die Blockierung und die Ohnmachtserklärung. Auch die Erweiterung führt noch zu keiner vollständigen Liste der Abwehrtechniken des Ich. Es werden in Zukunft neue Abwehrtechniken entdeckt werden, wenn sich die Gesellschaft verändert und dadurch neue Techniken provoziert werden, denn die Abwehrmechanismen sind gesellschafts- und kulturabhängig.

*Die Identifizierung*

Um die Identifizierung als einen Abwehrvorgang zu verstehen, muss die Bildung der Instanz Über-Ich erklärt werden. Das neugeborene Kind ist zunächst nur ein amorphes Es und besitzt noch kein Über-Ich. Im Erziehungsprozess werden dem Kind Gebote und Verbote von den Eltern erteilt, die es aufgrund der Autorität der Eltern und aus Angst vor Strafe aufnimmt. Die Eltern übermitteln moralische Normen (bezogen auf Sexualität, Sauberkeit, Höflichkeit gegenüber Autoritätspersonen, Beherrschung aggressiver Wünsche), die das Kind in seine Psyche introjiziert. Durch Identifizierung und Introjektion entsteht also das Über-Ich, eine Instanz, die sich in jedem normalen Erziehungsprozess bildet und kulturabhängig ist. Das Über-Ich eines chinesischen Dorfjungen enthält andere Normen als die Normen des Über-Ichs eines Jungen aus der Mittelschicht einer westlichen Großstadt. Unabhängig vom Inhalt der Normen spielt eine große Rolle, wie fest oder locker die Normen vertreten werden.

An der Bildung des Über-Ich sind neben den Eltern auch Verwandte, Lehrer, Chefs und Vorbilder beteiligt. Das Über-Ich wird auf diese Weise zum innerpsychischen Repräsentanten der Normen, Wert- und Moralvorstellungen einer Gesellschaft. Durch die Über-Ich-Bildung gehen diese Normen mehr oder weniger stark in «Fleisch und Blut» über.

Der amerikanische Gestaltpsychologe Frederick S. Perls wies darauf hin, dass Freuds Über-Ich-Modell einseitig ist, denn neben einem Über-Ich muss es auch ein «Unter-Ich»[2] geben. Das Über-Ich gebärdet sich als Tyrann mit Forderungen: Du sollst. Du sollst nicht. Wenn du das tust, wirst du bestraft. Wenn du das nicht tust, wirst du nicht geliebt.

Das Unter-Ich entschuldigt und rechtfertigt sich: Ich habe alles versucht, aber ich kann's nicht. Ich habe mir die größte Mühe gegeben. Ich bin schwach und ängstlich, aber ich werde es versuchen, euch gerecht zu werden.

Perls vergleicht das Über-Ich und das Unter-Ich mit zwei Clowns, die «auf der Bühne unserer Phantasie das Selbstquälerei-Spielchen aufführen»[3]. Er ist der Ansicht, dass beide Instanzen den Menschen in einen Kontrolleur (Über-Ich) und den armen, sich entschuldigenden Kontrollierten (Unter-Ich) aufteilen und er auf diese Weise seine Mitte verliert. Wenn das Über-Ich die Oberhand in der Psyche gewinnt, befindet sich der Mensch auf dem direkten Weg in die Neurose, denn der Weg zur Hölle ist mit «guten» Über-Ich-Forderungen gepflastert. Das Über-Ich will perfektionistische Normen erfüllen, die ständig einschüchtern. Die Folge ist die permanente Kritik des eigenen Verhaltens und des Verhaltens anderer Personen.

Das strenge Über-Ich stellt Forderungen auf und verlangt Einschränkungen (Sexualentsagung, Aggressionseinschränkung, Leistungspensum, Trainingspensum) oft in so extremem Ausmaß, dass der Mensch triebfeindlich, genussunfähig und psychisch gestört wird. In der Psychotherapie des Einzelnen geht es deshalb primär darum, das Über-Ich abzubauen und das Ich zu entlasten.

Die Schlussfolgerung für Präventivmaßnahmen der Gesellschaft wurden schon 1936 von Anna Freud zaghaft angedeutet: «Wenn die Neurose vom strengen Über-Ich gemacht wird, dann braucht die Erziehung nur alles zu vermeiden, was einer extremen Über-Ich-Bildung dient.»[4] Diesen Weg hat der englische Pädagoge A. S. Neill mit seinem Schulexperiment Summerhill eingeschlagen; mit seiner antiautoritären Erziehungsmethode strebte er das angstfreie, glückliche und unneurotische Kind an. Seine praktische Tätigkeit und sein Buch «Theorie und Praxis der antiautoritären Erziehung» (1960 in New York erschienen) sind ein Meilenstein der humanen Pädagogik. In Deutschland wurde die Taschenbuchausgabe bis 1974 etwa 970 000-mal verkauft. Und trotzdem hat sich an der autoritären Erziehungsweise und strengen Über-Ich-Bildung bisher so gut wie nichts geändert. Die Erklärung dafür habe ich in meinem Buch «Statussymbole»[5] in dem Kapitel «Das Autoritätsproblem» zu geben versucht.

Die geschilderte Introjektion der Normen wird durch die Identifizierung mit der übermächtigen Autorität möglich. Die erlebte Ohnmacht gegenüber den Forderungen der Autorität und die entstehende Angst vor der Macht führen zu dem Abwehrmechanismus der Identifizierung mit der Autorität. Anstatt gegen die Forderungen zu kämpfen, sie zu verneinen, werden sie aus Angst vor Strafe (Schläge, Liebesentzug, soziale Isolierung) bejaht und dann natürlich zu erfüllen versucht.

Um die Strafe und die Strafangst abzuwehren, wird auf diese Weise der Abwehrmechanismus der Identifizierung mit der Autorität, dem auf der sozialen Rangleiter Höherstehenden, dem Lehrer, dem Chef gebildet. Das Kind und der spätere Erwachsene lernen das Bedrohliche zu verarbeiten, indem sie sich selbst in einen Bedroher verwandeln. Kinder, die Angst vor Gespenstern haben, erschrecken andere Kinder gerne, indem sie sich als Gespenst verkleiden.

Schmerzhafte Erlebnisse, zum Beispiel strafende Eltern und Lehrer, Erlebnisse beim Zahnarzt, werden durch Identifizierung mit dem Angreifer weitergegeben. Anna Freud: «Indem das Kind aus der Passivität des Erlebens in die Aktivität des Spielens übergeht, fügt es einem Spielgefährten das Unangenehme zu, das ihm selbst widerfahren war, und rächt sich so an der Person dieses Stellvertreters.»[6] Das ist das Sündenbock-Prinzip: Frustrationen werden nicht aufgearbeitet und vernichtet, sondern weitergegeben. Sie lösen durch Identifizierung mit dem Frustrationsgeber und die Wiederholung der Frustration bei der nächstmöglichen Gelegenheit eine Kettenreaktion aus. Durch eine fortschreitende Verinnerlichung (Introjektion) der Frustrationsgeber mit ihren Eigenschaften, Einstellungen und Verhaltensmerkmalen wird das Über-Ich des Erwachsenen weiter ausgestaltet. Er übernimmt sukzessiv die Eigenschaften, die er zunächst hasste, die Identifizierung schreitet so weit voran, dass er schließlich seine eigenen Kinder genauso strafend und autoritär behandelt, wie er selbst behandelt wurde (er wollte es damals ganz anders machen), er behandelt einen Untergebenen genauso aggressiv und von oben herab, wie er selbst behandelt wurde und wird. So kann man die Regel aufstellen: Wer selbst oft getreten und «gehackt» wird, zieht keine Lehre daraus und verhält sich in Zukunft nicht kooperativer, sondern er «hackt» umso heftiger zurück, wenn sich ihm eine Gelegenheit dazu bietet. So ist es auch zu verstehen, warum wir einerseits Statusdenken und Statussymbole verurteilen, aber andererseits Statusverhalten geradezu zwanghaft praktizieren. Es handelt sich um den Abwehrmechanismus der Identifizierung mit dem jeweils höheren Status und der entsprechenden Angst einflößenden Macht.

Der Übergang vom normalen Abwehrmechanismus Identifizierung zum pathologischen Prozess ist fließend. Die Identifizierung mit dem Aggressor kann so weit gehen, dass blindlings und verstärkt Aggression und Unterdrückung weitergegeben werden, nach dem Prinzip: Was man mir antut, das füge ich einem anderen doppelt, ja zehnfach so stark zu. Erlebte Aggression wird dann als Destruktion weitergegeben. Die Tendenz zur Verschärfung ist häufig zu beobachten: Während der oberste Boss sich teilweise leger und flexibel gibt, setzt der unterste Aufseher seine Normen mit rücksichtsloser bis sadistischer Härte durch.

So ist zu verstehen, dass in der Unterschicht der Bevölkerung eine härtere autoritäre Kindererziehung praktiziert wird als in der Mittel- und Oberschicht. Kinder und Erwachsene der Unterschicht müssen häufiger und stärkere Frustrationen einstecken als Personen der Oberschicht. In der Unterschicht zeigt sich deshalb besonders ausgeprägt die Identifizierung mit der Autorität und ihren Forderungen. Revolutionäre kommen deshalb meist nicht aus der Unterschicht, sondern aus der Mittel- und Oberschicht, da der Unterdrückte seine Unterdrücker so introjiziert hat, dass er sich davon nicht mehr distanzieren kann.

*Die Verdrängung*

Die Verdrängung ist der bekannteste Abwehrmechanismus, der von Sigmund Freud in seiner Bedeutung für die gesunde und kranke Psyche erkannt wurde. Ein Motiv aus dem Es (zum Beispiel der Wunsch nach sexueller Befriedigung durch Onanie), das ins Bewusstsein kommt, wird vom kontrollierenden Über-Ich nicht erlaubt (introjiziertes Verbot der Eltern) und deshalb aus dem Bewusstsein ins Unterbewusstsein verdrängt. Da der Onaniewunsch in der Pubertät meist sehr mächtig ist, lässt er sich, wenn überhaupt, nur mühsam verdrängen.

Das vom Bewusstsein ins Unterbewusstsein verdrängte Motiv lässt sich meist nicht vollständig abdrängen, sondern versucht wieder zurück ins Bewusstsein zu finden. Solche Es-Durchbrüche zeigen sich dann in «Fehlhandlungen» des Versprechens, Verschreibens, Verhörens. Es wird viel seelische Energie verbraucht, um das Verdrängte im Unterbewusstsein zu halten, es nicht ans Tageslicht der hellen Bewusstheit zu lassen. Je mehr ein Mensch seine Triebregungen und Lebenswünsche verdrängt, umso mehr Energie verbraucht er für diese Verdrängungsarbeit. Dieser Energieverbrauch bremst ihn in seiner entspannten Leistungsfähigkeit.

In der Psychoanalyse wird mit vier Techniken das verdrängte Material ins Bewusstsein zurückgeholt, damit eine erneute vernünftige Auseinandersetzung ermöglicht wird:

- Analyse der freien Assoziationen
- Analyse von Träumen
- Analyse der Widerstände gegen das Bewusstwerden
- Analyse der Übertragung von Affekten auf den Therapeuten

Ein verdrängtes Motiv und der Konflikt zwischen Es und Über-Ich kann in der psychoanalytischen Behandlung nachträglich gelöst werden. Ein gelöster Konflikt verursacht keine psychischen Symptome mehr, und der Mensch fühlt sich wieder psychisch gesund und frei. Die Psychoanalyse holt durch die Rekonstruktion der verdrängten Inhalte diese aus dem Unterbewusstsein hervor, um nachträglich zu einer Bewusstmachung und bewussten Lösung zu kommen. Die Aufhebung der auf das Ich ausgeübten Zwänge (von verdrängten Es-Inhalten und Über-Ich-Normen) bewirkt die psychische Gesundung. Die Grafik zeigt grob die Gewichtung von bewussten und unbewussten Inhalten.

Der Bereich des Unterbewussten ist aufgrund der Verdrängungsarbeit bei den meisten Menschen in der westlichen Zivilisation viel größer als der Bereich des Bewusstseins. Der Abwehrmechanismus der Verdrängung ist also so häufig verbreitet, dass er unter statistischem Aspekt als «normal» angesehen werden könnte. Dennoch ist die Verdrängung nicht als optimal normal anzusehen. Die Normalität darf hier nicht nach der statistischen Verteilung beurteilt werden, sondern danach, ob der Mensch seine optimale Entfaltung und psychische Gesundheit gefunden hat.

Wenn in einer Bevölkerungsgruppe 70 Prozent der Menschen unter Schnupfen leiden, wird der Schnupfen durch sein statistisch häufiges Auftreten nicht zu einem Symptom der Gesundheit.

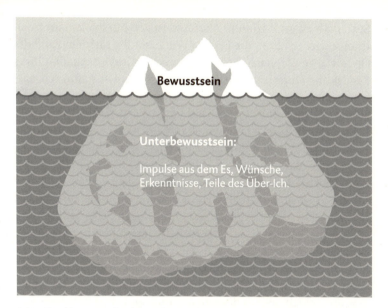

6: Das Unterbewusstsein nimmt einen weit größeren Raum als das Bewusstsein ein

So wurde noch vor wenigen Jahrzehnten in der Erziehung von etwa 90 Prozent der Eltern versucht, den Sexualtrieb aus dem Bewusstsein der Jugendlichen zu verdrängen, indem der voreheliche Geschlechtsverkehr und die Onanie als sündhaft dargestellt wurden. Es wurde die Verdrängung der sexuellen Bedürfnisse angestrebt und für richtig (normal) gehalten. Wer sich nicht daran halten konnte oder wollte, galt als sündhaft, und ihm wurden Schuldgefühle vermittelt. Eine triebfeindliche Moral hat die Verdrängung der Sexualität des Jugendlichen zur Norm erhoben. Diese Verdrängung ist jedoch unmoralisch, weil sie den Menschen in die psychische Störung treibt. Nicht das Ausleben der Sexualität, weder mit einem Partner (vorehelich) noch in der Selbstbefriedigung, ist unmoralisch.

Es geht also in der Erziehung darum, keine Verdrängung der

Sexualität zu praktizieren. Trotzdem stellen mir auch heute noch immer wieder Eltern die Frage: «Wie kann ich meinem Kind die Onanie abgewöhnen?» Sie wollen wissen, wie die Sexualität ihres Kindes ins Unterbewusstsein verdrängt werden kann. Ich antworte mit A. S. Neill: «Sagen Sie dem Kind, Onanie habe nichts mit Sünde zu tun! Wenn Sie das Kind schon belogen und ihm erzählt haben, Onanie habe Krankheit, Wahnsinn und so weiter zur Folge, so haben Sie den Mut, ihm zu sagen, dass Sie es belogen haben!»[7]

Ich sehe dann meist in etwas verdutzte Gesichter. Die Entgegnung lautet oft: «Ich halte Onanie zwar für keine Sünde, aber wie soll ich es sonst verbieten, wenn ich keine Drohung ausspreche? Ich kann doch nicht zugeben, dass ich gelogen habe, damit untergrabe ich ja meine Autorität.» Manche Eltern glauben ernsthaft, dass der Ratschlag des Psychologen ihnen Tricks und Rezepte liefern soll, wie die Verdrängung wirkungsvoller an der Seele des Kindes praktiziert werden kann. Sie verstehen nicht, dass der Psychologe als Anwalt des Kindes auftritt, und sind entsetzt, wenn ihre eigenen Verdrängungsmechanismen entlarvt werden. Sie verdrängen nur ihre eigene Schuld und Verlogenheit und schieben dem Psychologen die Schuld zu («der ist ein schlechter Psychologe»).

Der Abwehrmechanismus Verdrängung wird nicht nur gegenüber auftauchenden Triebregungen angewandt, sondern immer dann, wenn es darum geht, einer unangenehmen oder ängstigenden Wahrheit ins Gesicht zu blicken. Der Kopf wird schnell in den Sand gesteckt, damit eine bewusste Auseinandersetzung mit dem Problem unterbleibt.

Meist wird verdrängt, wenn die bewusste, offene Auseinandersetzung Angst oder Schuldgefühle erzeugt. Die Verdrängung geschieht deshalb zum Beispiel häufig in Situationen der Selbstbehauptung gegenüber Autoritäten, die Angst erzeugen.

Der achtjährige Hans wird von seinem Lehrer während einer Prüfungsarbeit ungerecht behandelt. Er soll sein Heft abgeben, da er angeblich von seinem Banknachbarn abgeschrieben hat. Hans weiß, dass das nicht richtig ist, und verteidigt sich deshalb heftig gegen diese Ungerechtigkeit. Daraufhin wird der Lehrer, der seine Autorität durchsetzen will und seine Macht ausspielen kann (Introjektion der Autorität in seiner Entwicklung), noch härter, er verordnet Hans eine Strafarbeit. Hans frisst seine Wut über die Ungerechtigkeit und seine Ohnmacht in sich hinein und versucht, dieses Erlebnis zu vergessen.

In einer ähnlichen Situation, einige Monate später, unterdrückt er die Impulse, sich gegen die Autorität zu wehren, aus Angst vor den möglichen drohenden Straffolgen. Er verdrängt seinen offenen Protest und versucht, ihn in sein Unterbewusstsein abzuschieben.

Der Weg in eine freie Selbstbehauptung gegenüber der Autorität ist gestört. Nach diesem Verdrängungsprinzip entstehen Milliarden von anpassungsbereiten Menschen, die berechtigten Protest nicht mehr offen austragen können. Diese Verdrängung wird in der Pädagogik zielbewusst angestrebt. Die Angst vor physischer Strafe (Schläge) und psychischer Strafe (Liebesentzug, Missachtung, verbale Aggression, Lächerlichmachung, Weckung von Schuldgefühlen, Abwertung) soll den gewünschten Abwehrmechanismus der Verdrängung in Aktion setzen.

Der verdrängte Protest und Ärger löst sich im Unterbewusstsein jedoch nicht in nichts auf. Die verdrängten Protestinhalte und psychischen Schmerzen werden hier weiter verarbeitet, um an einem erneuten Auftauchen ins Bewusstsein gehindert zu werden. Der Verdrängungsabwehr schließt sich eine weitere Abwehrarbeit an. Hierfür gibt es mehrere Möglichkeiten, unter anderem die bereits beschriebene Identifizierung mit der Autorität und die Introjektion ihres unterdrückenden, Angst einflößenden, strafenden Verhaltens, so kann der verdrängte Protest als Frustration weitergegeben werden.

Die verdrängten Inhalte werden auf die Mitmenschen projiziert: Nicht ich habe verbotene sexuelle Wünsche, sondern die anderen. Nicht ich möchte gegen die Unterdrückung protestieren, sondern die anderen sind eine Horde aggressionsgeladener Men-

*Bewältigung der Angst*

schen, die deshalb hart an die Kandare genommen werden müssen, damit sie kein rächendes Chaos entfesseln. Die Verdrängung gelingt schließlich durch die zusätzlichen Abwehrmethoden so gut, dass der Verdränger nicht mehr im Wachbewusstsein weiß, was er aus welchem Grund verdrängt hat. Wird er darauf hingewiesen, dass es sexuelle Inhalte sind oder seine Sehnsucht nach Protest, weist er dies als unzulässige Psychologisierung weit von sich und wehrt sich sogar in der Psychotherapie heftig dagegen (Widerstand), obwohl er hier Hilfe sucht.

Das psychische Elend ist in der Bevölkerung deshalb so groß und dabei gleichzeitig so schwer statistisch präzise zu erfassen, weil psychisches Leiden abgewertet wird und deshalb gleichfalls der Verdrängung unterliegt. Die Angst vor psychischen Erkrankungen ist ungeheuer groß, trotz der bisherigen Aufklärungsarbeit der Psychologen. Man ist gerne bereit zuzugeben, dass man ein Magengeschwür hat, unter Herz- und Kopfschmerzen leidet, zu Kreislaufstörungen und Schlaflosigkeit neigt, sich nervös und abgespannt fühlt. Mit diesen psychosomatischen Symptomen, die keine organische Grundlage haben, sondern psychisch bedingt sind, geht man zum Hausarzt und lässt sich in drei Minuten Fließbandkonsultation Psychopharmaka, Massage, Bäder und eine Kur verschreiben, anstatt einen Psychologen oder Psychotherapeuten zur Behandlung aufzusuchen. Dabei ist nicht alleine ausschlaggebend, dass die Krankenkassen bei der Kostenerstattung Schwierigkeiten machen, sondern auch die Verdrängung des Eingeständnisses, psychisch krank zu sein.

Psychisches Leiden wird leider immer noch in die Nähe von Verrücktsein, Geisteskrankheit und drohender «Klapsmühle» gerückt. Wer zum Psychotherapeuten geht, «ist nicht ganz richtig im Kopf» und fühlt sich deshalb als Niete und Versager im Leistungskampf. Diese Auffassung ist der Grund für die mangelnde Einsicht des Magengeschwürpatienten, dass sein Geschwür eigentlich psychotherapeutisch behandelt werden müsste. Die derzeit fehlenden 50 000 Psychotherapeuten wären (wenn sie vorhanden wären) gar nicht ausgelastet, da die Patienten vorerst ausbleiben würden.

Um der Bevölkerung zu helfen, muss deshalb die Aufklärung über psychische Vorgänge und psychotherapeutische Prozesse forciert werden. Die kollektive Verdrängung des psychischen Leidens soll bewusst gemacht werden, damit die Bereitschaft wächst, sich mit den psychischen Vorgängen vorurteilsfrei zu beschäftigen, und die gebotene Hand zur Hilfe nicht mehr wie bisher ausgeschlagen wird.

*Die Projektion*

Die Projektion ist ein Abwehrmechanismus, der im Gefolge der Verdrängung auftritt. Die ins Unterbewusstsein verdrängten Inhalte werden auf andere Personen projiziert und dort heftig kritisiert und bekämpft. Eifersucht kann unter anderem die Projektion eigener unterdrückter sexueller Wünsche sein. Ein Beispiel: Herr A überwacht und kontrolliert seine Frau misstrauisch. Er wirft ihr häufig vor, einen anderen Mann zu lange betrachtet zu haben, und unterstellt ihr außerdem, sie würde mit seinem Freund flirten. Herr A reagiert eifersüchtig, da er selbst ständig den Wunsch in sich unterdrückt, zu flirten und einen sexuellen Seitensprung zu begehen. Eifersucht beruht allerdings nicht ausschließlich auf diesem Projektionsmechanismus, sondern setzt sich zusätzlich aus verschiedenen psychischen Vorgängen zusammen. Die Projektion ist jedoch oft ergänzend mit im Spiel.

Unterdrückte sexuelle Wünsche werden von prüden Personen mit strenger Sexualmoral (Introjektion der Moral im Über-Ich) in die Außenwelt projiziert, und sie bekämpfen hier heftig bei anderen den drohenden Verfall der Moral. An der Heftigkeit der Reaktion auf abweichendes Sexualverhalten kann die Stärke der Verdrängung erkannt werden. Je aufwendiger die Verdrängungszeit war, um die eigenen Wünsche niederzuringen, umso stärker wird das Niedergerungene bei anderen Personen attackiert. Die Verdränger wollen die Freien lehren: entbehren, entbehren, entbehren!

Diskussionen über freie Liebe, polygame Geschlechterbeziehungen und Auflockerung der strengen monogamen Ehemoral enden häufig in wildem Streit, weil eine sachliche Diskussion durch heftige emotionale Abwehrreaktionen gestört ist. Die Verdrängung soll erhalten bleiben, um die auftauchende Angst zu vermeiden, wenn die verdrängten Inhalte ins Bewusstsein steigen. Die Angst weckt Aggressionen, mit denen die Vertreter einer ängstigenden (weil verdrängten) Auffassung oft rücksichtslos und beleidigend angegriffen werden.

Die Schriftstellerin und examinierte Ärztin Esther Vilar hielt mit ihren beiden Büchern über den von der Frau dressierten und ausgebeuteten Mann ihren Geschlechtsgenossinnen einen Spiegel vors Gesicht und zeigte ihnen ein Abbild ihres Verhaltens, das sie nicht wahrhaben wollten und bisher erfolgreich verdrängten. Die ablehnende Reaktion von Esther Vilars Gedanken schoss dementsprechend unsachlich aggressiv über das Ziel hinaus: «Ist es da nicht höchste Zeit, die Vilar und ihre Verleger wegen Volksverhetzung – Verhetzung gegen die weibliche Hälfte des Volkes – vor Gericht zu stellen?», schrieb ein Mitglied des Frauenforums München an den Spiegel.[8] Und eine Psychologiestudentin rückte die Schriftstellerin in die Nähe einer Geistesgestörten: «Ich schlage vor, einen Sonderfonds für Esther Vilars psychiatrische Behandlung einzurichten.»

Neben der Projektion verdrängter Inhalte und Wahrheiten gibt es eine Projektionsform, die nicht auf Verdrängungen beruht. Sympathie oder Antipathie färben die Beurteilung eines Menschen. Einer sympathischen Person (mit zum Beispiel hohem Berufsprestige) werden positive Eigenschaften und Einstellungen unterschoben. Ein Krimineller wird dagegen abgewertet, und es werden ihm negative Eigenschaften zugeschrieben, die er unter Umständen gar nicht besitzt. Dieses Täuschungsphänomen wird als Halo-Effekt bezeichnet und ist ein Grundgesetz der Gestaltpsychologie: Eine noch offene Gestalt wird in der Phantasie ergänzt, das Positive wird positiv abgerundet, das Negative negativ.

Projektionen geschehen auch aufgrund von Erfahrungen und Erlebnissen der Vergangenheit. Negative Erfahrungen mit Rothaarigen oder Beamten, Künstlern und so weiter werden verallgemeinert und auf alle Angehörigen des gleichen Typs übertragen. Ein Hundebiss in der Kindheit kann eine Hundephobie erzeugen, und diese Angst kann sich auf alle Felltiere ausweiten.

Der Angestellte projiziert in seinen Chef, wenn er äußerliche Ähnlichkeit mit seinem Vater hat, beispielsweise die Eigenschaften seines Vaters. Er fühlt sich ihm gegenüber unterdrückt wie bei seinem Vater, oder er fühlt väterliche Geborgenheit, obwohl für diese Gefühle kein objektiver Grund besteht. Die Projektion führt zu einer Täuschung über die Wirklichkeit, und der Mensch, der der Projektion unterliegt, sieht die Wirklichkeit subjektiv verzerrt. Psychologischen Täuschungen dieser Art unterliegt jeder, sowohl der psychisch Gesunde wie auch der psychisch Kranke. Auch Stimmungen verführen zur Projektion. Der Ängstliche sieht überall Gefahren lauern, er zuckt bei jedem lauten Geräusch zusammen. Der depressiv Verstimmte sieht die Welt «Grau in Grau», und der Verliebte «hat eine rosarote Brille auf».

Die Projektion von Stimmungen und Erfahrungen der psychischen Innenwelt auf die Außenwelt kann jeder an sich selbst beobachten, ihnen muss kein Verdrängungsmechanismus zugrunde liegen, und es handelt sich dann um keinen Abwehrmechanismus der Psyche. Um diese Abgrenzung zu machen, werden diese projektiven Täuschungsmöglichkeiten deshalb hier erwähnt.

Stimmungsprojektionen sind im Vergleich zu den Verdrängungsprojektionen harmloser. Es handelt sich um weniger schwer wiegende Wahrnehmungsverzerrungen der Außenwelt. Die Verdrängungsprojektionen sind dagegen gefährlicher, weil sie die Erkenntnisfähigkeit und Handlungsfreiheit des Menschen einschränken.

Auch der geschilderte Halo-Effekt ist keine Verdrängungsprojektion, sondern eine Wahrnehmungstäuschung, die einer vorurteilsfreien Menschenkenntnis im Wege steht. Durch Aufklärung und Information kann diese projektive Täuschung abgebaut werden, wie in meinem Buch «Menschenkenntnis ohne Vorurteile» beschrieben wurde.[9]

Die Verdrängungsprojektion ist viel schwerer zu durchschauen, da sich ein der Verdrängungsstärke entsprechend ausgeprägter Widerstand der Aufklärung entgegenstellt. Der Abwehrmechanismus ist nur zu beseitigen, wenn die Verdrängung aufgehoben werden kann. Wer nicht verdrängt, entwickelt keine Angst vor dem Auftauchen der Verdrängungen und muss das Verdrängte nicht auf seine Mitmenschen projizieren, um es hier zu bekämpfen. Eine Erziehung ohne Verdrängung ist deshalb das Ziel der zukünftigen Pädagogik.

Jeder Erwachsene kann seine Verdrängungen aufgeben, wenn er sich in psychotherapeutische Behandlung begibt. Die Projektion allein führt jedoch zu keinem Symptom, unter dem der Erwachsene selbst leidet. Die Projektion schafft kein Leidensbewusstsein, sondern sogar ein Gefühl von vermeintlicher psychischer Gesundheit, denn die anderen erscheinen ja als die Bösewichte, die Unmoralischen, die psychisch Gestörten.

*Die Symptombildung*

Der Abwehrmechanismus der Symptombildung führt zu einem Leidensbewusstsein, weil sich erlebte Frustrationen und Verdrängungen gegen die eigene Person wenden, wenn sie nicht nach außen abreagiert und extravertiert ausgelebt werden können. Eine erlebte Frustration wird zunächst weiterzugeben versucht nach dem bereits erwähnten Prinzip: Was man mir antut, das füge ich auch einem anderen zu.

Nicht alle Frustrationen lassen sich restlos weitergeben. Die

Unterdrückungsfrustration eines untergeordneten Büroangestellten ist zum Beispiel sehr vielfältig: Bewegungsmangel, Routinetätigkeit, die zur Verkümmerung der natürlichen Neugier führt, Unterdrückung sexueller Bedürfnisse, Schranken für die Entfaltung der Individualität (es wird Konformität verlangt), wenig Möglichkeiten, das Selbstwertgefühl zu heben, zähneknirschende Duldung eines untergeordneten sozialen Rangs. Diese Frustrationsfaktoren wirken täglich, und damit die reibungslose Anpassung gelingt, müssen diese Unterdrückungserlebnisse verdrängt werden. Kommt noch zusätzlich ein besonders autoritärer und ungerechter Chef zu dieser Konstellation hinzu, und erzeugen die gleichrangigen Kollegen einen starken Leistungsdruck durch ein Klima von Intrige und Rivalität, wird die Toleranzgrenze auch eines sehr Anpassungswilligen überschritten.

Die Abreaktion der Frustrationen gelingt nach außen meist nicht vollständig, da Schuldgefühle entstehen, wenn die innere Erregung immer an schwächeren Sündenböcken ausgelassen wird, und Angstgefühle entstehen, wenn sie an gleichrangigen oder übergeordneten Kollegen abreagiert werden. Durch die bereits beschriebene Introjektion ist die Abreaktion an Autoritäten zusätzlich gehemmt. In dieser Situation gelingt die Verdrängung nicht mehr stillschweigend, sondern der Mensch wendet sich aggressiv gegen sich selbst und bildet Symptome.

Es entstehen körperliche und psychische Symptome, die entweder kombiniert oder auch einzeln auftreten. Besonders häufig sind folgende körperlichen Symptome: kalte Füße und Hände durch Kreislaufstörungen, Neigung zu Schweißausbrüchen, Unregelmäßigkeiten des Herzschlags, Herzstiche, Schwindelgefühle, hoher oder niedriger Blutdruck, leichtes Zittern der Fingerspitzen, Gastritis, Magen- und Darmgeschwüre, Kopfschmerzen, Muskelspannungen im Nacken.

Die psychischen Symptome sind: erhöhte innere Unruhe, Gefühl der Gespanntheit, leichte Reizbarkeit, Konzentrationsmangel, Neigung zu depressiver Verstimmung, mangelnde Unbeschwertheit, Energielosigkeit, Minderwertigkeitsgefühle, zunehmende Schreckhaftigkeit.

Diese Symptome sind nur ein kleiner Ausschnitt aus einer großen Palette von Symptommöglichkeiten. In Wirklichkeit leiden viel mehr Menschen unter Symptomen dieser Art, als aus den Statistiken der Ärzte und Krankenhäuser hervorgeht, denn viele versuchen, ohne ärztlichen Rat damit fertig zu werden.

Treten nur psychische Symptome auf, zum Beispiel innere Unruhe, allgemeine seelische Gespanntheit, wird das Leiden verharmlost und versucht, mit Psychopharmaka oder Alkohol (siehe ab Seite 65) Selbsttherapie zu betreiben. Kommen körperliche Symptome dazu, zum Beispiel häufige Kopfschmerzen, Magenschmerzen, Herzstiche, wird der Arzt aufgesucht. An eine psychische Ursache der organischen Beschwerden wird zwar gedacht, aber sie wird verdrängt. So werden die Symptome angegangen, ohne die wirklichen Ursachen aufzuklären und zu beseitigen. Diese psychische Blindheit hat verschiedene Gründe.

Die Allgemeinmediziner sind in klinischer Psychologie nur minimal ausgebildet. Ihr Denken ist auf physikalisch-chemische Vorgänge fixiert, sie können psychische Ursachen nicht verstehen – und auch nicht behandeln, da sie im Drei-Minuten-Fließbandverfahren ihre Kassenpatienten durchschleusen müssen, um auf ihren Jahresumsatz zu kommen. Sie überweisen die Patienten nur sehr selten an einen Psychotherapeuten, da sie den Grund einer Psychotherapie nicht einsehen und ihr Gewissen damit beruhigen können, dass viel zu wenig Psychotherapeuten praktizieren. Aufgrund ihrer Ausbildung sind sie davon überzeugt, dass sie die psychosomatischen Probleme mit Psychopharmaka und einigen allgemeinen Ratschlägen knacken können: «Machen Sie täglich Gymnastik, gehen Sie ab und zu schwimmen. Haben Sie es schon mit Yoga versucht?» Und: «Unbedingt das Rauchen einstellen.»

Der Patient ist mit diesen Ratschlägen meist zufrieden. Wenn der Arzt eine Überweisung zum Psychotherapeuten vorschlagen würde, würde er sogar protestieren. Er lässt höchstens gelten, dass er nervös ist und ihm deshalb ein nervenstärkendes Präparat verschrieben werden muss. So reagiert die Mehrzahl der Bevölkerung, vor allem Personen aus der sozialen Unterschicht und unteren Mittelschicht, das sind etwa 70 Prozent der Bevölkerung.

Der Direktor des Freiburger Lehrstuhls für Psychotherapie und psychosomatische Medizin, Professor I. Cremerius, stellte während fünfjähriger Behandlung von Patienten der Arbeiterklasse fest, dass die traditionelle Psychoanalyse bei dieser Personengruppe zum Scheitern verurteilt ist.[10] Sie scheitert, weil die Arbeiterklasse nicht bereit ist, psychische Ursachen gelten zu lassen, sondern diese Ursachen heftig abwehrt und verdrängt. Dieses Ergebnis deckt sich auch mit meinen eigenen Erfahrungen. Personen der Unterschicht können über ihre geheimen Phantasien, Schuldgefühle und Ängste nur schwer sprechen. Sie haben strenge moralische Vorstellungen und ein überstrenges, zensierendes Über-Ich, das die Auflockerung der Verdrängungen nicht zulässt.

Das Über-Ich hat das Ich völlig in der Gewalt. Personen der Unterschicht verlangen deshalb eine autoritäre Therapie «von oben nach unten». Der Arzt verordnet, der Patient befolgt, und die Heilung stellt sich nach ihrer Meinung automatisch ein. Die verbalbetonte Psychoanalyse eignet sich also nicht als Therapiemethode für Personen der Unterschicht, da das Ich eine zu geringe Autonomie entwickelt hat, um bei der Behandlung selbständig und selbstverantwortlich mitzuarbeiten.

Die Wendung gegen die eigene Person und die Entstehung der Symptombildung kann nicht verstanden werden, denn das Über-Ich setzt sich der Bewusstmachung von Zusammenhängen zur Wehr. Außerdem besteht eine starke Sprachbarriere, und es fehlt die Möglichkeit, die Schwierigkeiten und Leiden zu verbalisieren und auf diese Weise konkret dingfest zu machen. Die Unterschicht ist psychischen Störungen also viel hilfloser ausgeliefert als die sprachgeübtere und etwas ichstärkere Mittel- und Oberschicht. Diese Sprachbarriere kommt also zur Finanzbarriere noch hinzu.

Das große psychische Elend der zivilisierten Bevölkerung wird

*Bewältigung der Angst*

nicht aufgedeckt, weil die Mehrzahl ihre Symptombildungen nicht als psychisch begreifen will (Verdrängung psychischer Kausalität), teilweise auch nicht kann (strenges Über-Ich), und selbst wenn sie es ahnt, nicht darüber sprechen kann, weil die Sprache fehlt. Die einzige Ausdrucksmöglichkeit sind die Symptome selbst. Solange weiterhin die psychischen Prozesse hierbei von den Ärzten und der Gesellschaft heruntergespielt werden, gibt es keine Hilfe für das anwachsende psychische Elend in der Unterschicht.

Fein heraus ist natürlich die Oberschicht. Sie besitzt aufgrund der Erziehung ein lockereres Über-Ich, kann die psychische Kausalität leichter zugeben, kann sich sprachlich besser äußern und Zusammenhänge eigener Problematik differenzierter verstehen. Die Kosten einer Therapie sind eine geringere Barriere, und sie können als außergewöhnliche Belastungen oder als Ausbildungskosten von der Steuer abgesetzt werden. Damit ist die Befreiung von psychisch bedingten körperlichen und psychischen Symptomen das Privileg einer kleinen sowieso schon privilegierten Schicht.

*Die Verschiebung*

Bei der Symptombildung wurde beschrieben, wie sich die nicht mehr zu verdrängenden psychischen Belastungen, Unterdrückungen und Einschränkungen gegen die eigene Person wenden können. Das ist eine symptombildende Verschiebung auf die Innenwelt der Organe und das vegetative Nervensystem. Sehr häufig entlastet sich der Mensch bei blockierten Originalzielen mit einer Verschiebung der Befriedigung auf Ersatzobjekte der Außenwelt, um am Ersatzobjekt den Impuls abzureagieren. Das ist zweifellos die gesunde Reaktion als die Wendung gegen die eigenen Organe.

Werden aggressive Impulse an Ersatzobjekten (Ehefrau, Kinder, Tiere) abreagiert, ist diese Reaktion für den Abreagierer zunächst entlastend und wirkt auf ihn befreiend (heilend), sie kann jedoch sozial schädlich sein, wenn Schwächere unter dieser Verschiebung leiden müssen. Sie werden dadurch ihrerseits wieder zur Verschiebung auf Ersatzobjekte oder zur Wendung gegen die eigene Person gezwungen.

Die Frage ist also: Abreagieren oder Aufstauen der Aggressivität? Beides führt zur Beschädigung psychischen Lebens, des fremden oder des eigenen. Der psychologische Rat lautet: Das Abreagieren ist dem Aufstauen prinzipiell vorzuziehen, wenn beim Abreagieren in der Außenwelt darauf geachtet wird, dass die ausgelebten aggressiven Impulse sich nicht gegen Sündenböcke richten, sondern zunächst gegen den Frustrationsfaktor selbst, also gegen den Chef, die Institution, den bürokratischen Apparat. Durch die Aufnahme des Kampfes mit dem aggressionsauslösenden Objekt wird die Aggression abgearbeitet und aufgebraucht. Natürlich wäre es auch falsch, dabei zu einem Michael Kohlhaas und «Prozess-Hansel» zu werden.

Wenn das System zu stark ist und eine aggressionsauslösende Kränkung nicht mehr durch Aktivität sinnvoll aufgelöst werden kann, sollte die Verschiebung nicht nach unten, sondern nach oben erfolgen. So wie eine Sublimierung des Sexualtriebs möglich ist, ist auch die Sublimierung aggressiver Impulse (ich verwende absichtlich nicht den Terminus Aggressionstrieb) möglich. Als Gebiet für eine Sublimierung eignet sich der aktiv ausgeübte Sport mit Wettkampfcharakter (zum Beispiel Tischtennis, Fußball). Nicht geeignet ist die passive Sportbetrachtung im Fußballstadion oder vor dem Fernsehschirm. Hierbei werden eher vermehrt Aggressionen aufgestaut als abgebaut.

Eine sozial positive Sublimierung ist die aktive politische Aktivität in einer Partei durch Engagement für politische Ziele und Reformen. Durch die Verschiebung von Aggressionen auf die Widerstände, die sich sozialen Reformen entgegenstellen, wird der politische Einsatz dynamisiert und vitalisiert. Gefährlich ist diese Verschiebung jedoch, sobald die politischen Ziele nicht mehr humanistisch sind (Judenverfolgung, Rassendiskriminierung).

Die Verschiebung der Liebeswünsche ist dagegen weniger problematisch. Das Ersatzobjekt ist dann ein Tier (Hund, Kanarienvogel). Werden allerdings sexuelle Triebimpulse an Tieren abreagiert, entsteht eine sexuelle Perversion, die Sodomie. Die Sublimierung der Sexualität auf sozial wertvolle Tätigkeiten wird noch beschrieben.

Das Machtstreben einer Person, das ursprünglich auf politische Macht bezogen war, kann durch «Vernunftgründe» von der politischen Laufbahn auf eine pädagogische Tätigkeit verschoben werden. Der Lehrerberuf gibt dann die Möglichkeit, am Ersatzobjekt der Schüler die Wirkung der eigenen Macht und Autorität zu erproben.

Das Streben nach einem höheren Rang, das im Beruf durch blockierte Aufstiegschancen nicht möglich ist, verlagert sich auf den Statuskampf in einem Verein. Am Ersatzobjekt der Vereinshierarchie wird dann der Statusaufstieg versucht. Wird hier das Statusstreben im gleichen Kontext wie Aggressionsimpulse, Machtstreben oder der Sexualtrieb aufgeführt, bedeutet das nicht, dass alle diese Strebungen die gleiche triebhafte Qualität besitzen. Ich bin der Ansicht, dass nur das Verlangen nach sexueller Befriedigung triebhaft genannt werden kann. Von einem Aggressionstrieb, Machttrieb oder Statustrieb kann dagegen nicht gesprochen werden.

Die Aggression ist das biologische Prinzip, sich zu behaupten – eine allgemeine Lebensenergie und Vitalität. Das zerstörerische Element der Aggression ist die Destruktion. Sie entsteht dann, wenn die Verdrängung zu einem Aggressionsstau führt und dann eine hasserfüllte, zerstörerische Entladung erfolgt.

Sigmund Freud sprach in diesem Zusammenhang von einem Destruktionstrieb. Diese Triebhypothese wird jedoch heute von den meisten Psychologen nicht mehr vertreten.

Das Bedürfnis, sich in einer sozialen Gemeinschaft zu behaupten, ist der Wille, als Partner seinen Platz zu finden und einen Wert für die Gemeinschaft zu bekommen. Das Machtstreben als Wille zur Machtausübung über Mitmenschen, als Wille zur Unterdrückung und zum Machterlebnis ist eine Kompensation der Minderwertigkeitsgefühle. Der Übergang zur Neurose ist fließend. Auf diese Problematik wird noch eingegangen.

Bei den meisten Menschen unserer westlichen Zivilisation wird ein wesentliches biologisches Bedürfnis unterdrückt – der Abenteuerdrang, die Neugierde und Suche nach Anregungen, verbunden mit einem starken Bewegungsbedürfnis. Stattdessen werden Konformität, Disziplin, Routine und Normverhalten gefordert. Dieses Bedürfnis nach Abenteuer und Erlebnis (nach Lebendigkeit) verschiebt sich deshalb auf Ersatzerlebnisse, die die Film- und Romanindustrie anbieten. Durch Identifizierung mit den Spielfiguren wird in einer Traumwelt für kurze Zeit ein Surrogat für das entgangene Leben und Abenteuer gesucht. Je lebendiger und abenteuerlicher das eigene Leben abläuft, umso weniger besteht das Bedürfnis nach Film- und Romanerlebnissen aus zweiter Hand.

*Die Sublimierung*

Die Sublimierung aggressiver Impulse in sportlichen Wettspielen wurde bereits angedeutet. Ein Impuls, der nicht direkt ausgelebt werden kann, wird an Ersatzobjekten befriedigt. Diese Befriedigung ist erlaubt, wird sogar gefördert und als sozial wertvoll bezeichnet. Wer seine aggressiven Tendenzen im Wettkampf auslebt, hat «etwas für seine Gesundheit getan» und «soziale Kontakte gepflegt», falls er sich an dem Prinzip des Fairplay orientiert.

Noch vor zwanzig Jahren galt die Sublimierung des Sexualtriebes als eine wichtige Aufgabe der Persönlichkeitsreifung. Die angestaute Triebenergie sollte in sozial wertvolle Tätigkeiten wie unternehmerische, theologische, künstlerische oder wissenschaftliche Arbeit fließen und auf diese Weise sinnvoll nutzbar gemacht werden.

Bei der Sublimierung der Aggressivität durch aktiven Sport ist dieser Effekt noch einigermaßen plausibel – aber im sexuellen Triebbereich ist die Sublimierung nichts anderes als eine Ablenkung, nicht vollständig gelungene Verdrängung und Energieabführung möglichst bis zur Erschöpfung. Auf diese Weise wird Lebensenergie verbraucht, die dem Sexualtrieb zu seiner Entfaltung dann fehlt. Ein erschöpfter Mensch ist weniger sexuell leistungsfähig als ein ausgeruhter.

Die Sublimierung kann den Sexualtrieb also nicht befriedigend ausschalten oder ersetzen. Eine vorgeschobene Tätigkeit ersetzt nicht die sexuelle Befriedigung und beraubt den Menschen eines wichtigen Teilbereichs seiner biologischen Bestimmung. Die Sublimierung des Sexualtriebes war am Anfang dieses Jahrhunderts in einer Zeit der strengen Sexualmoral und Triebunterdrückung eine erstrebenswerte Technik – psychisch gesund war sie jedoch nicht. Durch die Lockerung der strengen Sexualnormen, die Aufklärung über Sexualität und die Befreiung aus der Angst vor Schwangerschaft durch die Pille und Lockerung der Abtreibungsbestimmungen ist die Sublimierung heute glücklicherweise nicht mehr nötig und sollte deshalb auch nicht mehr propagiert werden.

Es könnten viele Beispiele genannt werden, die zeigen, welchen enormen psychischen Schaden die Sexualunterdrückung bei Millionen von Menschen vergangener Jahrzehnte angerichtet hat. Diese Kritik der herrschenden Sexualmoral und Sexualverdrängung hat Arno Plack in seinem sozialphilosophischen Buch «Die Gesellschaft und das Böse» mit Gründlichkeit und Scharfsinn betrieben. Er analysierte die Beziehungen zwischen Sexualunterdrückung und Aggressionsbereitschaft. Die psychologische Gesetzmäßigkeit lautet eindeutig: Wer den Frieden sucht und die Aggression abbauen will, muss der Sexualität freien Lauf lassen. Wer Krieg sucht, muss dagegen für eine strenge Sexualmoral sorgen.

Die Befreiung der Sexualität in den letzten zwanzig Jahren ist also kein Sittenverfall, sondern psychologisch gesehen ein sehr positives Signal für die zunehmende Friedensbereitschaft eines Volkes. Die Befreiung der Sexualität ist zurzeit noch nicht an ihrem Endpunkt angelangt. Wir befinden uns in einem Befreiungsprozess, der weiter fortschreitet und keinesfalls gestoppt werden darf. Wer nach mehr Sublimierung der Sexualität ruft, hat geheime oder verdrängte Herrschaftsabsichten, aber er sollte nicht mehr ernst genommen werden. Ich hoffe, dass die Verfechter einer sublimierenden Sexualmoral sich nicht mehr durchsetzen können und die sexuelle Befreiungsbewegung nicht mehr gestoppt werden kann.

Die Sublimierung ist ein Abwehrmechanismus, der in einer breiten gesellschaftlichen Bewegung langsam abgeschüttelt wird. Hierfür war viel Aufklärungsarbeit erforderlich. Die anderen geschilderten Abwehrmechanismen befinden sich bisher leider in keinem vergleichbaren Abbauprozess. Es liegt vor allem daran, dass die unterdrückte Sexualität viel dynamischer und vitaler nach einer Veränderung sucht. Die anderen Abwehrmechanismen sind schwerer aufzulösen, weil hier die Abwehr und Verdrängung besser gelungen ist, da keine so elementare Triebkraft wie der Sexualtrieb auf seinen Durchbruch lauert.

*Die Reaktionsbildung*

Die Reaktionsbildung ist eine Abwehrmaßnahme, die das strenge Über-Ich initiiert. Das Auftauchen eines Impulses aus dem Es löst Angst aus und setzt deshalb die Abwehr der Reaktionsbildung in Gang.

Ein Beispiel: Die Sekretärin Gisela F. ärgerte sich oft über ihren Chef, weil sie von ihm häufig ungerecht behandelt wird. Der angesammelte Ärger und die unterdrückten, verdrängten Aggressionswünsche führten zu der Gefühlsempfindung des Hasses. Sobald Gisela F. dieses Hassgefühl bemerkt, reagiert sie aufgrund ihres strengen Über-Ichs, das diese Hassgefühle nicht erlaubt («Ein guter Mensch hasst nicht») mit einer Reaktion gegen den Hass – zärtliche Gefühle werden aufgebaut. Die Reaktionsbildung auf den verbotenen Hass ist vorgetäuschte Freundlichkeit. Das vorgetäuschte Gefühl fällt oft durch seine Intensität auf – statt echter, natürlicher Freundschaft entlarvt sich die gezwungene, gemachte Freundlichkeit durch ihre besondere Betonung. Die mühsam aufrechterhaltene Unehrlichkeit entlarvt sich in der durchschimmernden Übertriebenheit der Freundlichkeit, ein Schuss zu freundlich in Richtung «scheißfreundlich», wie der Volksmund treffend diagnostiziert.

Der Abwehrmechanismus Reaktionsbildung zeigt besonders deutlich die Verlogenheit des Ichs gegenüber sich selbst und gegenüber den Mitmenschen. Die Sekretärin Gisela F. belügt zunächst sich selbst, um dann ihren Chef glaubhafter belügen zu können. Der Abwehrmechanismus Reaktionsbildung zeigt, welche wichtige Rolle die Lüge spielt. Die Abwehr ist stets eine Abwehr einer unangenehmen, ängstigenden Wahrheit. Je mehr Wahrheit ein Mensch in sich selbst und gegenüber seinen Mitmenschen verleugnet, desto mehr schlittert er in die psychische Störbarkeit und Nervosität. Denn während das Ich und die Außenwelt Komödie spielen, als sei alles in bester Ordnung, lässt sich die physische Basis (der Körper, die Organe, das Nervensystem) nicht täuschen und wehrt sich dagegen. Wenn der Mensch Abwehrmechanismen einsetzt und mehr oder weniger erfolgreich lügt, so spricht der Körper doch die Wahrheit. Auf dieser Erkenntnis basiert das Lügendetektor-Prinzip, das zum Beispiel die Veränderungen des galvanischen Hautwiderstandes registriert.

Die psychische Krankheit des Menschen entsteht durch seine Anfälligkeit für die Lüge. Der amerikanische Zoologe und vergleichende Verhaltensforscher Robert Ardrey glaubt, dass der Mensch das einzige Lebewesen ist, das sich selbst belügen kann: «Dass wir einander erfolgreich belügen, ist natürlich; dass wir uns selber erfolgreich belügen, ist ein Wunder der Natur. Und dass drei für das Verständnis des Menschen grundlegende Wissenschaften – Psychologie, Anthropologie und Soziologie – fortwährend und mit Erfolg sich selber belügen, einander belügen, ihre Schüler und die Öffentlichkeit belügen, das ist ein einmaliges Wunder des Zeitalters der Wissenschaften.»[12]

Für den Tiefenpsychologen ist es kein Wunder, sondern ein konstatierbares alltägliches Faktum, das auf dem komplizierten psychischen Abwehrsystem beruht. Dieses Abwehrsystem wird nicht nur zur Abwehr psychischer Inhalte eingesetzt, sondern auch zur Abwehr unbequemer psychologischer, soziologischer, politischer Meinungen und Erkenntnisse. Auch der Wissenschaftler unterliegt in seiner Arbeit den einzelnen Abwehrmechanismen, und er trägt sie nicht nur in seine Fragestellungen hinein, sondern auch in die Ergebnisse, die er damit unbewusst fälscht.

Ängstigendes Wissen wird unterdrückt und das Gegenteil mit besonderem Mut und Feuereifer verteidigt, weil das Über-Ich (zum Beispiel die politische Ideologie) die Wahrheit verbietet. Diesem Abwehrmechanismus fallen sowohl marxistische wie auch kapitalistische Wissenschaftler zum Opfer.

Ein Beispiel für die Beeinflussung der Wissenschaft durch ideologisch gefärbtes Wunschdenken war die Verketzerung der wissenschaftlichen Genetik in der Sowjetunion. Der Wissenschaftler Trofim Lyssenko stellte die Theorie auf, dass umweltbedingte Eigenschaften vererbt werden, um damit die gewünschte These zu unterstützen, dass die kommunistische Einstellung vererbt wird. Dieser Lyssenkoismus konnte sich von Ende 1930 bis 1964 behaupten, bis endlich die Humangenetik in der Sowjetunion rehabilitiert wurde.

Ein neueres Beispiel für die Angstabwehr ist der Rufmord eines Intellektuellen an einem Intellektuellen. Ich meine den Verriss des DDR-Philosophen Wolfgang Harich an dem Marx-Biographen Fritz J. Raddatz im Spiegel.[13] Der heftige, beleidigende Stil verrät den Abwehrmechanismus. Günter Grass stellte Harich zu Recht die Frage: «Exekution eines Autors?», und Harich antwortete mit doppelter Schärfe und bombastischen Worten: «Die Methode, einen Autor, den die Öffentlichkeit zu Unrecht für kompetent hält, dadurch unschädlicher zu machen, dass man seine Ignoranz entlarvt, seine Plagiate aufdeckt, seine Lächerlichkeiten ans Licht zieht, gehört zu den besten, heilsamsten Traditionen deutscher Geistesgeschichte.» Psychologisch interessant ist nicht die Kritik eines Autors an einem Autor, sondern der heftige Stil und ein Plagiatvorwurf (angeblich unbelegte Zitate aus der Rühle-Biographie), der an den Haaren herbeigezogen ist. Grass: «Ich habe beide Biographien verglichen. Nichts stimmt. Harich schwindelt.» Dies wurde im Juni 1975 auch gerichtlich bestätigt und Harich und dem Spiegel verboten, den Plagiatvorwurf weiterzuverbreiten.

Ich möchte Harich gar nicht einmal der bewussten Lüge bezichtigen, sondern vermute, dass er die Wirklichkeit verzerrt sehen wollte, um seiner Abwehr Argumente zu liefern, um seine aufsteigende Angst zu bekämpfen, dass Karl Marx durch diese Biographie in Deutschland in ein schlechtes Licht kommen könnte. Dieses Beispiel zeigt, dass hohe Intelligenz keineswegs eine Person vor den eigenen Abwehrmechanismen schützt.

*Die Vermeidung*

Die Vermeidung ist ein sehr simpler Abwehrmechanismus: Was Angst einflößt, Unlustgefühle weckt, die Gefahr einer Frustration in sich birgt, wird einfach vermieden. Das Ich begibt sich auf verschiedene Arten in Distanz zur Realität.

Eine Möglichkeit der Vermeidung ist die Übernahme der Zuschauerrolle: «Mach du es, ich schau lieber zu.» Als Zuschauer wird die aktive Auseinandersetzung mit dem Leben und damit die Gefahr der Frustration vermieden. Durch die Vermeidung wird jedoch auch die Persönlichkeitsreifung verhindert. Im Windschatten der Zuschauerecke kann zwar Kritik geübt und eine Scheinüberlegenheit aufgebaut werden, aber das so bewahrte Selbstwertgefühl steht auf wackeligen Beinen.

In die Zuschauerrolle weichen viele Menschen gerade in einer Konkurrenz- und Leistungsgesellschaft aus. Den Stress des ständigen Leistungsvergleichs hält auf die Dauer nur ein sehr selbstbewusster Mensch aus. Da die vorherrschende autoritäre Erziehung das Selbstbewusstsein frühzeitig labilisiert, spielt sich die Leistungsvermeidung schon in der Schule ein. Kein Kind ist von Natur aus faul, sondern im Gegenteil, es ist neugierig und besitzt ein aktives Lernbedürfnis. Ein faules Kind wurde faul gemacht, indem es im «Abwehrmechanismus Vermeidung» Zuflucht vor der Frustration sucht. Jedes organisch gesunde Kind, das Lernstörungen hat, wurde in diesem Abwehrmechanismus durch unser strenges Erziehungs- und Schulsystem getrieben.

Die Vermeidung tritt dann ein, wenn auf die Individualität keine Rücksicht genommen wird und das Nadelöhr, durch das das Kind gefädelt werden soll, zu eng ist. Es wird keine Rücksicht darauf genommen, wann das Kind reif ist, um dies oder jenes zu lernen. Und wenn es bereit ist, dann ist ein anderer Lernstoff aktuell, und er wird mit den falschen Methoden angeboten.

Die Lernstörung der Leistungsvermeidung ist das häufigste Symptom der Kinder im Schulalltag. Diesem Abwehrmechanismus stehen die Eltern und Lehrer hilflos gegenüber. Ihre Antwort sind Strafen und autoritäre Strenge. So wird die Vermeidung allerdings weiter verstärkt.

Der Abwehrmechanismus Vermeidung wird später vom Erwachsenen weiter praktiziert, wenn er Leistungen vollbringen soll, denen er sich nicht gewachsen fühlt. Diese Vermeidung führt zu einem Rückzug vor den Anforderungen der Realität und dem Leistungsvergleich. Der Vermeider gibt sich mit einer untergeordneten Tätigkeit zufrieden und protestiert nicht, wenn ihm Unrecht geschieht. Er vermeidet auch die Auseinandersetzung, wenn es darum geht, um sein persönliches Recht zu kämpfen. Er ist froh, wenn er in Ruhe gelassen wird und seinen untergeordneten Platz halten kann. Er ist der willige Untertan, der jede Verantwortung von sich schiebt. «Sollen sich die anderen die Finger verbrennen.»

*Bewältigung der Angst*

Der Vermeider vermeidet auch eine politische Stellungnahme und das Nachdenken über gesellschaftliche Missstände: «Da kann man doch nichts machen – das ist eben so.» Er handelt nach dem Prinzip: Ruhe ist meine erste Bürgerpflicht.

Unser Erziehungs- und Schulsystem pädagogisiert also offensichtlich doch nicht so blind, wenn es die Mehrzahl der Kinder in die Vermeidung treibt und diese Vermeidung nicht durch geeignete pädagogische Maßnahmen auflöst, denn die Gesellschaft benötigt eine große Zahl von Vermeidern, die willige Untertanen sind und die Vermeidung praktizieren.

Dieser Erziehungsvorgang spielt sich nicht bewusst ab. Die Eltern und Lehrer denken nicht: Ich muss das Kind in die Vermeidung treiben! Im Gegenteil, es wird behauptet, dass man mit unserem pädagogischen System ja nur das Beste für das Kind will. Wenn es in die Vermeidung flieht, ist das die Schuld des Kindes, nicht die der Pädagogik.

Wenn die Pädagogik verändert würde, hätte das Kind die Vermeidung nicht mehr nötig. Warum wird die Pädagogik nicht verändert? Es liegt nicht daran, dass man nicht weiß, wie es geht, ganz im Gegenteil, A. S. Neill hat ja ein deutliches Beispiel gesetzt, und die moderne Psychologie und Psychotherapie bieten das theoretische Wissen dazu. Trotzdem wird keine Reform in dieser Richtung durchgeführt, denn sie wird von den politischen Entscheidungsstellen nicht gewünscht, um an dem Verhältnis Untertanen zu Tüchtigen nichts zu ändern.

Gewünscht wird eine große Zahl von Untertanen (Ruhe ist die erste Bürgerpflicht) und eine kleine Zahl von Tüchtigen, die sich im Leistungssystem ohne den Abwehrmechanismus Vermeidung durchsetzen können. Das wird als «natürliche Auslese» bezeichnet. Unser Schulsystem basiert auf einer Art Darwinismus, wobei nicht einmal der Stärkere (Klügere) überlebt, sondern derjenige, der am meisten Frustrationen einstecken kann, ohne sich beirren zu lassen, und derjenige, der in seinem Lerntyp der geforderten Lernweise entspricht und eine hohe Anpassungsbereitschaft besitzt. Der Kreative, Verträumte, neugierig Verspielte, Hartnäckige, der sich in eine Idee vertieft und sich der geforderten Systematik nicht anpassen kann, wird frustriert, vermeidet und kann nur noch durch mühsame Umwege (in seltenen Glücksfällen) zum gesellschaftlich anerkannten Ziel kommen.

Die zweite Art der Vermeidung neben der Zuschauerrolle ist die Flucht in ein anderes Gebiet. Wenn die Verwirklichung (Anerkennung) auf intellektuellem Gebiet nicht gelingt, wird Zuflucht auf einem anderen Gebiet gesucht, zum Beispiel im Sport und in Freizeitbeschäftigungen.

Die Mehrzahl der Frauen sucht zum Beispiel Zuflucht in der Ehe, weil ihnen die Anerkennung im Berufsleben verweigert wird. Will sich eine Frau in unserem System der Männer-Wirtschaft behaupten, muss sie viel mehr Frustrationen einstecken können, als sie bei einer «normalen» Erziehung gelernt hat. Es ist deshalb verständlich, dass sie die weitere Berufsverwirklichung vermeidet und den Ausweg in der Ehe sucht. Dieser Ausweg stellt sich jedoch sehr rasch als eine Sackgasse in nicht erwartete Frustrationen heraus. Aus der Ehe gibt es dann meist nur noch die Flucht in die psychische Störung, den Alkoholismus, die Frigidität, die Resignation und Depression. Nur wenige bringen noch die Energie auf, sich für die Emanzipation einzusetzen und einen eigenen Emanzipationsversuch zu wagen. Die Durchschnittsfrau schafft diesen Kampf nicht mehr, weil sie von ihren eigenen Abwehrmechanismen ständig behindert wird. Sie steht sich selbst im Wege und kann nicht mehr tun, was sie eigentlich möchte. Sie stöhnt: «Wenn ich nochmals von vorne anfangen könnte ...»

Ein Neuanfang ist natürlich theoretisch auch im dreißigsten, vierzigsten und fünfzigsten Lebensjahr noch möglich, wenn die Einsicht da ist und der Leidensdruck stark genug ist. Zunächst muss die Verstrickung aus dem Abwehrsystem gelöst werden. In einer Psychotherapie ist das gezielt möglich. Durch eine Reform der Gesellschaftsstrukturen würde der Neuanfang erleichtert. Doch darauf zu warten bedeutet unter Umständen ein Leben lang vergeblich warten. Die politische Aufklärungsarbeit der Frauenemanzipationsbewegung ist ein Tropfen auf den heißen Stein – zweifellos ein wichtiger Tropfen.

Die Menschen (Männer und Frauen) müssen aus der Vermeidung (Zuschauerrolle und Flucht in die Symptome) wieder herausgeholt werden. Der Abwehrmechanismus muss seine Macht verlieren, er muss in einen Angriffsmechanismus übergehen. Statt Abwehr (Rückzug) soll Angriff (Zuwendung) entstehen. Die Aufgabe dieses Buches besteht darin, zunächst die Einsicht zu schaffen und die Angriffsenergien zu stärken.

*Die Rationalisierung*

In Betrieben und Institutionen dient die Rationalisierung der Leistungs- und Ertragssteigerung. Damit hat der tiefenpsychologische Vorgang, der hier angesprochen wird, nichts zu tun. Gemeint ist auch keine Intellektualisierung auf Kosten des Gefühlslebens, also eine mehr rationale als emotionale Orientierung. Tiefenpsychologisch bedeutet Rationalisierung das verstandesmäßige Rechtfertigen eines Verhaltens mit «vernünftigen» Gründen, um die wahren Gründe auf diese Weise zu vertuschen.

Wahre Motive, die das Über-Ich verurteilt, werden mit fadenscheinigen, vordergründigen Ausreden verdeckt, unwahre Gründe werden dagegen vorgeschoben, sofern sie vom Über-Ich erlaubt sind. Diese Rationalisierungstechnik dient der Abwehr und Verschleierung der wahren Motive. So wird Angst abgewehrt und die Macht des Über-Ichs über das Ich aufrechterhalten.

Diese Definition der Rationalisierung ist recht abstrakt und soll deshalb durch einige Beispiele lebendiger gemacht werden. Herr Walter K., Exportsachbearbeiter, wurde bei einer Beförderung übergangen. Seinem gleichaltrigen Kollegen wurde die Leitung einer Zweigniederlassung im Ausland übertragen. Walter K. ist ehrgeizig und hätte diese Position gerne übernommen, dies gibt er jedoch vor sich selbst und seinen Bekannten nicht zu. Er rationalisiert, wenn er sagt: «Ich bin froh, dass ich diesen Job nicht bekam. Der Umzug mit der Familie wäre eine große Belastung und dann die politischen Unruhen in diesem Land. Die Zweigniederlassung besteht erst ein Jahr, den Vorgänger haben sie gefeuert, dieser Job ist doch der reinste Schleudersitz.» Wenn dem Fuchs die Trauben zu hoch hängen, erklärt er sie für zu sauer.

Das Über-Ich von Walter K. hat die Ehrgeizhaltung und ein Aufstiegsbewusstsein introjiziert. Der Aufstieg wird also mehr oder weniger bewusst angestrebt und vom Über-Ich gefordert. Das Selbstwertgefühl ist von beruflichen Leistungs- und Aufstiegserfolgen abhängig. Damit nach einem «Misserfolg», das Selbstwertgefühl erhalten bleibt, wird die Rationalisierung eingesetzt. Sie stabilisiert zwar das psychische Gleichgewicht, verhindert jedoch eine sachliche Auseinandersetzung mit dem Problem, zum Beispiel durch schonungslose Selbstbefragung: Hätte ich den Job gerne gehabt? Warum? Wie wichtig wäre für mich ein Job dieser Art? Warum hat man einen Kollegen vorgezogen? Fehlen mir Qualitäten, bin ich weniger beliebt oder will man mich anderweitig fördern? Durch die Rationalisierung wird im Moment zwar die psychische Stabilität bewahrt, aber eine konstruktive Auseinandersetzung mit dem Gesamtproblem vermieden.

Ein zweites Beispiel für den Abwehrmechanismus Rationalisierung: Personalchef Knut B. wird vom WDR um ein Fernsehinterview über die Methoden der Bewerberauswahl gebeten. Da er noch nie ein Fernsehinterview gemacht hat, tauchen Angstgefühle auf, ob er dieser neuen Situation gewachsen sein wird. Diese Angstgefühle möchte er sich selbst und dem WDR-Redakteur gegenüber nicht offen zugeben, und er bittet deshalb zunächst um Bedenkzeit mit der Rationalisierung: «Ich bin zurzeit überlastet, sodass ich für Spielereien dieser Art keine Zeit habe. Unsere Presseabteilung wird sich mit Ihnen in Verbindung setzen.» Knut B. wendet sich an die Presseabteilung, mit einer weiteren Rationalisierung gegenüber dem Chef der Presseabteilung: «Ich würde mich freuen, wenn Sie das Interview machen und einige Statements zu unserer Personalarbeit abgeben würden. Wenn ich gefragt werde, besteht die Gefahr, dass man zu sehr nach Details fragt, die wir ja gerade bezüglich der Bewerberauswahl nicht an die Öffentlichkeit bringen wollen.» Es ist keine Rede von dem eigentlichen Grund, der Angst von Herrn Knut B., vor der Kamera flüssig und ohne Anzeichen von Nervosität zu sprechen.

Eine sehr verhängnisvolle und weit verbreitete Rationalisierung geschieht bei der Rechtfertigung des Egoismus. Als Ausrede dienen folgende Argumente: «Ohne egoistisches Leistungsstreben wäre kein wirtschaftlicher Fortschritt möglich. Es ist ganz natürlich, dass sich der Stärkere durchsetzt. Dem Tüchtigen sollen Prämien und Statussymbole zukommen, die der unterlegene Konkurrent nicht erringt. Auch im Tierreich setzt sich das stärkere Tier durch. Das egoistische Streben nach Erfolg und Imponieren ist gerechtfertigt. Solidarisches, kooperatives Verhalten ist unmöglich. Im Grunde dreht sich doch alles um die Macht.»

Mit Rationalisierungen dieser Art wird das eigene Durchsetzungsverhalten moralisch als «natürlich» gerechtfertigt ohne weiteres Nachdenken über die Auswirkungen und Folgen. Auch die negativen Folgen gelten schließlich als gerechtfertigt, wenn sie «natürlich» sind.

Ein Diskussionspartner sagte mir einmal: «Ohne egoistisches Streben nach Rang und Status würde das menschliche Zusammenleben veröden. Wettstreit bringt erst Glanz in das Leben.» Diese Auffassung dient zur Rationalisierung des eigenen Verhaltens und Erfolges. Dass andere Menschen hierbei zur Seite gedrückt wurden und auf der Strecke blieben, wird damit übertüncht. Es ist jedoch nicht richtig, dass durch Kooperation und Solidarität das menschliche Zusammenleben verödet. Im Gegenteil, es werden Kontaktenergien frei, die sonst in der Konkurrenz aufgebraucht werden.

*Die Betäubung*

Die Betäubung mit Alkohol ist ein sehr gefährlicher Abwehrmechanismus. «Im Becher sind schon mehr Leute ersoffen als im Bach», sagt ein ghanaisches Sprichwort. In Deutschland sind etwa 1,5 Millionen Erwachsene und 100 000 Jugendliche alkoholsüchtig beziehungsweise alkoholkrank. Ohne ärztliche und psychotherapeutische Hilfe gibt es für diese Personengruppe keine Rettung von ihrer Sucht mehr. Sie saufen sich buchstäblich zu Tode, weil sie das Leben nüchtern nicht mehr ertragen können.

Diese Flucht aus der Realität in die Betäubung ist eine Abwehrreaktion gegenüber der unerträglichen Realität. Durch die Betäubung mit Alkohol verlieren die Konflikte, Frustrationen, Ängste und Schuldgefühle vorübergehend an Macht über die Psyche. Der Alkoholrausch macht im Moment sorgloser, freier und unbeschwerter. «Klingel dich frei – Erst mal entspannen», rät die Werbung. Und mit wachsendem Wohlstand wurde das Freiklingeln und Entspannen finanziell für mehr Menschen leichter möglich.

Der Alkoholverbrauch hat sich seit 1950 (in den vergangenen 23 Jahren) mehr als verzweifacht.[14]

Immer mehr Jugendliche trinken täglich Alkohol bis zum Vollrausch. 100 000 alkoholkranke Jugendliche sind eine alarmierende Zahl. Neben der Droge Alkohol spielen bei Jugendlichen noch andere Drogen wie Haschisch, LSD und Heroin eine entscheidende Rolle. 1972 hatten etwa 34 Prozent der 14- bis 21-Jährigen eine dieser Drogen (Alkohol ausgenommen) konsumiert, und zehn Prozent waren abhängige User. Es soll hier nicht erneut das durch die Presse hinreichend bekannte Drogenproblem ausgebreitet werden. Die Rauschgiftwelle ist glücklicherweise etwas abgeebbt, wobei aber immerhin 50 000 Suchtkranke übrig geblieben sind.

Die Droge Nummer eins ist heute bei Jugendlichen und Erwachsenen immer noch der Alkohol. Etwa sechs Millionen der Bevölkerung (BRD) trinken täglich mehr als 100 Milliliter reinen

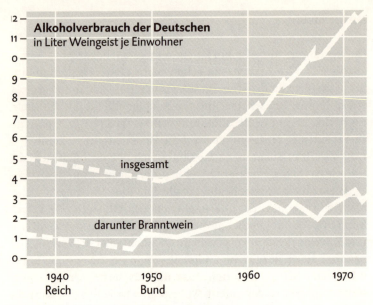

7: Der Alkoholverbrauch der Bevölkerung nimmt zu

Alkohol, das entspricht zwei Litern Bier, einem Liter Wein oder einem Viertelliter Weinbrand.

Organische Alkoholschäden treten erst nach jahrelanger chronischer Trunksucht auf. Die Mediziner setzen die akute Gefährdung bei der täglichen Alkoholmenge von 100 Millilitern an. Die Folgen dieses Alkoholkonsums sind unter anderem die Alkohol-Hypoglykämie, die Entzündung der Bauchspeicheldrüse, die Herzmuskelschwäche, die Fettleber, Gastritis und Leberzirrhose. Der chronische Alkoholkonsum von täglich 100 Millilitern ist ein Selbstmord auf Raten, denn der Süchtige stirbt etwa zehn Jahre früher als ein Durchschnittsbürger ohne Alkoholkonsum.

Es dauert etwa sechs bis sieben Jahre, bis gewohnheitsmäßige Trinker die ersten körperlichen Symptome spüren und deswegen den Arzt aufsuchen. Die Heilungschance, die völlige Befreiung vom Alkohol (Abstinenz) ist leider sehr gering. Sie gelingt nur bei etwa zehn bis zwanzig Prozent der Kranken. Eine klinische Entziehungskur kostet etwa 20 000 Mark. Die Kostenbelastung der Krankenkassen durch den zunehmenden Alkoholismus ist also gewaltig. Ein mit 45 Jahren nicht mehr arbeitsfähiger Alkoholiker, der Arbeitsunfähigkeitsrente beziehen muss, kostet insgesamt etwa 400 000 Mark, so errechnete es das Bundesgesundheitsministerium.

Es geht mir hier nicht um die Kosten, sie ärgern mich nicht, im Gegenteil, ich freue mich über sie und würde wünschen, dass sie noch höher lägen, denn leider schrecken nur hohe Kosten die Behörden auf, etwas gegen den zunehmenden Alkoholismus zu unternehmen. Das menschliche Elend lässt dagegen ziemlich kalt. Nur die krasse Ausmalung der Kosten kann deshalb zukünftiges menschliches Leiden verhindern helfen, weniger die Schilderung, wie das Leiden verursacht wird und welche Qualen es den Betroffenen bereitet. Dies ist ein Symptom der Krankheit unseres Gesellschaftssystems.

Und gerade dieses Symptom des Gesellschaftssystems, das nur ökonomisch sensibel ist, nicht jedoch im humanen Bereich, macht viele Menschen unruhig und unsicher, sodass sie im Alkoholrausch Betäubung vor dieser Wirklichkeit suchen. Dies ist eine sehr global-kritische Betrachtung und wird deshalb von den verantwortlichen Intellektuellen und Politikern leider als vage Vergröberung abgewehrt.

Im Einzelfall stellt sich der Weg in den Alkoholismus zum Beispiel konkret so dar: Karl M., 30, durchschnittlicher Hauptschulabschluss, kaufmännische Lehre, bildet sich in Abendkursen weiter, um erfolgreicher zu sein, als es normalerweise mit dieser Ausbildung möglich ist. Um zehn Uhr abends ist er von seinem Leistungstag im Nacken verspannt, an den Schläfen hat er leichte Schmerzen. «Klingel dich frei – erst mal entspannen», wer könnte es ihm verdenken. Wenn er tagsüber Ärger hatte und sein Selbstbewusstsein durch einen «Anschiss von oben» beträchtlich gesunken ist, klingelt er sich auch einmal stärker frei als sonst.

*Bewältigung der Angst*

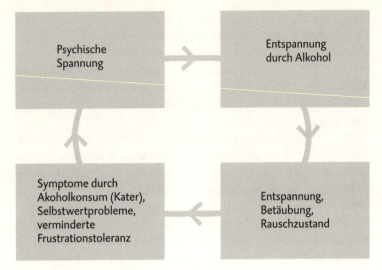

8: So dreht sich das Suchtkarussell

Die allgemeine wirtschaftliche Rezession lässt ihn seit 1974 um seinen Arbeitsplatz bangen. Ein Kollege wird entlassen, er übernimmt zum Teil dessen Arbeitsgebiet mit; wieder ein Grund, um sich abends mit Alkohol zu entspannen, vor allem, da es in seiner Ehe auch nicht mehr so entspannt und harmonisch zugeht wie früher.

Das Suchtkarussell dreht sich für Karl M. nun täglich schneller. Der Versuch, sich von den Schwierigkeiten des Alltags zu kurieren, führt auf fatale Weise in eine Teufelsspirale des zunehmenden Alkoholkonsums und der damit gekoppelten zunehmenden psychischen Schwierigkeiten. Das Trinken ist eine Folge von Lebensproblemen und bereits vorhandener psychischer Symptome. Es entwickelt sich in der weiteren Krankengeschichte zu einer Symptomdominante in einem großen psychischen Syndromzusammenhang. Das Trinken ist eine Abwehrhaltung, um auf diese Weise zu vergessen, was täglich belastet und kränkt. Zunächst heilt der Alkohol diese Wunden scheinbar, dann fügt er neue hinzu. Die alten Wunden wurden nur übertüncht, nicht geheilt. «Alkohol ist Medizin», heißt es Vertrauen erweckend. Er ist tatsächlich Medizin, aber nur für psychisch ausgeglichene Menschen. Wer sich wohl fühlt, kann durch kleine Mengen Alkohol, die relativ unschädlich sind, sein Wohlbefinden noch steigern.

Für Unglückliche ist Alkohol jedoch ein lebensverkürzendes Gift. Er deckt die Probleme nur zu und schafft schließlich neue, viel größere Probleme. Deshalb ist die richtige Medizin für psychische Probleme keinesfalls der Alkohol, sondern nur die Psychotherapie. Nur durch sie kann ein «gekränkter Mensch» lernen, seine Probleme zu verarbeiten, ohne sie in einer Betäubung zeitweise wegzuschieben und durch Rauschzustände zu vernebeln.

*Die Abschirmung*

Was der Alkohol nicht schafft (Selbstheilung), bewerkstelligen auch keine Psychopharmaka. Sie schirmen nur ab, mildern zunächst die Symptome, nehmen sie jedoch nicht weg und beseitigen nicht die Ursachen.

Zur besseren Verdeutlichung der Problematik zunächst einige Daten zum allgemeinen Arzneimittelverbrauch. Die gesetzlichen Krankenversicherungen zahlten 1973 mehr als 6,7 Milliarden Mark und 1974 sogar 7,7 Milliarden Mark für Arzneimittel jeder Couleur. Beim Bundesgesundheitsamt waren 1973 24 259 verschiedene Arznei-Spezialitäten registriert.[15]

Und so präsentiert sich der Arzneimittelkonsum der Bundesbürger.[16]

*Tab. 1: Arzneimittelkonsum*

|  | Gesamtheit aller Bundesbürger | Frauen | Männer |
|---|---|---|---|
| Schmerzmittel | 7,7% | 9,0% | 6,2% |
| Aufputschmittel | 0,8% | 1,0% | 0,6% |
| Beruhigungsmittel | 12,1% | 15,7% | 8,1% |
| Schlafmittel | 5,5% | 7,6% | 3,1% |
| Vitamin C | 9,5% | 11,0% | 7,9% |
| Multivitamin | 6,1% | 7,4% | 4,5% |
| Abführmittel | 15,5% | 19,5% | 10,7% |
| Naturheilmittel | 7,9% | 9,5% | 5,9% |
| Schlankheitsmittel | 2,2% | 3,1% | 1,1% |
| Sonstige | 24,0% | 25,2% | 22,5% |
|  | **91,3%** | **109,0%** | **70,6%** |

Die Arzneimittelfirmen der Bundesrepublik setzten 1974 10,5 Milliarden Mark um. In den letzten fünfundzwanzig Jahren wuchsen ihre Umsätze jährlich um etwa fünfzehn Prozent, in Rezessionsjahren immerhin um zehn Prozent. Die Heilmittelexplosion förderte beträchtlich die Kostenexplosion im Gesundheitswesen, ganz zu schweigen von zusätzlichen Kostenbelastungen durch Erkrankungen aufgrund des übermäßigen Tablettenkonsums, über die nur schwer Zahlen zu beschaffen sind.

Unter den Heilmitteln sind die Psychopharmaka die Absatz-Spitzenreiter. Der Verbrauch von Tranquilizern (sie dämpfen und beruhigen) erhöhte sich zwischen 1965 und 1969, also innerhalb von vier Jahren, um 230 Prozent, der Verbrauch des Präparates Valium sogar um 400 Prozent.

Psychopharmaka sind chemische Substanzen, die auf das zentrale Nervensystem wirken. Die fünf häufigsten Präparate tragen die berühmten Namen: Valium (von Hoffmann-La Roche), Adumbran (von Thomae), Librium (von Hoffmann-La Roche), Praxiten (von Wyeth Pharma) und Tranxillum (von Wyeth Pharma).

Der Mediziner verschreibt Psychopharmaka bei diffusen Mantel-Diagnosen, wie «vegetative Dystonie» oder «psychovegetatives Reizsyndrom». Unzählige psychosomatische Symptome können unter diese Bezeichnung fallen, wie zum Beispiel Schlafstörungen, kardiovaskuläre Störungen, nervöse Reizbarkeit, Erregtheitsbeschwerden, Erschöpfungsgefühle, Sexualneurosen, Angstgefühle, Unruhe, psychogene Atemstörungen.

Die Psychopharmaka wirken Wunder, sie beruhigen den Ängstlichen und heben den Deprimierten aus seinem Stimmungstief – solange die chemische Wirkung anhält –, bis der alte Zustand wieder auftritt. Die berechtigten Ängste und psychologisch verständlichen Traurigkeitsempfindungen über Erlebnisse werden so symptomkuriert.

Mit der Menge wird die Ruhe und Stabilität der Seele reguliert. Die Werbung für Librium Tabs sagt dem Arzt, wie er auf die Psyche einwirken kann[17]: «Ganze Tablette: Eine eindrucksvolle Wirkung, gewährleistete Ruhe, Stabilität und Anxiolyse. Halbe Tablette: Eine fühlbare Hilfestellung, gewährte Ruhe, Stabilität und Entspannung. Viertel Tablette: Ein behutsames Geleit, erhaltene Ruhe, Stabilität und Unbefangenheit. Eine Tablette abends, mit 24 Stunden Langzeitwirkung, sorgt nachts für Ruhe, Entspannung und Schlaf, am Tage für Unbefangenheit, Ausgeglichenheit und Entfaltung.» Ist das nicht wunderbar? Der Schein wird gewahrt, als sei eigentlich alles in bester Ordnung. Gutes Funktionieren im Alltag wird durch einen Pillenschluck wiederhergestellt. Für Ruhe und Ordnung (in der Seele und am Arbeitsplatz) ist gesorgt, solange die Pille den Protest des Körpers und der Seele (das sind die Symptome) reguliert.

Dieser Protest wird elegant zugetüncht. Gute Psychotherapeuten sind noch immer rar und zudem hoffnungslos überlastet. Der Arzt hört dem Protest (resultierend aus den Lebens- und Umweltproblemen des Patienten) nicht zu, weil er dafür keine Zeit hat und dafür auch nicht ausgebildet ist. Warum verschreibt er Psychopharmaka und keine Überweisung zum Psychotherapeuten, der zuhören und dem heimlichen Protest auf den Grund gehen würde?

Da Psychopharmaka in unerschöpflichen Mengen vorhanden sind und der Verschreibungsweg für den Arzt auch bequemer und seinem Selbstverständnis nahe liegender ist, unternimmt er lieber etwas Chemisches gegen das Symptom, der Patient empfindet eine Wirkung, und beide sind so weit zufrieden.

Ein Arzt stellte mir die Frage: «Die Krankmacher, die sozialen Lebensumstände des Patienten, seine Ehe- und Berufsprobleme, sein Leiden unter den Anforderungen der Leistungsgesellschaft, sein Zivilisations-Syndrom, seine verkorkste Biographie, Empfindungen der Überforderung oder Unterdrückung – was soll man dagegen tun?», und gab selbst die Antwort: «Das ist nun mal der Preis unserer modernen Zivilisation. Paradiesische Zustände gibt es eben nicht und wird es auch nie geben. Also sind Psychopharmaka eine Wohltat für den vegetativ geschädigten Menschen.» – Das sind die Argumente, die nicht nur Ärzte, sondern auch Politiker zur Verteidigung der Psychopharmakabehandlung gebrauchen.

Die medikamentöse Abschirmung des Patienten gegenüber Realitäten, die ihn ängstigen, beunruhigen und nervös machen, hat auch den Vorteil, dass er weiter arbeitsfähig, ehefähig und fügsam bleibt. So wird auch verhindert, dass das große psychische Elend beunruhigender an die Oberfläche des Bewusstseins tritt. Dies ist für die Mächtigen der Gesellschaft nützlich, weil die Ruhe, Ordnung und Stabilität nicht in Frage gestellt wird und unbequeme soziale Reformen hinausgeschoben werden können. Zynischer Vorschlag: Wie wäre es mit ausgeklügelten Librium-Mengen im Trinkwasser?

So haben Psychopharmaka viele positive Effekte, der Patient wird zeitweise auf dem chemischen Weg psychisch entlastet, der Arzt hat die Entlastung bewirkt und verdient bequem Geld, Protest wird unterdrückt, denn der Patient sieht die Schuld bei sich selbst, die Symptome versteht er als Zeichen seiner Schwäche.

Psychopharmaka stellen den Patienten ruhig und erhalten so

die gesamtgesellschaftliche Ruhe. Der Patient wird vor Belastungen abgeschirmt, und die Belastungen können weiterbestehen. Fazit: Nicht die gesellschaftlichen Verhältnisse sind krank, sondern der Einzelne ist krank – wie seine Symptome zeigen. Der Arzt kann sie mit Tabletten vorübergehend heilen.

Auf diese Weise wird verschleiert, dass die Gesellschaft den Einzelnen in den Protest treibt, ihn mit Symptomen reagieren lässt. Die Psychotherapie würde die Wahrheit hervorbringen und dem Patienten die Gründe für seine Symptome bewusst machen. Er würde sein Leben neu orientieren können und nicht mehr mit Psychopharmaka seine Probleme abwehren, wegdrängen und beiseite schieben müssen. Sein Protest könnte sich formulieren, und die Psychotherapie würde zu einem Stück Sozialtherapie führen, denn sobald ein Patient weiß, was ihn krank macht, kann er sich besser dagegen zur Wehr setzen und aktiv an einer Veränderung dessen arbeiten, was ihn ängstigt und beunruhigt. Er muss sich weniger selbst belügen und kann mit der Wahrheit besser umgehen.

Dies muss das Ziel zukünftiger ärztlicher und psychotherapeutischer Reformen sein. Die Psychopharmaka sollten nur noch zur Unterstützung, zum Beispiel vor und nach Operationen und bei aktual-psychotischen Prozessen, eingesetzt werden.

Bei psychosomatischen und vegetativen Symptomen aller Art ist die Psychotherapie angezeigt. Die Ausbildung von Therapeuten sollte deshalb vorrangig gefördert werden. Das ist jedoch noch nicht genug. Der Wiener Historiker Friedrich Heer weist auf die Dringlichkeit neuer Wege hin: «Ein anderes tut Not. Eine neue Innenpolitik, die als vordringlich die Umschulung, besser, die Einführung von Millionen Menschen in mitmenschliche Berufe anstrebt. Millionen Kranke, psychisch und physisch Kranke, Gebrechliche, Einsame, Alkoholiker, Drogensüchtige, behinderte Kinder, aus Gefängnissen Entlassene, bedürfen mitmenschlicher Hilfe.»

Er schlägt eine Schulung großer, interessierter Bevölkerungsgruppen vor und sagt: «Diese notwendige Umschulung, besser Einführung, die Überführung also von auch zahlenmäßig in Betracht kommenden Gruppen (für unsere Politiker ist nach wie vor der Mensch erst interessant, wenn er in Quantität auftritt, Qualität ist machtpolitisch ganz uninteressant) in mitmenschliche Berufe setzt eine Erweiterung des Menschenbildes, der Erfahrung um die innere Mehrdimensionalität des konkreten Menschen als Person, voraus[18].»

*Die Ohnmachtserklärung*

Die Ohnmachtserklärung ist einer der folgenreichsten Abwehrmechanismen. Es wird behauptet, dass man gegen eine Kränkung nichts tun kann, also ohnmächtig zusehen muss und letztlich schuldlos den Schwierigkeiten ausgeliefert ist. Die Standardredewendung lautet resignierend: Da kann man nichts machen, das ist eben so.

Diese Abwehr der Probleme, das Gefühl, zur Passivität verdammt zu sein, hat gute Gründe. Eine weitere Beschäftigung damit lohnt sich nicht, da sie nicht weiterhilft. Die Ohnmachtserklärung ist also eine bequeme Methode, sich dem Problem nicht weiter zu stellen. Dieser Rückzug in die Passivität ist verhängnisvoll, weil er der Beginn der Manipulierbarkeit ist.

Die erste Kapitulation des Ich geschieht in der Lebensgeschichte gegenüber der Autorität. Das Ich gibt den Widerstand gegen das übermächtige Eltern-Ich auf, weil die Machtverhältnisse ungleich verteilt sind. Die Autorität der Eltern erzwingt Gehorsam durch Strafdrohungen, vollzogene Strafen und praktizierten Liebesentzug. Hier wird zum ersten Mal die Erfahrung gemacht, dass sich Widerstand nicht lohnt und Ohnmacht besteht. Ich könnte hierfür Hunderte von konkreten Beispielen aus meiner Praxis (in der Elternberatung) schildern, wie der Widerstand des jungen Ich gebrochen wird.

Im Abschnitt «Die Identifizierung» wurde erklärt, wie in der Persönlichkeitsstruktur des Kindes auf diese Weise durch Ohnmachtsempfindungen und Introjektion der Autoritätsnormen das Über-Ich gebildet wird. Je strenger, strafender und autoritärer die Erziehung der Eltern praktiziert wird, umso strenger und fester wird das Über-Ich. So wird die Denkhaltung eingeschliffen: Widerstand lohnt sich nicht, dagegen bin ich ohnmächtig, dagegen ist nichts auszurichten, das sind die Normen, am besten, man richtet sich nach ihnen, übernimmt und praktiziert sie und gibt sie weiter.

Auf diese Weise wird sehr frühzeitig der Widerstandswille gebrochen: Ungehorsam lohnt sich nicht! Bei einer freiheitlichen Erziehung, die selten straft, selten Gehorsam und Einschränkungen verlangt und Widerstand erlaubt oder ihn toleriert, bildet sich ein unbedeutendes Über-Ich. Eine Persönlichkeitsentwicklung ohne Normen ist nicht denkbar. Auch eine utopisch liberale Erziehung vertritt bestimmte Normen, die eingehalten werden müssen. Auch diese Normen werden introjiziert, und es bildet sich ein Über-Ich. Wichtig ist jedoch zu sehen, dass es hier graduelle Unterschiede gibt, von einem kleinen bis zu einem sehr kräftig ausgeprägten Über-Ich.

Das traditionelle Erziehungsideal strebt ein mächtiges Über-Ich an. Vom psychologischen Standpunkt aus betrachtet ist ein möglichst kleines Über-Ich anzustreben, weil auf diese Weise die Selbständigkeit erhalten bleibt und das resignierende Ohnmachtsempfinden klein gehalten wird.

Diese graduellen Ausprägungen des Über-Ich sind in den einzelnen Gesellschaftsschichten unterschiedlich. Am stärksten ist das Über-Ich in der mittleren und oberen Unterschicht und in der unteren und mittleren Mittelschicht. Am geringsten ist es in der unteren Unterschicht, in der oberen Mittelschicht und der Oberschicht ausgeprägt.

Die untere Unterschicht hat nichts zu verlieren. Hier führt der Widerstand gegen die Autorität leicht in die Kriminalität. Die

*Bewältigung der Angst*

Oberschicht benötigt kein starkes Über-Ich, weil hier das Ich mehr Möglichkeiten der Entfaltung bekommt. Die Oberschicht, als herrschende Schicht, unterliegt weniger Beschränkungen. Sie besitzt mehr Möglichkeiten, sich zu entfalten, weniger Widerstände stellen sich der Persönlichkeitsentwicklung entgegen.

Die große Mehrheit der Bevölkerung besitzt ein starkes Über-Ich. Die Ohnmachtsempfindung ist demzufolge ein Mehrheitsproblem, sie wird in der Erziehung angestrebt, weil auf diese Weise die Mehrheit von einer Minderheit (Oberschicht) leichter zu egoistischen Zwecken ausgebeutet werden kann: Wer Ohnmachtsgefühle hat, protestiert nicht und lässt sich bequem manipulieren.

Für den Einzelnen mit starkem Über-Ich hat das im Alltag folgende Konsequenzen: Er fügt sich willig vorgegebenen Normen mit dem introjizierten Denken: Das ist eben so, diese Forderungen müssen erfüllt werden. Wenn ich sie nicht erfüllen kann, ist das ein Manko meiner Person, eine Minderwertigkeit, eine geringere Lebenstüchtigkeit – eine Krankheit. Nach diesem absichtlich introjizierten Prinzip wird also ein Heer von Untertanen erzogen, das keinen Widerstand entwickeln kann. So ist psychologisch verständlich, dass ein Claus Graf Schenk von Stauffenberg aus der Oberschicht kam und nicht aus der Mittel- oder Unterschicht. Auch der Kriminelle aus der unteren Unterschicht erfüllt keine Stauffenberg-Funktion, da er egoistisch auf persönliche Freiheit bedacht ist, also sich nicht einer sozialen Gesamtstruktur zukunftsbezogen verbunden fühlt.

Die große Mehrheit fragt psychologisch sehr verständlich: Was sollen wir denn machen? Hitler ist ein Unglück, aber wir sind gegen ihn und seine Politik ohnmächtig. Und so geschieht es auch heute. In Deutschland und Europa droht zurzeit zwar kein Faschismus (vergleichbar mit Hitlers Faschismus), aber die allgemeinen Weltprobleme werden wieder von der Mehrheit der Bevölkerung auf die Ohnmachtsbank geschoben. Jetzt sind es die atomare Bedrohung, die Umweltverschmutzung, die Ausbeutung der Entwicklungsländer, die Macht der Konzerne und der bürokratische Missbrauch von Autorität, gegen die nichts unternommen wird.

Das ist eine kurze Zusammenraffung der Makroprobleme. Um die psychischen Mikroprobleme steht es nicht besser. Der Einzelne kann sich nicht gegen den Machtmissbrauch und die psychische Kränkung seines Lehrers, Lehrherrn, Chefs, Ehepartners wehren. Er fühlt sich ohnmächtig und glaubt, dass diese Ohnmacht normal ist.

Abgewehrt wird der Gedanke, dass Widerstand möglich ist. Das Ich kapituliert gegenüber den introjizierten Über-Ich-Forderungen. Die Abwehr dient der Angstvermeidung (Strafangst), die letztlich zu einer diffusen Lebensangst führt.

Die Ich-Instanz sollte also an Kraft und Autonomie gewinnen und sich gegen das mächtige Über-Ich zur Wehr setzen. Je mehr Macht das Ich gewinnt und das Über-Ich verliert, umso freier und gesünder fühlt sich der Mensch. Der Weg zur psychischen Gesundheit ist vorgezeichnet als ein Weg des Widerstandes gegen Introjektionen der Autoritäten. Nun ist es verständlich, warum die Psychotherapie von den Mächtigen nicht gefördert wird. Sie soll eine Oberschichttherapie bleiben und die Mehrheit in ihrem Zustand der Manipulierbarkeit belassen. Die Psychopharmaka werden toleriert, da sie die Symptome mildern, ohne die Ursachen aufzuhellen.


*Das Rollenspiel*

Das Rollenverhalten dient der Ohnmachtserklärung. Das Argument lautet: Das lässt meine Rolle nicht zu, ich möchte nicht aus der Rolle fallen. Das Rollenklischee gibt einerseits Sicherheit, andererseits vermittelt es aber auch das Gefühl, in einer Zwangsjacke zu stecken.

Solange die eigene Rolle akzeptiert wird und auch der Mitmensch seine Rolle bejaht, kann das Rollenspiel reibungslos ablaufen. Die meisten sozialen Kontakte funktionieren nach gesellschaftlichen Spielregeln auf diese Weise sehr zuverlässig. Wer aus seiner Rolle ausbrechen will und sich mit seinen Mitmenschen auf einen Rollenkampf einlässt, erfährt ein großes Maß an psychischer Verunsicherung, aber auch an Freiheit.

Das Klammern an die Rolle gibt zwar psychische Unfreiheit, spendet aber auch Sicherheit. Das Bedürfnis nach Sicherheit ist zumeist größer als das Freiheitsverlangen, das auf einer Stufe der Sehnsucht dahindämmert.

Die Rollenfindung geschieht schon sehr früh in der Kindheits- und Jugendentwicklung. Der amerikanische Facharzt für Psychiatrie Thomas A. Harris beschreibt die Persönlichkeitsentwicklung als eine Entwicklung von Eltern-Ich, Kindheits-Ich und Erwachsenen-Ich. Eine Person kann also drei Rollenstufen einnehmen und auf einer der drei Stufen verharren. Als Erwachsener spricht dann aus ihm einer der drei Ich-Zustände. Die Persönlichkeitsstruktur von Harris basiert nicht auf Freuds Instanzenmodell (Es, Ich, Über-Ich), weist jedoch Ähnlichkeiten damit auf.

Die verschiedenen Rollen können reale Zustände des Individuums, müssen also nicht nur gespielte Rollen sein. Sie können andererseits aber auch bewusst für ein Rollenspiel eingesetzt werden.

Im sozialen Kontakt wird der jeweilige Ich-Zustand einer Person an sprachlichen Merkmalen und der Art der Kommunikation erkannt.

Das Eltern-Ich reagiert unter anderem mit folgenden Klischees:

«Du darfst nie vergessen, dass ...»
«Das ist ekelhaft, weil ...»
«Ich rate dir, dass ...»
«Du musst dir merken, dass ...»

9: Die Persönlichkeit mit drei Ich-Zuständen

Das Kindheits-Ich:
«Ich will ...»
«Ich möchte, aber ...»
«Wenn ich das erreicht habe, dann ...»
«Ich weiß nicht, warum ...»

Das Erwachsenen-Ich:
Das Erwachsenen-Ich wird an seiner sachlichen Beschreibung der Probleme erkannt. Es bekennt sich zur eigenen subjektiven Meinung und stellt diese Meinung nicht als gesetzartige, unumstößliche Tatsache hin.

Jeder trägt die drei Ich-Zustände in sich, wobei der eine oder andere Zustand überwiegt. Die Kommunikation funktioniert mit den Mitmenschen am reibungslosesten, wenn sich zwei Personen gegenseitig mit ihrem Erwachsenen-Ich ansprechen. Die verschiedenen Kombinationen, Person A Erwachsenen-Ich – Person B Kindheits-Ich oder Person A Eltern-Ich – Person B Kindheits-Ich usw. führen zu Kommunikationsschwierigkeiten. Die Position des Erwachsenen-Ichs ist die reife Haltung. Aus Abwehrgründen ziehen sich die meisten jedoch auf die Position des Kindheits- bzw. Eltern-Ichs zurück.

Neben diesen persönlichkeitsspezifischen Ich-Zuständen gibt es noch weitere Rollen, hinter denen sich das Individuum verstecken kann. Die Rolle ist eine Maske, die Sicherheit gibt. Zu den wichtigsten Masken zählen die Geschlechtsrolle, Berufsrolle und Statusrolle.

Was mit Berufs- und Geschlechtsrolle gemeint wird, ist evident. Die Statusrolle ist dagegen komplizierter und subtiler. In der Statushierarchie der Gesellschaft nimmt jeder von oben nach unten einen bestimmten Rang ein, den er bewahren möchte, nach unten zur Schau stellt und verteidigt. Die Statusrolle weist ihm und den Mitmenschen einen Rangplatz im Kontakt zu.

An der Statusrolle wird deutlich, wie die Geborgenheit der Masken auf den unteren Rängen zur Zwangsjacke werden kann. Ein Entrinnen ist nur durch den Statuskampf möglich. Der Statuskämpfer macht die Erfahrung, dass die Gegner die Kampfansage zunächst mit verstärkt eingesetztem Rollenverhalten parieren. Die nächsthöhere Autorität verschanzt sich hinter den Spielregeln und pocht auf ihre Vorschriften. Der Verweis auf die festgefügte Statusrolle ist die Abwehrtechnik.

Wer die eigenen Rollenhülsen abwirft und sich über andere Rollenklischees hinwegsetzt, erfährt die Schwierigkeiten, ein Spielverderber zu sein.

*Die Gefühlspanzerung*

Die Freiheit der Person ist nicht in der Zwangsjacke einer Rolle möglich. Hinter der vorgeführten Maske versteckt sich das wirkliche Ich mit seinen Sehnsüchten und Gefühlen. Die Rolle und die Gefühlspanzerung (nach außen, gegen außen) gehören zusammen.

Die Gefühle werden von den meisten Menschen sorgsam kontrolliert und versteckt. Gefühle werden in unserer technischen Zivilisation suspekt, und es herrscht die Auffassung, Gefühle soll man nicht zeigen, am besten werden sie wegtrainiert. Die vernünftige, emotionslose Betrachtung gilt als Ideal.

«Keine tausend Plastikblüten lassen eine Wüste blühen. Und tausend leere Gesichter machen einen leeren Raum nicht voll», schreibt der Gestalttherapeut Frederick S. Perls.[19] Leere Gesichter sind emotionslos, sie zwingen sich zur Emotionslosigkeit, beherrschen sich zu einer klinischen Sachlichkeit und Intellektualität. Der Intellekt ist gesellschaftsfähig, während die Gefühle weggepanzert werden. Diese Übergewichtigkeit des Intellekts und das Verstecken der Emotionen zeigen eine tiefe Unsicherheit und Abwehrhaltung gegenüber der eigenen Lebendigkeit. Tausend Plastikblumen wollen Leben vortäuschen, machen eine Wüste jedoch nicht lebendig. Das ist eine treffende und dazu poetische Diagnose des zivilisierten Menschen.

Damit die Wüste zu leben beginnt, müssen wir unsere gelernten, künstlich geschaffenen sozialen Rollenklischees wie Krücken wegwerfen und den Gefühlspanzer öffnen. An dieser Stelle möchte ich den Leitgedanken der Gestalttherapie von Perls zitieren. Er plädiert für eine freie Entfaltung der Persönlichkeit ohne

*Bewältigung der Angst*

Gefühlsunterdrückung: «Ich tu, was ich tu; und du tust, was du tust. Ich bin nicht auf dieser Welt, um nach deinen Erwartungen zu leben, und du bist nicht auf dieser Welt, um nach den meinen zu leben. Du bist du, und ich bin ich. Und wenn wir uns zufällig finden – wunderbar. Wenn nicht, kann man auch nichts machen.»[20]

Das Rollenverhalten ist ein Erwartungshandeln, und die Gefühle werden kontrolliert, um angepasst zu funktionieren. Jeder spielt dem anderen den Gleichmütigen und Gelassenen vor, der sich nicht erregt und über den Dingen steht, sich nicht ängstigt und keine Probleme hat. Diesem Ideal ist nur nachzukommen, wenn man sich beherrscht, unter Kontrolle hat, Erregung und Gefühle nicht zeigt.

Wohin aber mit der Erregung und Gefühlsbewegung, die sich nicht ausdrücken darf? Sie verschwindet nicht (wie verdrängte Konflikte auch nicht), sondern schlägt sich im Körper auf die Muskeln und Organe nieder. Die Muskulatur wird verspannt, im Nacken, in den Waden, auf dem Rücken, auf der Bauchdecke und in den Armen. Die Muskelspannungen können durch Massage, ein warmes Bad oder Alkohol und Psychopharmaka wieder gelockert werden. Die bessere Methode wäre jedoch eine Prophylaxe durch Abreaktion der Gemütsbewegungen und Gefühlsempfindungen. Nur so kommt das körperlich-seelische System in ein gesundes Gleichgewicht.

Kinder können ihre Gefühle besser ausdrücken als Erwachsene. Ihnen nimmt man nicht übel, wenn sie vor Zorn mit dem Fuß aufstampfen und zügellos losheulen, wenn sie psychischen Schmerz empfinden. Deshalb leiden sie seltener unter Muskelverkrampfungen als Erwachsene, sie regulieren ihr Gleichgewicht gesünder, weil sie sich weniger Rollenzwängen und Gefühlskontrollen unterwerfen müssen. Kinder sind «psychisch klüger» als Erwachsene.

Warum machen die Erwachsenen in dieser Beziehung einen Rückschritt? Warum brauchen sie Akupressur, Sauna, Massage, autogenes Training und Psychopharmaka, um ihre Gefühlspanzerung zu lockern? Sie wachsen in eine zunehmend stärker werdende äußere und innere Kontrolle hinein, und sie unterwerfen sich, um als funktionstüchtig zu gelten, den herrschenden Normen.

Der Schriftsteller Heinrich Böll führte einen Prozess gegen den Journalisten Mathias Walden. In einem Bericht über den Prozess schrieb «Die Welt», Böll sei in einem schlecht sitzenden Anzug vor Gericht erschienen. Diese Verächtlichmachung einer Person durch den Hinweis auf eine lässige Kleidung zeigt, wie die Normenregelung ständig überwacht wird. Bölls Antwort weist sensibel in die richtige Richtung: «Und ich vermute, dass sehr viele Menschen, die nicht meine Freiheit haben, die das nicht mehr oder weniger souverän über sich ergehen lassen können, regelrecht terrorisiert werden, in Büros, großen Betrieben. Das ist eine Perversität und absolut inhuman.»[21]

Die Bewertung der Kleidung zielt auf eine Äußerlichkeit. Die Abwertung von Persönlichkeitseigenschaften und Gefühlsregungen trifft eine Person noch viel härter, weil intimer und deshalb wirkungsvoller. So wächst langsam, aber gründlich die Gefühlspanzerung (das dicke Fell, populärer ausgedrückt). In einem Interview mit Christian Linder sagte Heinrich Böll über den gegenwärtigen Zustand treffend: «Emotional zu sein, gilt ja fast schon als Kranksein...» Diese Anti-Emotionalitäts-Philosophie hängt wiederum zusammen mit der Geruchlosigkeit, mit der Fertigkeit und so weiter. Eigentlich ist es eine Todesanzeige. Jemand, der keine Emotionen mehr hat, ist tot.»[22]

Keine tausend Plastikblüten lassen eine Wüste blühen.

*Die Vor- und Nachteile der Abwehrmechanismen*

Der Sinn der beschriebenen Abwehrmechanismen liegt für das Individuum in der Vermeidung von Angst. Die Realität kann nicht ertragen werden und wird deshalb mit den beschriebenen Methoden und Techniken verfälscht beziehungsweise abgewehrt. Durch die Abwehr soll das psychische Gleichgewicht erhalten bleiben, also eine subjektive Bewältigung der Realität erfolgen. Der Vorteil dieser Art von Realitätsbewältigung ist die momentane Angstreduktion, der Nachteil ist jedoch das Weiterbestehen des eigentlichen Problems und die Hinwendung zur Scheinlösung, Übertünchung, Lüge und psychischen Störung (Neurose bis zur Psychose).

Um dies ganz deutlich zu machen, werden die Vor- und Nachteile der einzelnen Abwehrtechniken in einer kurzen Übersicht zusammenfassend dargestellt.

*Die Identifizierung*

*Vorteil*
Durch Introjektion (Über-Ich-Bildung) werden Normen übernommen, die Sicherheit geben und Angst vor der Auseinandersetzung ersparen.

*Nachteil*
Der Kontrolleur (Über-Ich) wird zu einem inneren Tyrannen. Der Mensch wird zum Sklaven der introjizierten Normen und wird dadurch unfrei. Ein strenges Über-Ich kann die Neurose begünstigen. Die Übergänge von der psychischen Gesundheit zur Neurose sind fließend. Durch die Identifizierung mit dem Aggressor und der Autorität wird die Unterdrückung nach dem Prinzip weitergegeben: Was man mir antut, das füge ich auch einem anderen (sogar verstärkt) zu. Auf diese Weise werden die Unterdrückung und ihre Folgen weitergegeben.

*Die Verdrängung*
*Vorteil*
Nicht erfüllbare Wünsche und unangenehme Vorstellungen werden aus dem Bewusstsein verdrängt, um zunächst Ruhe zu haben. Diese Vogel-Strauß-Politik gewährt eine momentane Entlastung.

*Nachteil*
Um die Verdrängung aufrechtzuerhalten, wird viel seelische Energie verbraucht, die zu einer allgemeinen Bremsung der Lebensenergie führt. Die Verdrängung gewährt nur ein vorübergehendes Aufschieben des Problems. Wird sie aufrechterhalten, ist die psychische Entspanntheit und Gesundheit gefährdet.

*Die Projektion*
*Vorteil*
Man muss den Splitter im eigenen Auge nicht sehen und kann den Balken im Auge der Mitmenschen kritisieren. In der Außenwelt werden die eigenen Fehler heftig bekämpft, ohne sich dabei selbst wehzutun.

*Nachteil*
Die Selbsterkenntnis und Möglichkeit der Persönlichkeitsreifung wird durch die Projektion verhindert. Eine objektive Wahrnehmung der Außenwelt ist unmöglich. Projektionstäuschungen bewirken Handlungsfehler. Die Projektion ist ein Abwehrmechanismus, der nur schwer entlarvt werden kann. Der Projizierende hat wenig oder keine Einsicht in seinen Abwehrmechanismus.

*Die Symptombildung*
*Vorteil*
Da der Mensch sich aggressiv gegen sich selbst wendet und Symptome bildet, scheint oberflächlich betrachtet kein Vorteil zu bestehen. Zwei subjektive Vorteile sind jedoch unbewusst vorhanden, erstens führt die Selbstaggression zu einer Beschädigung des eigenen Lebens, man will lieber früher sterben, als die unerträglichen Kränkungen länger zu durchleben, und zweitens soll die Umwelt auf das eigene Leiden aufmerksam werden, damit Schonung nach S. Freud («sekundärer Krankheitsgewinn») von Seiten der Mitmenschen erreicht wird. Der Leidensdruck eröffnet manchmal, wenn Geld und Zeit vorhanden, den Weg zur Psychotherapie.

*Nachteil*
Die Symptome werden leicht chronisch, da der Weg zur Psychotherapie für Millionen von Patienten – wie bereits erwähnt – nicht möglich ist. Die Symptombildung verkürzt das Leben und ist ein langsamer Mord in Raten.

*Die Verschiebung*
*Vorteil*
Die Verschiebung ist eine «gesündere» Abwehrtechnik als die Symptombildung, da die Abreaktion nicht am eigenen Körper geschieht, sondern sich auf Ersatzobjekte verschiebt.

*Nachteil*
Der Abreagierer fühlt sich entlastet, während das Ersatzobjekt unter dem Missbrauch als Objekt oft zu leiden hat. Die Verschiebung kann also sozialschädliche Auswirkungen

haben und dann auf den Abreagierer zu einem späteren Zeitpunkt als Bumerang wieder zurückkommen.

*Die Sublimierung*

*Vorteil*

Die Aggression wird zum Beispiel in aktiver sportlicher Betätigung abreagiert und dabei zusätzlich die allgemeine körperliche Fitness gefördert. Sexuelle Energie wird in sozial nützlichen Tätigkeiten sinnvoll abreagiert. Der Mensch erreicht eine Entlastung vom Aggressionsdruck und sexuellen Triebdruck.

*Nachteil*

Es wird versäumt, den Gründen der Aggression nachzugehen und anzugreifen (Notwehrfunktion der Aggression), «was einen kaputtmacht». Der Aggressionsauslöser bleibt weiter wirksam. Der Sexualtrieb kann zwar sublimiert werden, er lässt sich dadurch jedoch nicht beseitigen. Es wird Energie entzogen, die anderweitig fruchtbar gemacht wird. Die fehlende sexuelle Triebbefriedigung kann jedoch nicht durch andere Befriedigungen voll ersetzt werden, und es entstehen mehr oder weniger unbewusste Frustrationsgefühle, die die Destruktionsbereitschaft erhöhen.

*Bewältigung der Angst*

*Die Reaktionsbildung*
*Vorteil*
Das Ich belügt sich, indem es sich selbst und der Außenwelt eine Komödie vorspielt, zum Beispiel Freundlichkeit statt Richtigstellung einer Kränkung oder kühle Sachlichkeit statt emotionaler Anteilnahme. Diese Reaktionsbildung dient der Verleugnung eine vorhandenen Empfindung. Der Vorteil liegt in der Angstvermeidung und diplomatischen Täuschung der Mitmenschen.

*Nachteil*
Die Reaktionsbildung verhindert eine ehrliche, offene und auch klärende Auseinandersetzung mit den Mitmenschen. Wer sich in die Reaktionsbildung begibt, gerät leicht in ein Lügengespinst hinein, das ihn sogar immer tiefer in die Komödie der Selbst- und Fremdtäuschung hineinzieht.

*Die Vermeidung*
*Vorteil*
Im Windschatten der schützenden Zuschauerecke wird Kritik geübt und erfolgreich Zuflucht vor möglichen Frustrationen gesucht, nach der Vorstellung: Was ich unterlasse, kann sich nicht negativ auswirken.

*Nachteil*
Der Rückzug auf die Zuschauerbank kann sich aber sehr wohl negativ auswirken. Beispiel: Ein Kind verweigert die Leistung aus Angst vor einer schlechten Zeugnisnote und einer Abwertung seiner Intelligenz – es lässt sich lieber als faul bezeichnen («Wenn ich wollte, könnte ich»). Diese Leistungsvermeidung schafft viele neue Probleme für den schlechten Schüler (nur faul, nicht dumm), spätestens bei der Suche nach einer Lehrstelle.

*Die Rationalisierung*
*Vorteil*
Es werden «vernünftige» Gründe vorgeschoben, um das wahre Motiv zu verschleiern. Die Rationalisierung dient also der Selbstrechtfertigung und Verteidigung gegenüber Außenkritik.

*Nachteil*
Eine sachlich-konstruktive Auseinandersetzung mit dem Problem wird verhindert. Man wirft sich selbst Steine in den Weg, um die Umwelt und sich selbst besser zu begreifen.

*Die Betäubung*
*Vorteil*
Durch die Betäubung mit Alkohol und Drogen verlieren die psychischen Konflikte, Frustrationen, Ängste und Schuldgefühle vorübergehend an Macht. Die Betäubung der ängstigenden Wirklichkeit ist eine momentane Entlastung.

*Nachteil*
Alkohol und Drogen führen in die Abhängigkeitsspirale der Sucht. Chemische Prozesse verändern die gesunde organische Struktur und führen in die Krankheit. Der Süchtige stirbt im Durchschnitt etwa zehn Jahre früher als der Nicht-Süchtige.

*Die Abschirmung*
*Vorteil*
Die Abschirmung vor psychischen Belastungen, depressiven Verstimmungen, auftretenden Ängsten und nervöser Unruhe wird kurzfristig erreicht. Es entsteht vorübergehend Ruhe Stabilität, Entspannung, Unbefangenheit, Ausgeglichenheit und dadurch eine wohltuende zeitweilige Entlastung.

*Nachteil*
Das Symptom wird kurzfristig gemildert, nicht jedoch die Ursache beseitigt. Der Protest des Körpers und der Seele wird mit einer warmen Decke zugedeckt, schlummert weiter, wird aber nicht durch Ausdruck, Verarbeitung und Psychotherapie gelöst.

*Die Ohnmachtserklärung*
*Vorteil*
«Da kann man nichts machen, das ist eben die Realität», ist die Standardredewendung der meisten Menschen, die auf diese Weise ein Problem von sich wegschieben. Durch dieses Waschen der Hände in der Unschuld der Ohnmacht wird das Gewissen zunächst beruhigt.

*Nachteil*
Die psychischen Probleme sind durch die Ohnmachtserklärung nicht aus der Welt geschafft, sondern können sich weiter ausbreiten. Die Manipulierbarkeit und Fremdbestimmung nehmen zu.

*Das Rollenspiel*
*Vorteil*
Das Zurückziehen auf die eigene Rolle und das Rollenspiel im Kontakt mit den Mitmenschen gibt Sicherheit. Das Bedürfnis nach Sicherheit ist meist größer als die früh in der Kindheit blockierte freie Entfaltungskraft der individuellen Persönlichkeitsstruktur.

*Nachteil*
Die Rolle wird leicht zur Zwangsjacke, aus der ein Entrinnen nicht mehr möglich erscheint. Wenn die Zwangsjacke schließlich in Fleisch und Blut übergeht, ist der Mensch seiner freien Handlungsweise beraubt und wird zu einem Rollenautomaten, wie der französische Fernsehfilm «Josse»[23] nach dem Roman «Ein Mann geht durch die Wand» von Marcel Aymé aufgezeigt hat. Das Drama ist die Unfähigkeit, sich selbst hinter der anerzogenen, programmierten Rolle wiederzufinden.

*Die Gefühlspanzerung*

| *Vorteil* | *Nachteil* |
|---|---|
| Nach außen wird eine emotionslose, sachliche, «vernünftige» Maske zur Schau gestellt. Man gibt sich den Anschein der Emotionslosigkeit und psychischen Unverletzlichkeit. Diese Gefühlspanzerung will keine Gefühle heraus- und keine hineinlassen, das Ideal einer technischen Zivilisation, in der sich der Mensch an der Perfektion der Automaten orientiert. | Wer die Emotionen ausklammert, klammert seine Lebendigkeit aus. Der zwischenmenschliche Kontakt verarmt, und die unterdrückten Gefühlsregungen legen sich auf die Organe und Muskeln. Wer nicht emotional sein darf, wird körperlich und psychisch krank. |

*Die Abwehrmechanismen der Gesellschaft*

Die Abwehrmechanismen, die das Individuum zur Aufrechterhaltung seines momentanen psychischen Gleichgewichts gegenüber Impulsen aus dem Über-Ich, dem Es und der Umwelt einsetzt, spielen nicht nur im Kampf innerhalb der Psyche eine entscheidende Rolle, sondern kommen vor allem bei der Bewältigung von gesellschaftlichen und politischen Problemen zum Einsatz. Die Abwehrmechanismen werden kollektiv angewandt gegenüber sozialen Missständen, volkswirtschaftlichen und politischen Konflikten.

So schrieb der ehemalige amerikanische Präsident Harry S. Truman (im Amt von 1945 bis 1952) über den ehemaligen Präsidenten Richard Nixon: «Er gibt nicht nur nichts auf das Volk, er weiß nicht einmal, wie man die Wahrheit sagt. Ich glaube nicht, dass dieser Scheißkerl den Unterschied zwischen Wahrheit und Lüge kennt. Nixon ist ein gerissener, verdammter Lügner, und die Leute wissen das.»[24] Sie ahnten es, verdrängten diese Ahnung und wollten es gar nicht so genau wissen, wie es die Watergate-Affäre schließlich aufdeckte. Das ist die kollektive Verdrängungsabwehr nicht nur einer faschistisch, sondern auch einer demokratisch geführten Bevölkerung. «Er gibt nichts auf das Volk», schrieb Harry S. Truman. Diese Gefahr soll durch die Demokratie ja gerade beseitigt werden – also ein Wunschtraum, der die Verdrängung der demokratischen Realität nahe legt.

Wer die «freiheitlich demokratische Grundordnung» in Frage stellt, gilt in der Bundesrepublik als ein Verfassungsfeind. Die Kritik kann schwer ertragen werden, weil die Auseinandersetzung mit ihr etwas ans Licht bringen könnte, was Angst vor Reformen erzeugt.

Anlässlich des neunzigsten Geburtstages des deutschen Philosophen Ernst Bloch führte Adelbert Reif ein Interview mit dem kritischen Denker, dessen erster Satz lautete: «Ich glaube, dass die Möglichkeit einer Etablierung oder Wiederetablierung des Faschismus beinahe wahrscheinlich ist, schrecklicherweise.»[25]

Weitere Kritik folgte, zum Beispiel der wortgewaltige Satz: «Nur: Diese Dummheit der Propagierung eines noch realen Zustandes des uralten Bündnisses von Unternehmertum oder Herrentum und Kirche, die übrigens parallel läuft mit der von Franz Josef Strauß in seiner berüchtigten Sonthofener Rede offenbarten Dummheit, wird – genau wie bei dem Aufgehen der Augen in Ansehung der weit erdauernden Situation von Herr und Knecht – eine Rezeptivität erzeugen, zumindest ein Nicht-Einschlafen der urchristlichen Werte wie etwa des Wortes von Jesus Christus: ‹Was ihr dem Geringsten meiner Brüder tut, das habt ihr mir angetan.›»

Wie reagierte darauf die Redaktion? Die Bedeutung von Ernst Bloch ist zu groß, als dass er zensiert werden könnte, also wird die Veröffentlichung zu Ehren des Neunzigjährigen gerechtfertigt mit einer Distanzierung von seiner kritischen Meinung durch die Einleitung: «Nicht weil wir mit dieser Sicht übereinstimmen, sondern weil sie exemplarisch für Blochs Denken ist, wollen wir sie dem

Leser nicht vorenthalten.» Der Gedanke an die Vorenthaltung zeigt, dass der Verdrängungsmechanismus am Werk war.

Der Status quo soll nicht in Frage gestellt werden, weil sonst Angst entsteht. «Keine Experimente» war der erfolgreiche Wahlslogan Konrad Adenauers. Mit bewundernswerter Offenheit schreibt der CDU-Bundestagsabgeordnete Herbert Gruhl: «Soll er (der Politiker) die Wahrheit sagen und ihre (der Zuhörer) hoffnungsvollen Blicke in Enttäuschung verwandeln? Wollen sie die Wahrheit überhaupt wissen? ... So setzt er eine gewichtige Miene auf, versucht seine eigenen Zweifel zu unterdrücken und ergeht sich, wie gehabt, in Dingen von großartiger Nichtigkeit.»[26] Eine erfrischend klare Darstellung der Situation.

Will die Bevölkerung die unangenehme Wahrheit überhaupt wissen? Die meisten Politiker wollen sie selbst nicht wissen, verdrängen sie, unterdrücken die eigenen Zweifel, die nächste demokratische Wahl fest im Auge. Dabei hätten sie die Pflicht, über den Wahltermin hinaus die Wahrheit zu sagen, auch wenn sie für viele schmerzlich ist. Die Politiker unterliegen einerseits selbst den Abwehrmechanismen gegenüber der Realität, und sie nehmen auf die Bevölkerung Rücksicht, die gleichfalls sämtlichen Abwehrmechanismen unterliegt. Wer eine unangenehme Wahrheit sagt, zum Beispiel vor der wachsenden atomaren Bedrohung warnt, den bedrohlichen Rohstoffabbau aufdeckt, soziale Missstände bloßlegt, provoziert eine ganze Palette von Abwehrmechanismen in der Bevölkerung.

Als Beispiel sei die Gefahr des exponentiell wachsenden Rohstoffausverkaufs genannt. Es handelt sich um einen Rohstoffverbrauch, der sich nicht regeneriert und in kurzer Zeit zur Erschöpfung der vorhandenen Lagerstätten führt. Was dann?

Wie reagiert die Psyche des Einzelnen, wenn er diese erschreckenden Zahlen liest oder hört? Ein ökonomisch orientierter Unternehmer spekuliert: Knapper werdende Rohstoffe treiben die Preise in die Höhe. Fazit: Kaufen! Das bedeutet, dass der Abbau der lebensnotwendig gewordenen Rohstoffe weiter forciert wird, wie zum Beispiel mit der Ausrottung der Wale auf der Welt bereits geschehen.

Welcher Abwehrmechanismus liegt dieser Handlungsweise zugrunde? Die Abwehrmechanismen treten nicht einzeln auf, wie vielleicht der Eindruck entstehen konnte, weil sie bisher isoliert voneinander dargestellt wurden. Sie verbinden und stützen sich gegenseitig zu einem verfilzten Abwehrsystem.

Am Beispiel der Rohstoffausbeutung eines einzelnen Unternehmers wird das Abwehrsystem deutlich. Die Identifizierung mit der ökonomischen Tüchtigkeit als Über-Ich-Forderung (zum Beispiel «Geld stinkt nicht») des Geschäftsmannes drängt die Auseinandersetzung mit den Folgen der Rohstoff- oder Tierausbeutung in den Hintergrund.

Die Identifizierung allein würde jedoch nicht ausreichen, um sich skrupellos über die Folgen für zukünftige Generationen moralisch hinwegzusetzen. Die Verdrängung der Folgen kommt also hinzu. Die Verdrängung hat die Projektion im Gefolge: Wenn ich es nicht mache, dann machen die anderen das Geschäft, mit viel skrupelloseren Methoden als ich. Dann werden wir von denen abhängig, dann ist es schon besser, wir machen es mit unseren Methoden. Hinzu kommt zur Stützung dieser Abwehr die Rationalisierung. Das Geld, das mit der Ausbeutung der Rohstoffe verdient wird, ist gar nicht nur für meine Tasche, sondern schafft ja auch Arbeitsplätze, ist also sozial nützlich. Die Anwendung und der Verbrauch schaffen gleichfalls wieder Arbeitsplätze, und die Wirtschaft wächst und gedeiht.

Gestützt wird die Rationalisierung durch das Psychopharmakon «Technologie»: Bis es zu einem völligen Abbau der Rohstoffe kommt, hat die Technologie den Rohstoff ersetzt. Wenn die Wale ausgerottet sind, verarbeiten wir Erdöl und so weiter. Die Technologie wurde mit dem Psychopharmakon verglichen, weil sie nur die Symptome mildern kann, aber nicht die Ursache der Krankheit heilt. Wenn die Wale ausgerottet sind, sind sie vom Erdball verschwunden, die Technologie kann sie nicht zurückholen.

| Grundstoffe | Exponentieller Verbrauch (Jahre) | Exponentieller Verbrauch bei 5-fachen Vorräten (Jahre) | Gleichbleibender Verbrauch 1970 (Jahre) |
| --- | --- | --- | --- |
| Kohle | 111 | 150 | 2300 |
| Erdöl | 20 | 50 | 31 |
| Erdgas | 22 | 49 | 38 |
| Eisen | 93 | 173 | 240 |
| Aluminium | 31 | 55 | 100 |
| Blei | 21 | 64 | 26 |
| Kupfer | 21 | 48 | 36 |
| Zink | 18 | 50 | 23 |
| Zinn | 15 | 61 | 17 |
| Nickel | 53 | 96 | 150 |
| Quecksilber | 13 | 41 | 13 |
| Silber | 13 | 42 | 16 |
| Mangan | 46 | 94 | 97 |
| Wolfram | 28 | 72 | 40 |
| Chrom | 95 | 154 | 420 |
| Kobalt | 60 | 148 | 110 |
| Gold | 9 | 29 | 11 |
| Platin | 47 | 85 | 130 |
| Molybdän | 34 | 65 | 79 |

Tab. 2: Die Erschöpfung wichtiger Grundstoffe bei exponentiellem Verbrauch nach Dennis Meadows

Zu dem nun schon sehr gefestigten Abwehrsystem kommt noch die fatalistische Ohnmachtserklärung hinzu: Da kann man nichts machen, das ist im Moment die wirtschaftliche Situation und der Preis, den wir für die Zivilisation zahlen müssen – ich als Einzelner bin da sowieso völlig machtlos.

Ich als Unternehmer (Rückzug auf die eigene Rolle) muss eben Gewinne erwirtschaften, um Arbeitsplätze zu schaffen und unsere

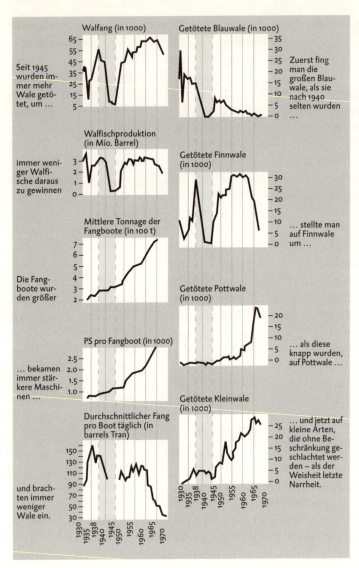

10: Die knapper werdenden Wale wurden nicht durch Fangbeschränkungen geschont, sondern bis zu ihrer Ausrottung getötet und ökonomisch genutzt

Wirtschaft zu fördern. Wir profitieren schließlich alle davon. Sonst machen die anderen das Geschäft. Das Abwehrsystem ist geschlossen. Ein Ausweg ist scheinbar nicht möglich.

Wie reagiert die große Mehrheit der Bevölkerung, die ja Angestellte und keine Unternehmer sind, auf Nachrichten und Gefahrenmeldungen dieser Art? Ein ökonomisches Spekulationsinteresse entsteht nicht, weil die finanziellen Mittel fehlen und die unternehmerische Einstellung nicht entwickelt wurde. Der Durchschnittsmensch verdrängt die drohende Gefahr. Er projiziert seine Passivität auf die Politiker und wettert: Warum unternehmen die nichts?! Aber gleichzeitig der Glaube an die Autorität: Die werden schon rechtzeitig eingreifen und die Gefahr verhüten. Hinzu kommt die Ohnmachtserklärung: Als kleiner Mann bin ich da völlig machtlos. Psychopharmakon: Die Wissenschaft wird rechtzeitig etwas Neues, einen Ersatz entwickeln. Dann Betäubung: Darauf trinken wir einen!

Psychologisch ist die Reaktionsweise der Unternehmer und der Bevölkerung durch die Funktionsweise der Abwehrmechanismen verständlich. Diese Kenntnis des psychischen Abwehrsystems ist die Voraussetzung, um eine Veränderung in der Zukunft zu bewirken. Die Gefahr für die Menschheit liegt nicht in der Intelligenz, also in einer biologischen Fehlentwicklung des Großhirns, sondern in den bisher wenig beachteten psychischen Abwehrreaktionen. Daraus ist die Schlussfolgerung zu ziehen, dass die Bewältigung unseres heimtückischen Abwehrsystems die vordringlichste Aufgabe ist, einmal um sich selbst psychisch gesund zu halten, und zum anderen, um die immer drohender auftauchenden Weltprobleme zu lösen.

*Abwehrmechanismen sind unabhängig von der Intelligenz*

Die Abwehrmechanismen werden praktiziert, um mit den innerseelischen Instanzen (Es und Über-Ich) und der Realität «besser» zurechtzukommen. Sie sind zwar aufgrund der beschriebenen Vorteile bequem, weil angstmildernd – führen jedoch letztlich in die Sackgasse der Nachteile, wenn sie nicht mehr unter der Kontrolle des Bewusstseins sind.

Die Abwehrmechanismen sind eine diplomatische List, um Probleme auf- oder wegzuschieben. Geht die Kontrolle des Bewusstseins über diese diplomatische List jedoch verloren, wird die anfängliche Diplomatie zum Selbstbetrug mit wachsenden Nachteilen bis zur Verstrickung in der Neurose und Psychose. Die Abwehrmechanismen scheinen unter dem Aspekt der Diplomatie intelligent, vor allem dann, wenn andere Menschen getäuscht werden. Der Übertritt in die Selbsttäuschung geschieht fließend, und dann sind die Abwehrmechanismen aufgrund ihrer dumpfen Unbewusstheit geradezu gefährlich unklug, weil sie das Individuum in die Irre führen.

Die Intelligenz, wie sie mit den bekannten Intelligenztests, zum Beispiel mit dem Hamburg-Wechsler-Intelligenztest für Erwachsene (HAWIE), dem Intelligenz-Struktur-Test (IST), dem Analytischen Intelligenztest (AIT), dem Leistungsprüfsystem (LPS) oder dem Figure Reasoning Test – um einige der gebräuchlichsten Intelligenztests zu nennen – gemessen wird, erfasst die Lösung von konkreten Denkproblemen. Getestet wird sprachlogisches Denken, die Rechenfähigkeit, optische Kombinationsfähigkeit, technisches Verständnis, Raumauffassung, Konzentrationsfähigkeit, Denk- und Arbeitsgeschwindigkeit.

Eine hohe Intelligenz beginnt bei einem Intelligenz-Quotienten (IQ) von 115. Bei 100 liegt der Durchschnitt der Bevölkerung. Einen IQ von 115 an aufwärts erreichen nur etwa sechzehn Prozent der Bevölkerung in den üblichen Intelligenztests. Im Durchschnittsbereich (IQ 85 bis 115) liegen etwa 68 Prozent der Bevölkerung.

Die bisher angewandten Intelligenztests erfassen zum Beispiel keine Eigenschaften, die für den Berufs- und Lebenserfolg genauso wichtig, wenn nicht noch wichtiger sind als die mit dem IQ charakterisierte Intelligenz. Solche wichtigen Eigenschaften sind unter anderem Leistungsmotivation, psychische Belastbarkeit, Vitalität, Ehrgeiz, Durchsetzungsfähigkeit, Kontaktfähigkeit, Beharrlichkeit, Optimismus, psychische Gesundheit.

Ein hoher IQ bedeutet nicht zwangsläufig auch Berufserfolg und psychische Ausgeglichenheit. Genauso bedeutet ein durchschnittlicher oder niedriger IQ nicht beruflichen Misserfolg und psychische Labilität. Eine niedere Intelligenz, gemessen mit den üblichen Intelligenztests, verhindert bei einer entsprechenden Persönlichkeitsstruktur beruflichen und finanziellen Erfolg keineswegs, und eine hohe Intelligenz ist dafür keine unerlässliche Bedingung.

Auch die Beziehungen der Abwehrmechanismen zur Intelligenz sind nach meiner Erfahrung nur gering ausgeprägt. Eine hohe Intelligenz (im Sinne der Tests) bedingt keine Immunität gegenüber der Wirksamkeit der Abwehrmechanismen. Ich kenne hochintelligente Wissenschaftler, die mit ihren innerpsychischen Instanzen (Es und Über-Ich) und den Wirkungen der Realität auf ihre Psyche nur schwer oder überhaupt nicht zurechtkommen.

Mit hoher Intelligenz ist das System der Abwehrmechanismen zwar leichter zu verstehen, aber damit nicht automatisch auch die praktische Bewältigung im Alltag gegeben. Die innerpsychisch ablaufenden Abwehrmechanismen sind relativ unabhängig von der definierten Testintelligenz. Eine hohe Intelligenz alleine schützt also nicht vor dem Selbstbetrug, der Lebenslüge und Neurose. Da die Testintelligenz nur ein kleiner Wirkfaktor im System der gesamten psychischen Struktur ist, ist das auch nicht anders zu erwarten.

Die Intelligenz (im Sinne ihrer üblichen Definition) wird stark überschätzt, und die Bedeutung anderer psychischer Bereiche wird unterschätzt. Die Überschätzung ist verständlich, da ja in der Schule vom sechsten Lebensjahr an eine einseitige Ausbildung der Intelligenz erfolgt und andere Persönlichkeitsbereiche vernachlässigt beziehungsweise ignoriert werden. Unsere Gesellschaft legt auf die Ausbildung von tüchtigen Arbeitskräften Wert, die handwerkliche, technische und theoretische Probleme mit funktionstüchtiger Denkfähigkeit lösen. Die psychische Gesundheit und das Erreichen des Lebensglücks ist im Vergleich zu dieser intellektuellen Leistungspriorität sekundär.

Wir erkennen jedoch an dem Ansteigen des psychischen Elends, dass der Bereich der psychischen Gesundheit und der «privaten Lebensbewältigung» nicht vernachlässigt werden darf. Was nützen intelligente Arbeitskräfte, die Psychopharmaka schlucken, zum Alkoholiker werden, psychosomatische Symptome entwickeln und immer unkonzentrierter und unzuverlässiger «funktionieren»?

Eine Neuorientierung und das Bemühen um psychische Gesundheit ist also nicht nur für das betroffene Individuum interessant, um aus dem psychischen Elend heraus zur Selbstverwirklichung zu kommen, sondern ist von gesamtgesellschaftlicher Bedeutung. Die Ganzheit der Psyche muss in Zukunft berücksichtigt werden. Entscheidend ist hierbei die Erweiterung des bisherigen inhaltsarmen und einseitigen Menschenbildes. Die Abwehrmechanismen müssen transparent gemacht werden und an Wirksamkeit verlieren. Das Wunschziel lässt sich auf die Forderung bringen: Mit Ehrlichkeit psychisch gesund werden und die Gesellschaft human verändern.

*Die Überwindung der Abwehrmechanismen*

Die Vorteile wiegen die Nachteile der Abwehrmechanismen nicht auf. Die Aufgabe dieses Kapitels über die Abwehrmechanismen bestand darin, ihre Funktion und ihre Auswirkungen bewusst zu machen. Die Analyse der Abwehrtechniken ist zunächst die Voraussetzung für ihre aktive Überwindung.

Zu dieser Aktivität möchte ich den Leser anregen und ermutigen, damit er seine Abwehrmechanismen in Zukunft so weit wie möglich aufgibt und kritischer gegenüber sich selbst und seiner Umwelt reagieren kann. Wie das gemeint ist, soll nun skizzenhaft erläutert werden, wobei nur bruchstückhafte Beispiele gegeben werden können, um den Rahmen dieses Buches nicht zu sprengen. Im Einzelfall ergeben sich spezielle Probleme, die hier vernachlässigt werden müssen. Der Leser muss seine Abwehrmechanismen gemäß seiner individuellen Situation individuell angehen. Patentrezepte gibt es nicht, aber allgemeine Hinweise können Mut machen, die Abwehrmechanismen bewusst zu bekämpfen.

Die Identifizierung mit den Normen der Autoritäten und die Bildung des Über-Ich geschieht sehr früh in der Kindheits- und Jugendentwicklung. Diese Identifizierung ist bereits geschehen und kann nur durch einen langen Prozess der aktiven Persönlichkeitsentwicklung aufgelockert und rückgängig gemacht werden – in manchen Fällen ist die Identifizierung irreversibel. Verhindert werden kann jedoch die aktuelle Identifizierung mit neuen Forderungen von Autoritäten, die im Erwachsenenalter auftreten.

Die aktive, kritische Auseinandersetzung mit Forderungen ist angezeigt. Der Angestellte sollte also, um ein Beispiel zu nennen, den Unterdrückungsversuchen seines Chefs widerstehen, seine Individualität und Würde bewahren und sich nicht mit der Unterdrückung identifizieren, indem er das Verhalten seiner Unterdrücker introjiziert und dann schließlich selbst praktizierend weitergibt.

Die Frau sollte den Unterdrückungsversuchen des Mannes widerstehen und einen autoritären Mann nicht weiter als männlich bewundern. Die Identifizierung der Frau mit dem Männlichkeitsgebaren des Mannes stützt sein Rollenverhalten und ihre weitere Unterdrückung. Emanzipation ist nicht möglich, solange die Frau sich durch die Identifizierung mit dem Männlichkeitsideal in die Abhängigkeit einer oberflächlichen Sicherheit begibt. Die Hoffnung, im Windschatten des Mannes bequem zu leben, ist der sekundäre Gewinn dieses Abwehrmechanismus. Die Unterdrückung, Einschränkung beruflicher Entfaltungsmöglichkeiten, Unterbezahlung, politische Machtlosigkeit und so weiter gleichen den sekundären Gewinn des Windschattendaseins nicht aus.

Die Identifizierung bringt immer einen sekundären Vorteil – das lange Ende der primären Nachteile folgt jedoch mit gesetzmäßiger Sicherheit nach. Die Identifizierung mit unterdrückenden Autoritäten kann vermieden werden: durch mehr Konzentration auf das eigene Selbst. Der Mut zur individuellen Selbstentfaltung muss wachsen. Dies geschieht nicht von einem Tag auf den anderen, aber jeder Einzelne sollte heute noch damit beginnen, sich den Autoritäten stellen, seine Individualität wieder wertschätzen.

Mit der Weigerung zur Identifizierung mit Autoritäten und Normen alleine ist es nicht getan. Das gesamte Abwehrgeflecht muss abgebaut werden, vor allem die Verdrängung. Sehen Sie einer unangenehmen Wahrheit voll ins Gesicht, zum Beispiel einer Unterdrückung Ihrer Individualität. Wer seinen Unterdrücker bewusst ansieht, gerät weniger in die Gefahr der Identifizierung mit ihm.

Die bewusste Vermeidung der Verdrängung führt zu mehr Ehrlichkeit zu sich selbst und den Mitmenschen. Eine gute Methode, nicht zu verdrängen, ist das Gespräch. Wenn Sie über nicht erfüllbare Wünsche, Kränkungen, Ängste und Hindernisse für Ihre Entfaltung reden, bewahren Sie sich zunächst davor, die Probleme ins Unterbewusstsein abzuschieben. Solange Sie darüber reden, verhindern Sie die Verdrängung, und Reden ist die Vorbereitung zu einer Aktivität.

Die Verdrängung gibt nur einen momentanen Seelenfrieden mit allen negativen Folgen. Die Vorbereitung zur Aktivität durch Denken und Reden erhöht die Wahrscheinlichkeit der Problemlösung. Die Verdrängung steht einer Lösung eher im Weg, als ihr zu nützen.

Wenden Sie sich von der Projektion ab. Sehen Sie Ihre eigenen Fehler und kritisieren Sie erst in zweiter Linie die Fehler der Mitmenschen. Die Projektion ist nur schwer zu durchschauen, wichtig ist deshalb, dass gleichzeitig die Identifizierung und Verdrängung abgebaut werden.

Wenn Sie einen Mitmenschen kritisieren, sollten Sie sich stets fragen: Stört mich dieses und jenes vielleicht, weil ich selbst so bin? Nenne ich ihn einen Spießer, weil ich selbst spießige Tendenzen besitze, die ich nicht wahrhaben will? Errege ich mich über einen Diskussionspartner, der die Polygamie vertritt, weil ich meine eigenen polygamen Tendenzen verschleiern will? Verurteile ich die Schwäche eines anderen, weil mich meine eigene Schwäche stört? Nur die schonungslose Ehrlichkeit zu sich selbst kann die Projektion abbauen. Nur die Überwindung dieser Abwehrtechnik führt zu unabhängigem und tolerantem Denken.

Die Symptombildung bewusst zu vermeiden ist besonders schwer. Sie zeigt, dass die Identifizierung und Verdrängung bereits so perfekt funktionieren, dass kein Zutrauen in die eigenen Kräfte mehr besteht. Die Abwehr richtet sich nicht mehr nach außen im Sinne von Widerstand oder Notwehr, sondern wirkt nach innen destruktiv auf die eigenen Organe.

Die Symptombildung zeigt, wie wichtig und lebensrettend die Überwindung der Abwehrmechanismen ist. Sobald Sie erste Anzeichen eines der bereits beschriebenen psychosomatischen Symptome spüren, sollten Sie sofort nach außen aktiv werden. Die so genannte Flucht nach vorne ist in diesem Fall keine Flucht, sondern eine symptomheilende Aktivität.

Die Symptombildung zeigt Ihnen, dass Sie unbedingt in Ihrem Leben aktiv eine Änderung vornehmen müssen. Sie müssen aus der Passivität des Erleidens von Problemkonstellationen herausfinden, indem Sie die Initiative ergreifen und klärende Gespräche mit der «kränkenden Ursache» führen. Wenn das Problem zu komplex ist, sollten Sie einen Psychologen oder Psychotherapeuten zu Rate ziehen. Er kann Ihnen dabei helfen, aus der Symptombildung herauszukommen und sich an die Ursache aktiver heranzuwagen.

Die Verschiebung auf ein Ersatzziel ist stets eine Lösung zweiter Wahl. Halten Sie deshalb an Ihren Primärzielen unbeirrbar fest, ohne sich hierbei zu fixieren. Die Primärziele also nicht verkrampft festhalten und mit dem Kopf durch die Wand gehen, sondern flexibel das Ziel im Auge behalten, wobei große und kleine Umwege akzeptiert werden. Die Ersatzbefriedigung ist nicht prinzipiell und starr zu verneinen, aber sie sollte stets als eine Ersatzbefriedigung bewusst bleiben.

Primärziele sind beispielsweise Triebziele sexueller Art. Da die Aggression nach meiner Auffassung kein Trieb ist, kann sie sich auch nicht auf ein Triebziel konzentrieren. Aggression wird unter anderem durch Frustrationen, Kränkungen und Angriffe provoziert. Sie ist im gesunden Fall eine Notwehrreaktion auf Behinderungen, Unterdrückungen und Angriffe. Aggression, die sich sinn- und planlos destruktiv abreagiert, ist eine schwere psychische Störung mit außerordentlich negativen sozialen Auswirkungen.

Reagieren Sie also Aggressionen am Primärobjekt, nicht am Ersatzobjekt ab. Der Sündenbock ist ein Sekundärziel, eine Zielverschiebung, die das Problem nicht löst, sondern neue Konflikte durch Entstehen von Schuldgefühlen schafft.

Greifen Sie das Subjekt direkt an, das Ihren Protest geweckt hat, niemals ein Ersatzobjekt. Auch die Sublimierung der Aggression in Arbeitswut «für eine gute Sache» ist für die Psyche keineswegs eine gute Sache, weil der Aggressionsauslöser unbehelligt bleibt und seine Angriffe fortsetzt. Das eigentliche Problem ist durch Sublimierung also keineswegs gelöst, es wurde nur psychische Energie teilweise verlagert.

Die Reaktionsbildung dient der Verleugnung vor sich selbst und den Mitmenschen. Gerade weil die wahren Gefühle intuitiv gespürt werden, können sie paradoxerweise komödienhaft ins Gegenteil verkehrt werden. «Denn sie tun nicht, was sie wissen – sie zeigen nicht ihre wahren Gefühle.

Die Echtheit der Gefühle und die zum Ausdruck gebrachte Meinung kostet weniger Kraft als die Reaktionsbildung, die viel psychische Energie verbraucht und die Muskulatur verspannt (Muskelpanzerung). Für die Reaktionsbildung ist Kontrolle und Beherrschtheit nötig, die spontane Echtheit hält dagegen die psychische Entspanntheit aufrecht.

Verhalten Sie sich so, wie Sie fühlen. Verbergen und kontrollieren Sie diese Gefühle nicht, auch wenn es undiplomatisch erscheint. Schlimm genug, dass es in der Weltpolitik üblich ist, Diplomatie als Wolf im Schafspelz oder als Schaf im Wolfspelz zu betreiben. Der Abwehrmechanismus Reaktionsbildung ist in der Politik genauso schädlich wie in der psychischen Struktur des Einzelnen. Der psychische Mikrokosmos existiert im politischen Makrokosmos der Beziehungen zwischen Völkern fort. Deshalb ist jedem Politiker eine Psychotherapie zu empfehlen – eine sehr utopische Idee bei dem derzeitigen Selbstverständnis und Bewusstseinszustand der meisten Politiker.

Seien Sie nicht aus Gründen der Diplomatie freundlich zu einem Menschen, der Sie gekränkt hat, nur weil er Ihnen vielleicht schaden könnte, da er einen bestimmten Einfluss hat. Seien Sie auch nicht ironisch und kühl gegenüber einer Person, die Sie lieben, weil Sie glauben, diese Zuneigung dürfte nicht bemerkt werden. Das Ziel des sozialen Kontakts (von Einzelpersonen und Nationen) sollte Zuneigung, Zuwendung in Wertschätzung des anderen als gleichwertigen Partner sein. Wer diese Zuneigung in sich unterdrückt, verbirgt oder gar ins Gegenteil verkehrt, muss unglücklich werden und scheitern.

Auch die Vermeidung ist eine Verhaltensweise, die zum Scheitern des Lebens und der psychischen Ausgeglichenheit führt. Was Sie aus Angst vor den möglichen negativen Folgen unterlassen, wirkt sich doppelt negativ aus, einmal verhindert die Vermeidung den immerhin möglichen Erfolg, zum anderen mindert sie die Selbstsicherheit und gibt ein unbewusst wirksames depressives Gefühl des versäumten Lebens.

Nehmen Sie die Realität an, mit allen Konfliktmöglichkeiten und Wahrscheinlichkeiten des Scheiterns. Stellen Sie sich aktiv der Realität. Verlieren ist in jedem Fall besser als Zuschauen.

Auch die Rationalisierung ist eine Selbstschädigung: die Verhinderung des Eingeständnisses wahrer eigener Meinungen, Wünsche und Gefühle. Die Rationalisierung ist eine Leistung des Denkens (winkelzügige Rechtfertigung), die auf den ersten Blick intelligent erscheint, in Wahrheit jedoch sehr unklug ist, denn die Selbstbehinderung in der Erkenntnis führt früher oder später in eine Sackgasse.

Gestehen Sie sich Ihre wirklichen Wünsche, Meinungen und Gefühle offen ein. Nur Offenheit gegenüber sich selbst und den Mitmenschen bringt Sie weiter. Wer rationalisiert, wirft sich Prügel in den Weg seiner Selbstentwicklung. Die Wahrheit spüren Sie. Hören Sie in sich hinein und lauschen Sie auf Ihre Intuition.

Die Intuition ist viel «intelligenter» als die rationalen Kombinationen der Intelligenz. Die zivilisierte Menschheit hat leider die Intuition im Vergleich zur Intelligenz vernachlässigt und als Spinnerei abgewertet. Ich mache jedoch täglich die Erfahrung, dass hohe Intelligenz ohne Intuition wertlos ist, wie ein Computer ohne die menschliche Steuerung.

Rationalisierungen sind Intelligenz- und Diplomatiespiele, die in die Sackgasse falscher Entscheidungen führen. Die Intuition wird Sie aus dieser Sackgasse wieder herausführen. Um diese Intuition zu erlernen, sind das autogene Training (als Vorstufe) und die Meditation nützlich. Die zivilisierte, intellektualisierte Menschheit muss wieder mühsam lernen, was für Menschen primitiverer Zivilisationsstufen selbstverständlich war und ist.

Es ist verständlich, dass der Zivilisationsmensch, der seine Intuition nicht entwickelt hat und sich die Bewältigung der psychischen Probleme mit Hilfe der Abwehrmechanismen verspricht, zur Betäubung mit Alkohol und Drogen greift. In der Betäubung werden Tiefenschichten der Person aus ihrem Schlummer geweckt, die vorübergehend das Gefühl von stärkerer Ganzheit und Intaktheit verschaffen.

Trinken Sie trotzdem niemals Alkohol, wenn Sie Probleme bedrücken und Sie sich angespannt und verkrampft fühlen. Versenken Sie sich in sich selbst und lassen Sie in Ruhe an sich vorüberziehen, was Sie quält. Stellen Sie sich in Ihrer seelischen Ganzheit dem Konflikt, ohne ihn abzuwehren, wegzuschieben oder sich durch Alkohol zu betäuben. Diese Selbstversenkung ist für den Zivilisationsmenschen leider ungewohnt und deshalb schwierig. Zur Anleitung sollten Sie einen Meditationskurs besuchen oder ein Anleitungsbuch zur Meditation in einer Buchhandlung kaufen. Als Vorstufe empfehle ich die Beschäftigung mit dem autogenen Training. Gerade in den letzten Jahren sind verschiedene gute Anleitungsbücher zum Selbststudium* erschienen.

Auch die Abschirmung durch Psychopharmaka sollten Sie, wenn irgend möglich, vermeiden. Die Entspannung durch autogenes Training und ein einstündiger Spaziergang in der Natur sind in den meisten Fällen genauso wirkungsvoll und gesünder, weil Sie hierdurch eine Lösung durch Wecken der Intuition eher finden als durch die Abschirmung auf chemischem Weg.

Wehren Sie sich vor allem gegen ihre eigene Ohnmachtserklärung. Sie sind nicht ohnmächtig, sondern überaus mächtig, wenn Sie seelische Probleme ohne Abwehrmechanismen angehen. Wer Abwehrmechanismen anwendet, verstrickt sich jedoch tatsächlich so verwirrend in seine Probleme, dass er sich zu ohnmächtig fühlt, um diese Verwirrung wieder entwirren zu können. Mit dem bewussten Unterlassen der Abwehrtechniken spüren Sie, wie Ihre Mächtigkeit, Ihre Individualität, die Kraft Ihres Empfindens «ich bin ich» wieder zurückkommt. Mobilisieren Sie auch Ihre Freunde und Bekannten. Sprechen Sie sich über die Probleme aus und entwickeln Sie ein gemeinsames Programm gegen die Hindernisse der Selbstentfaltung und psychischen Ausgeglichenheit. Der Ohnmächtige sagt nun: «Der hat gut reden –wie soll ich das machen? Die wollen sich doch nur amüsieren und keine Probleme wälzen.»

Engagieren Sie sich trotzdem unermüdlich für mehr Kommunikation über Probleme, die Sie und Ihre Mitmenschen belasten.

*Im Anhang sind einige angeführt.

Durch Schweigen, Betäubung, Abschirmung, Amüsement und Ohnmachtserklärungen kommen Sie überhaupt nicht weiter. Kommunikation ist wenigstens ein erster kleiner Schritt, auch wenn Sie zunächst auf taube Ohren stoßen. Suchen Sie nach offeneren Ohren und aufgeschlosseneren Menschen.

Verweigern Sie sich dem Rollenspiel. Individualisieren Sie sich und werfen Sie Ihre angelernten Masken weg. Das ist wieder einmal leicht gesagt und nur schwer getan. Beginnen Sie zunächst im privaten Bekanntenkreis mit einer Rollendiskussion. Fragen Sie: «Für wen hältst du mich? Welche Rollen habe ich? Welche Rolle würdest du mir nicht zutrauen? Welche andere Rolle würde zu mir passen?» Durch eine solche Rollendiskussion wird das Bewusstsein des Rollenspiels besser geweckt, es entsteht Distanz zum Rollenverhalten, und ein intimerer Kontakt wird geschaffen.

Auf diese Weise stärken Sie Ihren Mut, die Rollen Ihrer Mitmenschen genauer zu betrachten und dahinter den Menschen zu suchen. Das geschärfte Rollenbewusstsein hilft Ihnen bei der Auflockerung Ihrer eigenen Rollenverkrustungen und der Findung Ihrer Individualität. Hand in Hand mit der Rollenauflösung sollte die Lockerung der Gefühlspanzerung gehen. Emotionalisieren Sie eine Diskussion. Der Standard lautet: «Emotionen wollen wir draußen lassen!» Sagen Sie: «Emotionen wollen wir einbeziehen. Lasst uns nicht nur den Sachgehalt diskutieren, sondern die Emotionen fühlen und beschreiben, die dabei auftauchen.»

Die Emotionen sollten in Ihrem Leben mehr und mehr zugelassen werden. Drücken Sie Freude körperlich ohne Kontrolle aus, aber auch Enttäuschung, Ärger und Aggression. Die Emotionalisierung führt Sie näher zu Ihrer Individualität, der Wahrheit Ihrer Person. Die Gefühlspanzerung, die gespielte Gelassenheit und Entspanntheit, führt Sie von Ihrem Ich weg und schwächt außerdem Ihre körperliche und psychische Gesundheit. Entspannung und Gelassenheit ist erstrebenswert, wenn sie echt ist, nicht wenn sie durch Gefühlspanzerung und Muskelverkrampfung intellektuell gesteuert wird.

Diese Aufforderungen zur Überwindung der Abwehrmechanismen sind in dieser allgemeinen Form noch keine brauchbare Therapie. Sie sollen nur den Weg zeigen, können aber keine Hilfe sehn, *wie* Sie den Weg zu gehen haben. Dies ist sehr wenig, aber in der allgemeinen Ratlosigkeit und psychischen Verelendung doch auch recht viel. Das Aufzeigen der Abwehrmechanismen, die Wachsamkeit und der Wille, sie zu überwinden, sind sehr bedeutungsvolle Schritte für jeden, der mit sich und seiner Umwelt in Zukunft bewusster umgehen möchte.

Zusammenfassend werden nochmals die Abwehrmechanismen und die Möglichkeiten ihrer Bewältigung aufgeführt.

| *Abwehrmechanismus* | *Bewältigungsrichtung* |
|---|---|
| Identifizierung | Protest, Widerstand gegen unterdrückende Autoritären und Normen |
| Verdrängung | Wachheit, Bewusstheit |
| Projektion | Selbstkritik |
| Symptombildung | Ursachenexploration, Aktivität nach außen, Notwehr, lebenserhaltende Aggressivität |
| Verschiebung | Festhalten (nicht Fixierung) am Primärziel |
| Sublimierung | Entfaltung der Sexualität, Entfaltung lebenserhaltender Aggressivität (Wehrhaftigkeit) |
| Reaktionsbildung | Echtheit durch Eingeständnis und Ausdruck der wahren Meinungen und Gefühle |
| Vermeidung | Realitätsannahme, sich dem Konflikt mit Aktivität stellen |

*Bewältigung der Angst*

| | |
|---|---|
| Rationalisierung | Eingeständnis der wahren Meinungen, Wünsche und Gefühle, Intuition, Meditation |
| Betäubung | Wachheit, offene Analyse der Kränkungen und Frustrationen |
| Abschirmung | Arbeit an der Ursache. Den Ursachen der Symptome auf den Grund gehen |
| Ohnmachtserklärung | Machterklärung, Vertrauen auf die eigene Kraft, Hoffnung |
| Rollenspiel | Befreiung aus Rollenklischees, Mut, Spielverderber zu sein |
| Gefühlspanzerung | Emotionalisierung |

# 3   Acht Lebenslügen

# Erste Lebenslüge

*«Charakter ist wichtiger als Individualität.»*

> «Die Leidenschaft für die Wahrheit wird zum Schweigen gebracht durch Antworten, die das Gewicht unbestrittener Autorität haben.»
>
> *Paul Tillich*

Der Charakter bildet sich langsam in der Entwicklungsgeschichte. Das Kind kommt nicht mit einem fertigen Charakter zur Welt, der sein Schicksal von Geburt an in eine festgelegte Richtung weisen würde. Der Mensch unterliegt vier Geburten, der zellbiologischen Geburt bei der Befruchtung des mütterlichen Eis, der physischen Geburt mit dem ersten Atemzug, der psychischen Geburt durch liebevolle Zuwendung und körperliche Zärtlichkeit und der sozialen Geburt beim Eintritt in größere Gruppen wie den Kindergarten, die Vorschule oder die Grundschule.

Die Persönlichkeitsstruktur des Kindes reift langsam heran, wobei bestimmte Persönlichkeitseigenschaften gefördert, gebremst oder auch an ihrer Entfaltung gehindert werden. Über den Anteil der Vererbung und den Einfluss der Erziehung sind sich Psychologen, Pädagogen und Psychotherapeuten nicht einig. Die einen (zum Beispiel viele Behavioristen) behaupten, dass der Mensch als «unbeschriebenes Blatt» auf die Welt kommt und allein der Einfluss der Umwelt seine Persönlichkeit ausbildet. Die

Umweltlichkeit ist also nach ihrer Meinung für die Persönlichkeitsentwicklung so gut wie hundertprozentig ausschlaggebend, während die Erblichkeit vernachlässigt werden kann. Die andere Psychologengruppe sieht die Umweltlichkeit als sehr gering an und betrachtet den Einfluss der Vererbung als entscheidenden Faktor für die Ausprägung der Persönlichkeitseigenschaften.

Zur Persönlichkeitsstruktur gehört auch die Ausprägung der Intelligenz. Hier ist gerade in den letzten Jahren der Streit um den Einfluss von Erbe oder Umwelt wieder stark entflammt. So nimmt zum Beispiel der amerikanische Erziehungspsychologe Arthur R. Jensen von der Berkeley-Universität in Kalifornien aufgrund seiner Untersuchungen an, dass die Intelligenz, wenn sie mit Intelligenztests gemessen wird, zu 80 Prozent erbbedingt ist und nur zu 20 Prozent von Umwelteinflüssen geprägt wird.[1] Dieses Ergebnis wurde von den Environmentalisten, den Verfechtern der Umweltlichkeitstheorie, heftig angegriffen. Auch ich beteiligte mich an diesen Angriffen in meinen Büchern «Teste deine Intelligenz» und «Statussymbole».

Die Intelligenz und Begabungen zeigen sich in der Bevölkerung statistisch nach dem Verteilungsprinzip der Gauß'schen Normalverteilungs-Kurve. Diese Kurve liegt der Bewertung von psychologischen und biologischen Testergebnissen zugrunde.

Diese Prozentverteilungen dienen der Einteilung in Leistungsgruppen, die zwar tatsächlich vorhanden sind, also eine Ungleichheit beweisen, jedoch nichts darüber aussagen, wie diese Ungleichheit entstanden ist, ob vorwiegend durch Vererbungs- oder Erziehungseinflüsse. Sehr viele Einzeluntersuchungen zeigen, dass der Umwelteinfluss auf die Intelligenzentwicklung überaus groß ist und ein Vererbungspessimismus (80 zu 20 Prozent) keineswegs berechtigt ist. Vor allem muss bei der Intelligenzförderung die gesamte Persönlichkeitsstruktur mitberücksichtigt werden, und die Intelligenz darf nicht als eine isolierte Eigenschaft (Testintelligenz) gesehen werden. Der Beziehungsrahmen, in den die Intelligenz eingebettet ist, Persönlichkeits- und Charakter-

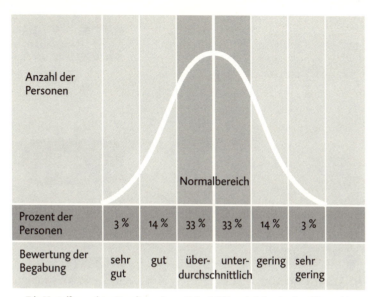

11: Die Verteilung einer Begabung (zum Beispiel Kreativität oder Intelligenz) in Prozent

struktur als innerpsychischer Raum, und die sozialen Gegebenheiten und die didaktischen Methoden als äußerer Raum, spielen eine bisher nur wenig erforschte, aber wichtige Rolle.

An dieser Stelle soll der wissenschaftliche Streit Erblichkeit oder Umweltlichkeit der Intelligenzentfaltung nicht weiter ausgeführt werden. Es sei jedoch klar ausgesprochen, dass ich aufgrund meiner Literaturstudien und meiner persönlichen Erfahrungen als praktizierender Psychologe der Vererbung der Persönlichkeits- und Charakterstruktur (unter anderem auch der Intelligenz) eine sehr geringe Bedeutung zumesse, das Verhältnis 80 zu 20 zugunsten der Erblichkeit ablehne und den Einfluss der Umweltlichkeit für entscheidender ansehe.

Was ist eine Persönlichkeits- und Charakterstruktur? Die Struktur setzt sich aus Eigenschaften zusammen, die eine variable Ausprägung aufweisen und miteinander in Beziehung stehen.

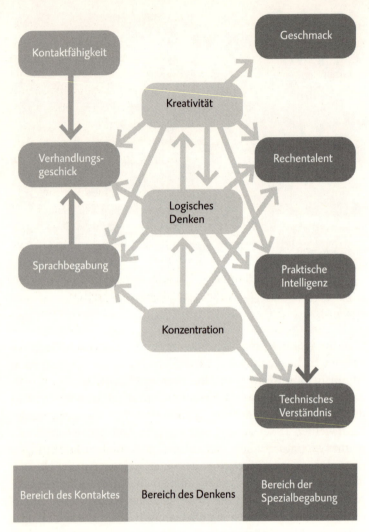

12: So sind die Begabungen voneinander abhängig

Zum Beispiel sind einzelne Begabungen voneinander abhängig, wie in meinem Buch «Begabungstests» dargestellt wurde.

Die einzelnen Leistungseigenschaften und Merkmale müssen natürlich genauer differenziert werden. Jedes dieser Merkmale kann stärker oder schwächer ausgeprägt sein. Es handelt sich also um kein starres Schaltbrett, sondern um ein dynamisches Wechselspiel – dies kann die Grafik nicht ausdrücken.

Die Merkmale der geistigen Leistungsfähigkeit sind ein Ausschnitt aus dem Gefüge der Persönlichkeitsstruktur. Ein erweitertes Strukturmodell zeigt die Grafik Nr. 14.

Diese Struktur ist bei jeder Person unterschiedlich angelegt, wobei manche Merkmale besonders akzentuiert, andere dagegen nur sehr schwach ausgeprägt sind. Bei dem Manager eines Industriebetriebes beispielsweise sind folgende Eigenschaften besonders akzentuiert:

Werthaltungen: Ökonomie, Theorie.

Geistige Leistungsfähigkeit: Intelligenz, Kreativität.

Motive: Leistungsmotivation, Entfaltungsdrang, Optimismus, Mut, Geltungsstreben.

Kontakt: Verhandlungsgeschick, Kontaktbereitschaft, Diplomatie, Menschenkenntnis.

Mit dem Strukturmodell können die verschiedensten Persönlichkeitsstrukturen beschrieben werden. Auf diese Weise entsteht eine differenzierte Typisierung eines Individuums oder einer Berufsgruppe.

Die Typisierung geht davon aus, dass es verfestigte Eigenschaftsstrukturen gibt, die eine Person charakterisieren. Die Geschichte der Psychologie ist auch eine Geschichte ihrer Typologien. Die erste ernst zu nehmende Typologie wurde von dem deutschen Psychiater Ernst Kretschmer in seinem Buch «Körperbau und Charakter» beschrieben. Er unterschied vier Gruppen: Leptosomer Typ (schlank), pyknischer Typ (korpulent, untersetzt), athletischer Typ (kräftig) und dyssplastischer Typ (körperliche Auffälligkeiten und Abnormitäten) mit jeweils charakteristischen

|  | Merkfähigkeit | Intelligenz | Kreativität | Konzentration | Begabungen | |
|---|---|---|---|---|---|---|
| | Optisches Gedächtnis | Optische Intelligenz | Optische Kreativität | Optische Konzentration | Optische Begabung | Bereich der Fähigkeit, mit optischem Material optimal geistig zu arbeiten |
| | Praktisches Gedächtnis | Praktische Intelligenz | Praktische Kreativität | Praktische Konzentration | Praktische Begabung | Bereich der Fähigkeit, mit praktischen und technischen Dingen optimal geistig und handelnd zu arbeiten |
| | Sprachgedächtnis | Sprachliche Intelligenz | Sprachliche Kreativität | Sprachliche Konzentration | Sprachliche Begabung | Bereich der Fähigkeit, mit sprachlichem Material optimal geistig zu arbeiten |
| | Rechnerisches Gedächtnis | Rechnerische Intelligenz | Rechnerische Kreativität | Rechnerische Konzentration | Rechnerische Begabung | Bereich der Fähigkeit, mit Zahlenmaterial und Rechenregeln optimal geistig zu arbeiten |

13: Struktur im Bereich der geistigen Leistungsfähigkeit[2]

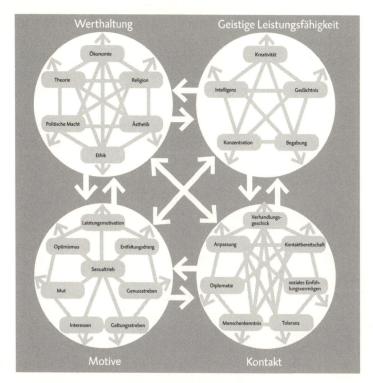

14: Strukturmodell der Merkmale und Eigenschaften

Eigenschaftsakzentuierungen. Kretschmers Typologie ist bis heute populär geblieben und wurde durch wissenschaftliche Nachuntersuchungen bereichert und bestätigt. Sie ist jedoch recht grob und durch das Problem der Mischformen für den Laien nur schwer in der Praxis treffsicher anwendbar.

Eine Charaktertypologie ist natürlich immer eine Vereinfachung, denn sie versucht das Individuum in ein Schema zu pressen. Das hat große Nachteile, aber auch Vorteile, wenn die Charakterologie zum Beispiel nicht nur von bestimmten Körpermerkmalen ausgeht wie bei Kretschmer, sondern von einzelnen

Charaktereigenschaften und ihrer Ausprägung. Dies wurde von dem Psychoanalytiker C. G. Jung versucht. Er unterschied den Extravertierten, der nach außen lebt, sich in Aktivität und Betriebsamkeit stürzt, und den Introvertierten, der stärker nach innen orientiert ist und den Kontakt zu seinen Gefühlen und Gedanken sucht.

In den letzten Jahren wurde von dem Psychotherapeuten Erich Fromm eine neue zweipolige Typologie beschrieben: das biophile und nekrophile Charaktersyndrom.[2] Auf diese Charaktertypologie wird noch ausführlicher eingegangen.

Der Charakter ist eine Struktur von spezifischen Persönlichkeitsmerkmalen, die sich mit zunehmendem Alter verfestigt. Diese Verfestigung ist eine Gefangenschaft, eine innere Unfreiheit für den betroffenen Menschen, vor allem dann, wenn es sich um eine neurotische Charakterstruktur (zum Beispiel das nekrophile Syndrom) handelt.

Jede Gesellschaft bringt einen hohen Prozentsatz von Menschen mit sozialspezifischem, kollektivem Charakter hervor, den an die Normen angepassten Menschen, im Sinne der jeweiligen Gesellschaftsziele, die von den jeweils Herrschenden festgelegt werden. Hier wird die freie Persönlichkeitsentfaltung gefährdet und in der Charaktererziehung eine Freiheit vorgetäuscht, die nicht vorhanden ist. Durch Fremdmanipulation werden Charaktere in der jeweiligen Gesellschaft produziert wie Waren. Wer viel Charakter, im Sinne der Normen, besitzt, ist nicht reifer als ein Mensch, der weniger Charakter im Gesellschaftssinne aufweist. Reife ist nur durch uneingeschränkte, freie Entfaltung der Individualität möglich. Ein ausgeprägter Charakter mit dem Syndrom ehrgeizig, egoistisch, geizig, destruktiv ist zwar in systematischer Entwicklung gewachsen, dennoch kann er nicht als reif bezeichnet werden.

*Die Fremdmanipulation*

Je mehr Charakter ein Mensch hat, umso manipulierter und manipulierbarer ist er. Zuerst unterlag er der Fremdmanipulation der Eltern und introjizierte ihre Normen und Regeln in sein Über-Ich. Dann geht die Fremdmanipulation in die Selbstmanipulation über. Die Erziehung zum Charakter ist die Geschichte des Ich-Kampfes mit den beiden Manipulationsarten, in dem meist das Ich unterliegt und die Abwehrmechanismen die Oberhand gewinnen.

Anna Freud schreibt sehr treffend: «Körperliche Haltungen wie Steifheit und Starre, Eigenheiten des Wesens wie ein stereotypes Lächeln, höhnisches, ironisches und hochmütiges Benehmen sind Rückstände ehemals sehr aktiver Abwehrmechanismen, die sich von ihren Ursprungssituationen, dem Kampf mit Trieb oder Affekt gelöst haben und zum ständigen Charakterzug, zur ‹Charakterpanzerung› wie Reich es nennt, geworden sind.»[3]

Der Kampf mit dem Trieb oder Affekt, wie Anna Freud schreibt, ist der Kampf mit dem *unterdrückten* Trieb und Affekt. Der Kampf mit dem Trieb ist nicht psychospezifisch von selbst da, sondern wird nur dann zum Problem und führt nur dann zum Einsatz von Abwehrmechanismen, wenn er fremdmanipuliert wird. Was die Fremdmanipulation nicht schafft, übernimmt dann über die beschriebenen vielfältigen Abwehrmechanismen die Selbstmanipulation. Als Ergebnis entsteht ein fest gefügter Charaktertypus, ein Charakterpanzer, der sich nicht mehr frei zu entfalten vermag.

Welchen Sinn hat diese Charaktererziehung, und wem nutzt sie? Zu welchem Charakter wird erzogen? Die Fremdmanipulation der Erziehung sieht ihren Sinn darin, den Menschen «fürs Leben fit» (brauchbar und gebrauchbar) zu machen. Dies hängt unter anderem davon ab, in welcher Gesellschaftsschicht die Erziehung vollzogen wird und welches Bild vom «tüchtigen Menschen» jeweils existiert. Dieses Menschenbild ist schichtspezifisch, also abhängig von den jeweiligen Ansichten über Tüchtigkeit in der Unterschicht, Mittelschicht und Oberschicht.

Die Charakter- und Persönlichkeitserziehung ist system- und schichtabhängig. Die Systemmanipulation der Gesellschaft schlägt sich auf die einzelnen Gesellschaftsschichten nieder, besonders stark auf die Unter- und Mittelschicht. Die Oberschicht kann sich dagegen ein unabhängigeres Menschen- und Erziehungsbild leisten.

Ich versuche, das vorherrschende Menschenbild der westlichen Zivilisation kurz zu skizzieren. Der Durchschnittsmensch strebt folgendes Eigenschaftssyndrom an: intelligent, ehrgeizig, leistungsbewusst, angepasst, dynamisch, teamfähig, fleißig, zuverlässig, stressstabil, sauber, tolerant, einsatzbereit, selbstbewusst, kontaktfähig, loyal, liberal, konformistisch. Die Eigenschaften beschreiben die Ware Persönlichkeit, die angeboten und verkauft werden kann, zum Beispiel auf dem Arbeits- oder Heiratsmarkt. Die Charakterware wurde durch Fremdmanipulation in der Erziehungsproduktion erzeugt. Wer dem gewünschten Charakterbild entspricht, hat gute Chancen, sich teuer «zu verkaufen»; wer den konformistischen Charakterschablonen nicht entspricht, hat es schwer, in diesem System als Außenseiter erfolgreich zu sein. Er ist unter Umständen ein Ladenhüter, für den sich niemand interessiert.

In der Charakterentwicklung wird der Mensch durch die Fremdmanipulation in ein Schema gepresst, dem er gerecht zu werden versucht. Er versucht sich anzupassen, zu gehorchen, das gewünschte Verhalten zu erlernen, also wie die anderen zu sein: leistungsorientiert, strebsam, egoistisch auf den eigenen Erfolg bedacht, konkurrenzbewusst. Die negative Auswirkung dieser Manipulation ist ein mangelnder Individualismus, denn gelernt wird Unterordnung, Integrationsfähigkeit und gutes Funktionieren. Nicht gefördert werden kooperatives Verhalten, Altruismus, individuelle Kreativität, freie Selbstentfaltung, Liebesfähigkeit, Gemeinschaftsgefühl, Gleichwertigkeitsgefühl, konstruktives Denken, Intuition, psychische Selbstentfaltung, Emotionalität, moralische Sensibilität.

Der Charakter mit der Panzerung des konformistisch angepassten Durchschnittsuntertans ist nicht mehr fähig, frei und selbständig zu handeln. Diesen «normalen» Menschentyp meinte der deutsche Pastor Niemöller, als er 1939 die Reaktionen des Normalbürgers bei Verhaftungen im Nazi-Regime beschrieb: «Erst waren es die Kommunisten, und ich habe nichts gesagt, weil ich nicht Kommunist war. Dann waren es die Juden, und ich habe nichts gesagt, weil ich kein Jude war. Dann holten sie die Gewerkschafter, und ich habe nichts gesagt, weil ich nicht Gewerkschafter war. Dann holten sie die Katholiken, aber ich war Protestant. Dann holten sie mich, und es war niemand mehr da, um etwas zu sagen.»
Der »normale» Charakter des Durchschnittsmenschen ist kein reifer Charakter. Der Durchschnittsmensch ist im *moralischen* Sinn charakterlos. Im psychologischen Sinn ist der Normalcharakter ein dressierter, programmierter Automat, der vorhersagbares Verhalten zeigt, als Handelsware seiner selbst. Die moderne Markt- und Meinungsforschung entwickelte deshalb in den letzten Jahren verstärkt differenzierte Charaktertypologien, die die Vorhersagbarkeit der Charakterautomaten bei Konsumentscheidungen erhöhen.

Nochmals sei die Frage gestellt: Wem nutzt diese Manipulation? Zunächst jedem Einzelnen, weil sie bequem ist, wie bei der Beschreibung der Abwehrmechanismen gezeigt wurde. Dieser Vorteil wird jedoch durch große Nachteile überschattet, weil der durch Manipulation entstandene Charakter erneut leicht manipulierbar ist. Er wird als Arbeitskraft, als Konsument und politischer Stimmfaktor verplant. Wer einmal den Normalcharakter erreicht hat, kann der Manipulation seiner Person kaum mehr entrinnen. Eine Nachreifung ist nur noch durch erschütternde Erlebnisse oder eine Psychotherapie möglich.

*Der Perfektionismus*

Die Charakterpanzerung ist ein inneres Gefängnis. Der Polizist, Lehrer, Chef und Moraltheologe steckt in der Innenwelt der Psyche und knechtet als Über-Ich (mit seinem Gegenspieler Unter-Ich) das Ich. Die Knechtschaft zeigt sich in dem Zwang zum Perfektionismus.

Die Normen Sauberkeit, Ordentlichkeit, Tüchtigkeit, Intelligenz müssen einem hohen Standard entsprechen – in Konkurrenz zu den Mitmenschen. Die eigene Sauberkeit, Ordentlichkeit und Tüchtigkeit wird verstärkt ab dem sechsten Lebensjahr mit der Tüchtigkeit der gleichaltrigen Bezugsgruppe verglichen und mit einem differenzierten Notensystem bewertet. In der Ferne winkt für den besonders Intelligenten, Fleißigen, Sauberen und Tüchtigen die Hürde Numerus clausus, der Notendurchschnitt 1,7 – vielleicht reicht auch 1,8.

Die «normale» Persönlichkeits- und Charaktererziehung züchtet den Perfektionismus und erzeugt die Zwangsneurose. Der «Waschzwang» entspringt beispielsweise dem perfektionistisch überspitzten Bedürfnis nach Sauberkeit – auch nach moralischer Sauberkeit. Die Sauberkeit wird zwanghaft, ritualisiert angestrebt. Zunächst werden die Hände zehnmal täglich gewaschen, der Perfektionismus fordert jedoch schließlich nach jedem Händedruck, nach jedem Brieföffnen, nach jedem Telefonat den Gang zu Wasser und Seife.

Der Waschzwang ist ein besonders auffälliges Symptom. Viele andere Symptome sind unauffälliger, zum Beispiel zwanghaftes Kontrollieren einer abgeschlossenen Tätigkeit. Der Perfektionist muss sich nach einem Telefonat Notizen machen über den wichtigsten Gesprächsinhalt – gilt als tüchtig. Er liest einen Brief mehrmals, damit er auch wirklich keinen Fehler enthält. Er liest täglich vier überregionale Tageszeitungen, damit ihm auch wirklich nichts entgeht. Das fällt alles nicht als neurotisch auf, sondern gilt als tüchtig. Er grübelt zwanghaft über ein Gespräch mit einem

Kunden nach und fragt sich, wo noch eine Unklarheit stecken könnte. Er ruft den Kunden nochmals an, um dies oder das zu präzisieren – gilt als tüchtig, fleißig und engagiert. Er nimmt übers Wochenende Akten mit, um gegenüber Kollegen, die dies nicht tun (aber meist doch tun) am Montag einen Vorsprung zu haben.

Er studiert «Die ewigen Gesetze des Erfolges» in einem Fernkurs, «Was will die Methode Borg? Die Methode Borg ist gleichzeitig ein geistiges Schulungssystem und ein Schlüssel zu den Gesetzen, die zum Erfolg führen»[4], oder er bestellt und studiert die Hirt-Methode vom «Institut für optimale Arbeits- und Lebensgestaltung». Hier lernt er, wie er ein «autodynamisches Zeitplanbuch» führt, zur quantitativen Erfassung von Störungen gelangt, das «dynamische Planen» anstrebt und die «dynamische Analyse» vollbringt.

Wenn das alles nicht hilft, liest er «Mehr Erfolg durch Karriere-Karate»[5]. Die Kybernetische Managementlehre, zwölf Lehrteile, zusammen 1200 Seiten, zum Preis von 800 DM, von dem Frankfurter Unternehmensberater Wolfgang Mewes verspricht ihm: «Entscheidend sei es vielmehr, die Kräfte strategisch optimal einzusetzen: auf den wirkungsvollsten Punkt zu richten und damit eine positive Kettenreaktion auszulösen. Diese Theorie zeigt, wie man Karriere quasi ‹per Karate› machen kann.»[6]

Wenn auch Karriere-Karate nicht hilft, was die vielen Dankschreiben der Teilnehmer unwahrscheinlich erscheinen lassen, bleibt immer noch die Lehre von Machiavellis rücksichtsloser Staatskunst. Das «Machiavelli-Seminar» an Cornell's Graduate School of Business & Public Administration lehrt durch Professor Kover die Strategie des leidenschaftslosen Handelns im eigenen Interesse. Die Kombination aller Methoden gereicht dem Perfektionisten zur Ehre. Das autodynamische Zeitplanbuch in der Westentasche, die Karate-Konzentration auf den wirkungsvollsten Punkt gerichtet, im Sinne Machiavellis mit leidenschaftslosem Egoismus programmiert, müsste jeder Konkurrent aus dem Feld geschlagen werden können.

*Acht Lebenslügen*

Was jedoch, wenn die Konkurrenten auch Perfektionisten sind, gleichfalls über ein autodynamisches Zeitplanbuch verfügen, Karriere-Karate anwenden, kybernetisches Managementwissen praktizieren und leidenschaftslos egoistisch handeln? Dann leben wir in einem krank machenden Gesellschaftssystem, wie es sich heute präsentiert, denn ohne die entsprechenden Kurse gelesen zu haben, praktizieren die meisten sowieso das hier geforderte Verhalten: Jeder kämpft gegen jeden, der Perfektionist besonders gründlich.

*Die Normenlust*

Der Perfektionist möchte die Normen möglichst genau und korrekt erfüllen. Er wünscht sich, so zu sein, wie es die Charakterschablone vorschreibt, anstatt sich so zu entwickeln, wie es seine Neigungen und Interessen nahe legen. Viel Individualität wird der Norm geopfert, wobei dies subjektiv keineswegs als Opfer erkannt wird. Der Norm zu entsprechen gilt als ein verheißungsvolles Ziel, der Weg in diese Richtung heißt Selbsterziehung.

Einer allgemein anerkannten Charakternorm zu entsprechen gibt ein Gefühl von Sicherheit. Die Norm ist ein Orientierungsrahmen, in dem das Leben gelingen soll. Individuelle Unfreiheit wird in Kauf genommen, um auf diese Weise Angst zu vermeiden. Eine Charakternorm wird verinnerlicht und so gut wie nicht mehr in Frage gestellt. Die offene Persönlichkeitsreifung wird gestoppt durch Vorgabewerte, die das Gewicht unbestrittener Autorität haben, um den Satz von Paul Tillich etwas abzuwandeln.

Die Erfüllung der Norm wird nicht als ein aufgegebener Zwang empfunden, der die Individualität vergewaltigt und zu einer Fremdbestimmung versklavt. Es ist sogar eine Normenlust zu beobachten mit der masochistischen Komponente: Gelobt sei, was hart macht. Um die Individualität zu missachten und sich in den

Charakterpanzer zu zwängen, ist die Verbindung mit einer masochistischen Selbstunterdrückungslust nötig.

Die Selbstunterdrückung ist ein aggressiver, destruktiver Akt gegen das Ich. Die freie Selbstentfaltung ist dagegen ein biophiler, lebensbejahender Ausdruck eines gesunden, lebendigen Ichs. Der destruktive Akt gegen das Ich geschieht vor allem durch den Abwehrmechanismus «Identifikation mit dem Aggressor». Diese Identifikation ermöglicht dem Aggressor (Erziehungspersonen und Autoritäten) das Eindringen in die Innenwelt und die destruktive Arbeit gegen das Ich. Das schwache Ich des Kindes gibt nach und reagiert nach dem Motto: Um Konflikte, Liebesverlust, Angst und Ohnmachtsgefühle zu vermeiden, soll mir Freude machen, was unbedingt sein muss. Die masochistische Lust an der Selbstunterdrückung bleibt jedoch eine destruktive Handlung gegen das Ich, auch wenn sie schließlich aktiv angestrebt wird und masochistische Befriedigung verschafft. Diesen psychopathologischen Prozess ändert auch nicht die Tatsache, dass diese Entwicklung statistisch in unserem Kulturkreis sehr häufig vorkommt, sogar die Regel darstellt.

Zur Charakterpanzerung kommt eine masochistische Komponente immer dazu. Gute Beobachter der weiblichen Psyche schreiben der Frau eine besonders ausgeprägte masochistische Komponente zu und dem Mann eine mehr sadistische. Da die Unterdrückung der Frau in der Gesellschaft und Partnerschaft besonders stark ist, ist dies nicht verwunderlich. Ich glaube jedoch nicht, dass der Mann insgesamt weniger unterdrückt wird als die Frau. Er ist zwar auf vielen Gebieten gegenüber der Frau der Dominierende und erscheint deshalb freier. In vielen anderen Bereichen unterliegt er jedoch stärkeren Unterdrückungsbelastungen als die Frau. In diesen Bereichen offenbart sich auch sein Masochismus.

Masochismus und Sadismus ergänzen sich gegenseitig, sie sind Reaktionsweisen, die von der gleichen Quelle (der behinderten, frustrierten Selbstentfaltung) abstammen. Die masochistische Selbstunterdrückung erhöht die masochistische Lust, Normen zu erfüllen, aber auch die sadistische Lust, anderen Normen aufzuzwängen.

Sadismus ist das schon beschriebene Prinzip: Was mir angetan wurde, füge ich auch anderen zu. Wenn ich selbst gedemütigt wurde, möchte ich gleichfalls demütigen. Die selbst erlebte Machtlosigkeit wird durch eigene Machterlebnisse zu kompensieren versucht. Das Bedürfnis, Macht über andere Menschen auszuüben, tritt besonders häufig auf, wenn entsprechende Ohnmachtserlebnisse gemacht wurden. Der «Wille zur Macht» ist Ausdruck einer unterdrückten Psyche. Der frei entfaltete Mensch besitzt keinen Willen zur Macht, sein Geltungsstreben ist nicht pervertiert, sein Egoismus ist auch nicht auf Ausbeutung und Unterdrückung von Mitmenschen gerichtet.

*Alternativen*

Die traditionelle Charaktererziehung ist darauf aus, durch Fremdmanipulation einen Charakter heranzubilden, der als eine Ware mit gewünschten Eigenschaften gehandelt werden kann. Durch die Bildung des Über-Ich wird die Fremdmanipulation geschickt in eine Selbstmanipulation übergeleitet. Es entsteht der konformistische, zivilisierte Mensch, der Normenlust entwickelt und mit Perfektionismus die von der Gesellschaft vorgegebenen Charakterhüllen ausfüllen möchte. Dabei entsteht häufig eine sadomasochistische Grundstruktur, die eine destruktive Wirkung auf das eigene Ich und die Umwelt ausübt. Die Folgen sind also nicht nur für das subjektive Ich negativ, sondern auch für die Gesellschaft und die Umwelt als Ganzes. Die sadomasochistische Charakterkomponente richtet sich sozial-destruktiv gegen die Mitmenschen oder führt in innerseelischem Prozess zur neurotischen Symptombildung. Die masochistische Charakterkomponente begünstigt die vorhandene Opferbereitschaft und fördert innerseelisch die Hingabe an die Symptombildung.

Je mehr Charakter ein Mensch im Sinne des kollektiven Erziehungsziels hat, umso unreifer ist er, da die Selbstentfaltung seiner Persönlichkeit blockiert ist. Daran ändert sich auch nichts, wenn häufig das Argument angeführt wird: Die Menschen entwickeln sich doch durch Selbsterziehung und aus eigenem Wunsch zu einem anpassungswilligen, konformistischen, ehrgeizigen, konkurrenzbewussten, egoistischen Charaktertypus. Die durch Identifikation selbst angestrebte Charakterhülle ist keine Selbstentfaltung, sondern eine Selbstverleugnung und Unterdrückung des individuellen Reifungsvorgangs.

Was ist zu tun? Die Reform muss bei der Erziehung der Kinder beginnen. Der bisher zumeist praktizierte unterdrückende Erziehungsstil bedarf einer gewaltigen Veränderung, damit die Bildung des Über-Ich in Zukunft möglichst gering bleibt. Das geschieht durch die völlige Unterlassung des autoritären Erziehungsstils zugunsten einer freiheitlichen Entfaltungsförderung.

Die Machtausübung der Erziehungspersonen sollte minimal sein, damit keine Identifikation mit dem Aggressor erfolgt und sich das Individuum ohne Über-Ich-Belastung selbst entfalten kann und dann dazu fähig wird, einen individuellen Charakter auszureifen, der keine sadomasochistische Basiskomponente mehr besitzt.

Dieser neue Erziehungsstil soll natürlich nicht nur von den Eltern praktiziert werden, er muss Eingang in das gesamte Bildungswesen finden und vor allem natürlich auch in die Arbeitswelt. Es geht nicht nur darum, dass die inhumanen Arbeitsplätze ein bisschen humanisiert werden, sondern um eine umwälzende Neugestaltung des Bildungssystems und der Arbeitsplätze. Dies sind im Moment jedoch ferne Zielvorstellungen, die sich nur langsam realisieren lassen. Der erste Schritt ist zunächst die psychologische Aufklärung der Bevölkerungsgruppen, die ihre Sehnsucht nach mehr Emanzipation und Selbstentfaltung noch nicht ganz verdrängt haben. Erst wenn langsam ein breiterer Druck in Richtung auf Veränderungen wächst, werden sich neue pädagogische Programme mehr und mehr durchsetzen. Was kann der Einzelne tun, an dem die kollektive Charaktererziehung bereits vollzogen wurde?

Das Über-Ich hat sich bereits gebildet und vollzieht täglich unbewusst seine steuernde, zwingende Wirkung. Kann dieses Über-Ich an Macht und Einfluss verlieren? Diese Frage ist zu bejahen, wenn das Wissen über das Über-Ich nicht nur intellektuell aufgenommen wird, sondern eine Bereitschaft zur ständigen, wachsamen Selbstwahrnehmung entsteht.

Das Über-Ich stellt dem Ich Forderungen, es erteilt Verbote und drängt zur Erfüllung von Normen. Hier ist in Zukunft mehr Gelassenheit angezeigt, bis zur Gleichgültigkeit. Ein Beispiel: Das Über-Ich von Werner K., kaufmännischer Angestellter eines technischen Betriebs, enthält unter anderem eine Forderung nach beruflichem Erfolg. Das Über-Ich setzt das Ziel, innerhalb der nächsten zwei Jahre zum Gruppenleiter aufzusteigen. Für dieses ehrgeizige Ziel, aufzusteigen und anerkannt zu werden, macht Werner K. Überstunden, und er bildet sich am Wochenende fleißig weiter. Hier könnte zum Beispiel mehr Gelassenheit einsetzen. Werner K. sollte sich von dieser Über-Ich-Forderung distanzieren und den Aufstiegszwang abschütteln. Das Über-Ich wehrt sich natürlich gegen diese Distanzierung unter anderem mit verschiedenen Argumenten

- Stillstand ist Rückschritt. Wenn ich nicht strebsam an meiner Karriere arbeite, werde ich von den Kollegen überflügelt.
- Ohne Fleiß kein Preis. Wer aufsteigen will, muss eben mehr tun als der Durchschnitt.
- Ich als Einzelner will kein Außenseiter oder gar Märtyrer sein.

Diese Argumente sind sehr gewichtig und stellen sich als Widerstand einer Neuorientierung entgegen: Die Distanzierung von den Über-Ich-Forderungen ist sehr schwer isoliert möglich. Der anpassungsbereite Ehrgeiz kann leichter überwunden werden, wenn an der gesamten Charakterstruktur auflockernd gearbeitet wird und nicht alleine einzelne Über-Ich-Forderungen abgebaut werden.

Vor allem sollten keine neuen Fremdmanipulationen hinzukommen, die an der weiteren Festigung der alten Über-Ich-Struktur arbeiten. Eine neue Einstellung zum eigenen Selbst und den Lebensnormen soll sich entwickeln. Hier einige der wichtigsten Tendenzen:

- wache Kritikfähigkeit gegenüber Fremdmanipulationen.
- Mut zu Irrtümern und Fehlern bei der Bewertung des eigenen Verhaltens.
- Mut zur Individualität und Kritik gegenüber konformistischem Denken und Verhalten.
- Toleranz gegenüber individualistischen Reaktionen der Mitmenschen.
- Flexibilität statt Stabilität. Versuchen Sie, in Ihren Standpunkten offen gegenüber anderen Meinungen und Einstellungen zu bleiben. Fordern Sie diese Offenheit und Flexibilität auch gegenüber Ihrer Person.
- Lösen Sie sich von einer perfektionistischen Bewertung des eigenen und fremden Verhaltens. Versuchen Sie, zur Gelassenheit gegenüber Irrtümern und Fehlern zu kommen.
- Fördern Sie Ihre Liebe zu allem Lebendigen und Unschematischen. Seien Sie kritisch gegenüber der Bewunderung von Perfektionismus und Automatismus.
- Suchen Sie sich eine berufliche Tätigkeit, bei der Sie einen möglichst großen Entfaltungsspielraum haben. Dies muss nicht unbedingt eine Führungsposition sein, die häufig sogar mehr Kontrolle und Unterordnung unter eine höhere Instanz bringt.
- Besonders geeignet ist für die freiere Selbstentfaltung natürlich die berufliche Selbständigkeit. Wenn Ihre Ausbildung es zulässt, sollten Sie sich selbständig machen, auch wenn Sie weniger verdienen als in einer Angestelltenposition. Ein Monatsgehalt von 3000 DM brutto im Monat als Angestellter in einer

straffen Betriebshierarchie ist weniger wertvoll für Ihre Persönlichkeitsentfaltung als 2000 DM brutto im Monat als Selbständiger.
- Befreien Sie sich vor allem von drei Zwängen, dem Normenzwang, dem Karriere- und dem Konsumzwang. Zur Überwindung des Karrierezwangs ermuntert das Buch «Der Karriere-Terror» von Con Berner[7].
- Widmen Sie sich Ihren eigenen Interessen und Ideen in Ihrer Freizeit. Suchen Sie nach Ihrem individuellen Ich. Besonders hilfreich sind hierbei kreative Beschäftigungen wie Malen, Musizieren, Lesen, Basteln.
- Beschäftigen Sie sich mit dem autogenen Training und finden Sie zu mehr Meditation und Kontemplation. Als Einführung in das autogene Training empfehle ich die Bücher von Gisela Eberlein: «Gesund durch autogenes Training» und von Lindemann: «Überleben im Stress – Autogenes Training«. Darüber hinaus ist jedoch eine weitere Vertiefung des psychologischen Wissens erforderlich. Ich verweise auf die Liste der empfohlenen Literatur auf den letzten Seiten dieses Buches.

# Zweite Lebenslüge

*«Der Mensch braucht Vorbilder und Ideale.»*

> «Ich wollte immer darstellen, wie viel im Leben drin ist, wenn man sich nicht an die Konventionen hält, wenn man sich leben lässt. Man darf sich nicht an die Weisheiten anderer Leute festklammern, und wären es Christus oder Buddha.»
>
> *Henry Miller*

Die Erziehung operiert mit Vorbildern, denen nachgeeifert, und Idealen, die angestrebt werden sollen. Diese Vorbilder und Ideale werden durch Fremdmanipulation vermittelt und im Prozess der Über-Ich-Bildung introjiziert. Der Psychoanalytiker Alexander Mitscherlich schreibt: «In den Eltern wachsen uns schicksalhaft vermittelte Identifikationsobjekte zu.»[1] Vorbilder, Ideale und vor allem Idole reichen über die ersten Identifikationsfiguren, die Eltern, hinaus.

Das ist jedoch erst der Anfang in einem großen Identifikationsprozess, der im Laufe des Lebens fortschreitet. «Das endgültige Charakterbild wird von der Aufeinanderfolge von Vorbildern bestimmt, die sich dem Individuum während seines Lebenslaufs zur Identifikation angeboten haben», schreibt Alexander Mitscherlich.[2]

Es können im Entwicklungsprozess fünf Hauptidentifikationsphasen in bestimmten Lebensaltern unterschieden werden:

- Identifikation mit den Eltern (0 bis 5 Jahre)
- Identifikation mit Lehrern (6 bis 14 Jahre)
- Identifikation mit Idolen (ab 10 Jahre)
- Identifikation mit den Normen der Arbeitswelt (nach dem Berufseintritt)
- Identifikation mit der Gesellschaft (etwa ab 14 Jahre)

Die einzelnen Gesellschaftsstrukturen versuchen, ihre Mitglieder auf einen gemeinsamen Code festzulegen, wobei dieser Code je nach der Gesellschaftsschicht leicht oder stark variieren kann. Eine absolut freie Selbstfindung, ohne angebotene Identifikationsmuster irgendwelcher Art, ist nicht denkbar. Dennoch hat Henry Miller Recht, wenn er rät: «Man darf sich nicht an die Weisheiten anderer Leute festklammern, und wären es Christus oder Buddha.» Wie können wir vermeiden, dem Identifikationsdruck zu widerstehen?

Geschehene Identifikationen lassen sich nur schwer wieder rückgängig machen, die frühesten Identifikationen sind wahrscheinlich nur durch eine Psychoanalyse aufzubrechen und zu beseitigen. Die aktive Protestreaktion gegen ein Vorbild führt zu einer Gegenreaktion – dem Gegenbild. Leistungsverweigerung, Drogenkonsum, Gammel-Look sind Antihaltungen, die ohne das Identifikationsideal nicht denkbar sind. Der Ausbruchversuch in das Gegenbild ist ein Befreiungsversuch, führt aber nicht zu der ersehnten freien Selbstentfaltung, weil eine Abhängigkeit vom Gegenbildideal besteht. Auch das Gegenbild ist ein Klischee – und deshalb letztlich eine Hülle, in die das Individuum zwanghaft zu schlüpfen versucht.

Wer Vorbilder, Ideale und Idole übernimmt oder Gegenvorbildern und Anti-Idolen nacheifert, begibt sich in die Selbstmanipulation und landet schließlich bei der Selbstentfremdung. Der amerikanische Gestalttherapeut Frederick S. Perls bezeichnet die Selbstmanipulation als ein «Selbstquälerei-Spielchen» und betont so den beschriebenen masochistischen Grundzug. Die Bilanz für das Individuum: «All das wird immer zunichte; oder aber jemand ist in extremen Fällen scheinbar erfolgreich, bis zum Nervenzusammenbruch. Der letzte Ausweg.»[3]

Die meisten Menschen verbringen ihr Leben damit, so zu werden, wie sie sein sollen, wie es das allgemein anerkannte Vorbild oder Idealbild vorschreibt, anstatt sich selbst zu verwirklichen. Die meisten Menschen, die kollektiven Leitbildern nachstreben, haben ein schwaches ich, ein kleines Selbst, denn anstatt ihr Selbst zu stärken, arbeiten sie an einem Selbstbild. Sie wollen einer Vorstellung von sich gerecht werden und projizieren die Eigenschaften der kollektiven Vorbilder auf ihre eigene, noch unterentwickelte Eigenschaftsstruktur.

Das ist der Fluch des Ideals: «Der Weg zur Hölle ist mit guten Vorsätzen gepflastert.» Wer nicht so sein will, wie er ist, also keinen Mut zur Individualität des eigenen Selbst hat, verfehlt seine Persönlichkeitsreifung. Die zweite Lebenslüge, Idealen und Vorbildern nachzustreben, ergänzt sich mit der ersten Lebenslüge, einen normierten Sozialcharakter auszubilden. Das Nacheifern von Vorbildern dient der Charakterbildung. Hierüber schreibt Frederick S. Perls: «Sein Verhalten versteinert sich, es wird vorhersagbar, und der Mensch verliert seine Fähigkeit, das Leben und die Welt frei und aus voller Kraft zu bewältigen. Er ist prädeterminiert, mit Ereignissen nur in einer Weise fertig zu werden, und zwar so, wie es sein Charakter vorschreibt. Es scheint paradox, wenn ich sage, dass der reichste Mensch, der produktivste und schöpferischste Mensch der ist, der keinen Charakter hat.»[4]

Die Mehrzahl der Menschen besitzt einen Charakter im Sinne der Fremd- und Selbstmanipulation und Entfremdung vom eigenen Ich. Der Mehrzahl ist die Selbstfindung und die individuelle schöpferische Entfaltung nicht gelungen, weil die vermittelten Identifikationsobjekte zu mächtig waren und die Kraft des Ichs zur Autonomie zu schwach. Das schwache Ich glaubte die Lügen der Charaktererziehung auch auf die Gefahr der Selbstverfehlung.

*Erziehung zur bösartigen Aggression*

Der autoritäre Erziehungsgeist beherrscht nach wie vor die kleinen, engen Kinderzimmer. «Ordnung muss sein!» heißt die Grundregel. «Ab und zu eine hintendrauf kann doch nichts schaden», postulieren immer wieder Eltern, die in meine Praxis kommen, um ihr Kind vom Psychologen (die Nikolausfunktion des Psychologen) zur Raison rufen zu lassen.

Das häusliche Martyrium ist für viele Kinder groß. Die schöne Kinderzeit ist für die meisten eine Hölle der erlittenen Gewalt. «Jährlich werden 15 000 Kinder von Vater und Mutter körperlich misshandelt, 200 Kinder werden von ihren Eltern umgebracht.»[5] Die Dunkelziffer der körperlichen Misshandlung wird auf 400 000 geschätzt. Trotzdem zählt der «Deutsche Tierschutzverein» etwa 600 000 Mitglieder, der «Deutsche Kinderschutzbund» dagegen nur 15 000 Mitglieder.

Das Problem der Kinderquälerei, vor allem im psychischen Bereich, wird von der Gesellschaft nicht erkannt. Eine ernst zu nehmende antiautoritäre Erziehungs*welle* hat es nach meinen Beobachtungen in der europäischen Bevölkerung nie gegeben. Versuche einer freiheitlicheren, emanzipierteren Erziehung wurden lediglich von einer verschwindend kleinen Minderheit während einer kurzen Modephase (1969 bis 1972) praktiziert. Ich glaube, dass der autoritäre Erziehungsdruck in den letzten zehn Jahren nicht ab-, sondern weiter zugenommen hat. Dies hängt damit zusammen, dass der Druck auf die Psyche der Eltern anwuchs: berufliche Überlastung, Bemühung um Wohlstandssteigerung, Karrierekampf, wachsende Nervosität und psychosomatische Symptome. Die selbst erlebte Unterdrückung wird als Erziehungsdiktatur an das Kind weitergegeben.

Alarmierend ist weniger das leichte Anwachsen der körperlichen Züchtigungen, was schlimm genug ist, sondern das viel stärkere Anwachsen der psychischen Misshandlungen wie Nichtbeachtung, Verächtlichmachung, Herabsetzung, Verbote, Einschränkungen, steigende Leistungsanforderungen, die das Kind überfordern.

Eine Mutter besuchte mich mit ihrem Jungen in meiner Praxis. Sie war übernervös, der Junge schnitt nervöse Grimassen. Mein Besucherstuhl ist mit schwarzem Stoff überzogen. Bevor die Mutter sich setzte, wischte sie einen etwa einen Zentimeter langen weißen Faden vom Stuhl. Ihr Sauberkeitsperfektionismus war so groß, dass sie sich nicht setzen konnte, bevor dieser Faden weggewischt war. Als sie saß, sah sie ihren neunjährigen Sohn an und flüsterte zischend: «Steh gerade!» Und dann zuckerfreundlich zu mir gewandt: «Ich lebe nur für den Jungen. Deshalb komme ich auch zu Ihnen, damit Sie ihm helfen, dass er dieses nervöse Zucken im Gesicht unterlässt.»

Das Kind wurde von dieser Mutter zur Reparatur abgeliefert, ohne dass sie die geringste Einsicht gehabt hätte, dass die Ursache für das ängstlich-nervöse Zusammenzucken in ihrem Erziehungsverhalten liegen könnte. Das nenne ich den Psychoterror in der Kinderstube. Das sind psychische Torturen, die dem Kind von übermächtigen Erziehungspersonen zugefügt werden, denen es in einer engen Dreizimmerwohnung der Großstadt hilflos ausgeliefert ist. Es bleibt ihm nur die Abwehrreaktion mit psychosomatischen Symptomen (in dem beschriebenen Fall das Grimassieren) und zusätzlich die Identifikation mit dem Aggressor, also eine mächtige Über-Ich-Bildung.

Nur bei sehr auffälligen Symptomen (Tics, Bettnässen, zerstörerische Wutanfälle, Grimassieren und so weiter) gehen die Eltern zu einer Erziehungsberatungsstelle oder in die Praxis des Psychologen. Die weitaus größte Mehrheit der Kinder leidet unter (nach Ansicht der Eltern) weniger auffälligen Symptomen (Magenverstimmung, mäßige Schulleistungen, Quälen von Tieren und Spielkameraden, unterdrückte Angstgefühle, Nervosität), die mit entsprechend harten Erziehungsmaßnahmen, «ohne Psychologie», kuriert werden.

Die Erziehung geschieht in den meisten Elternhäusern nicht bloß autoritär, sondern über-autoritär. Die moderne Pädagogik und Psychologie haben bisher so gut wie keine bewusstseinsverändernde Wirkung auf das Erziehungsverhalten der Eltern ausüben können. Um hier in Zukunft einen Fortschritt zu erreichen, müsste Psychologie als Unterrichtsfach (zweimal wöchentlich) an allen Schulen eingeführt werden, damit wenigstens der nächsten

Generation die psychologischen Zusammenhänge der Erziehung und Persönlichkeitsentwicklung klarer werden.

Das falsche Erziehungsverhalten geschieht nicht nur aufgrund von mangelndem psychologischem Wissen. Die meisten Eltern ahnen, dass sie überautoritär erziehen. Dennoch müssen sie zwanghaft immer wieder diesen Fehler begehen, weil sie selbst überautoritär erzogen wurden.

Die Unterdrückungslust liegt auf der Lauer. Die erlebten Frustrationen drängen nach der Lust, selbst Frustrationen auszuteilen. Der Sadismus und die Zerstörungslust liegen ständig auf dem Sprung, sich zu betätigen. So ist verständlich, dass Sigmund Freud neben dem Sexualtrieb (der eine organische Grundlage in den Geschlechtsorganen und Sexualhormonen besitzt) einen Destruktions- oder Aggressionstrieb vermutete, denn das aggressiv-destruktive Verhalten macht einen triebhaften Eindruck.

Der Psychotherapeut Erich Fromm schrieb 1974 über Sigmund Freuds Triebkonzept: «Aber trotz der Schwierigkeiten, die der neuen Theorie innewohnten, stellte sie doch eine beachtliche Leistung dar: Sie erkannte in der Wahl des Menschen zwischen Leben und Tod den Grundkonflikt seiner Existenz und gab die alte physiologische Triebauffassung zugunsten einer vertieften biologischen Spekulation auf. Freud erlebte nicht die Befriedigung, eine Lösung zu finden, und musste seine Triebtheorie als Torso hinterlassen.»[6] Fromm rückte Freuds hinterlassenen Torso zurecht und ergänzte ihn. Der Sexualtrieb (weiter gefasst: Eros) und der Destruktionstrieb (weiter gefasst: Todestrieb) sind unterschiedlich zu beurteilen. Der Eros ist das normale Ziel biologischer und psychischer Entwicklung, der Todestrieb ist dagegen als «pathologisches Phänomen»[7] anzusehen, das zur Machtkontrolle (Sadismus) führt oder zur Zerstörungslust (Nekrophilie). Fromm unterscheidet zwei Grundtendenzen der Entwicklung: entweder zum biophilen Menschen, der das Leben bejaht und fördert (normal und optimal), oder zum nekrophilen Menschen, der das Leben nicht bejaht, sondern es vernichten und zerstören will (pathologisch).

Heinrich Himmler, der «Bluthund Europas», mit Adolf Hitler zusammen für die Ermordung von fünfzehn bis zwanzig Millionen Russen, Polen und Juden verantwortlich, verkörperte einen pathologischen Fall des Sadismus, während Hitler ein klinischer Fall von Nekrophilie war.

Himmler und Hitler besaßen keinen Destruktions-«Trieb» im Sinne Freuds, sondern sie entwickelten eine pathologische Aggressivität beziehungsweise Destruktivität. Die wichtigste Schlussfolgerung hieraus: Die pathologische Entwicklung der Aggression in Richtung bösartige Aggression ist kein triebhaftes Geschehen, sondern basiert auf der Erziehung während der Kindheit, Jugendzeit und im Erwachsenenalter. Diese pathologische Entwicklung wird durch eine über-autoritäre und frustrierende Erziehung in Gang gesetzt. Der autoritär-unterdrückte Mensch mit mächtiger Über-Ich-Struktur schlägt auf seine Mitmenschen bösartig aggressiv (sadistisch bis nekrophil) zurück.

Himmler und Hitler waren also keine Ausnahmeerscheinungen, ihre Persönlichkeitsstruktur lebt auch heute in großer Zahl unter uns. In vielen Menschen schlummert der destruktive Vernichtungswunsch, die Neigung, terroristische, sadistische oder faschistische Macht auszuüben. Himmler und Hitler sind historische Figuren, die durch eine besondere politische Konstellation diese Macht ausüben konnten. Wenn auch diese politische Konstellation nur selten auftritt, so gibt doch auch ein demokratischer Staat zu jeder Zeit die Möglichkeit zur destruktiven Machtausübung in vielen Institutionen, in mehr oder weniger versteckter und abgeschwächter Form.

Das destruktive Potenzial schlummert in einem großen Kollektiv, es wartet nur darauf, tätig werden zu können. Vor allem schlummert die Neigung, sich bösartig-aggressiv und destruktiv als Handlanger und Erfüllungsgehilfe legal praktisch zu betätigen. Dieses Potenzial schlummert nicht in wenigen Ausnahmeerscheinungen, sondern gehört zur psychischen Realität des Durchschnittsmenschen in der Bundesrepublik Deutschland.

Im Düsseldorfer Prozess um die Judenmorde im polnischen Lager Majdanek richtet 1975 und 1976 nach dreißig Jahren die Justiz über den Sadismus weiblicher ehemaliger KZ-Bediensteter. Das Nachrichtenmagazin «Der Spiegel» schrieb gut beobachtend: «Angeklagt sind jetzt betuliche ältere Damen mit Strickkostüm, Wollmütze und Kuchengesicht, Hausfrauen von Heim, Herd und Kaffeekränzchen.»[8]

Den Psychologen wundert diese kleinbürgerliche, spießige, biedere, stinknormale äußere Erscheinung, hinter der sich der Sadismus und die Destruktion verbergen, überhaupt nicht, denn in der «normalen Bürgerstruktur» *muss* zwangsläufig diese pathologische, bösartige Aggression verankert sein.

Zur gleichen Zeit, als in Düsseldorf der KZ-Prozess begann, wurde Pier Paolo Pasolinis Film «120 Tage von Sodom» in Paris uraufgeführt. Vier noble Bürger, ein Bankier, ein Graf, ein Richter und ein Bischof, halten junge Menschen gefangen, um sie zu destruktiven, sadistischen Orgien zu missbrauchen. Pasolini verstand seinen Film als Gesellschaftskritik. «Die Mächtigen sind immer Sadisten, und wer Macht erdulden muss, dessen Körper wird zur Sache, zur Ware.»[9] Nicht nur die Mächtigen, auch die weniger Mächtigen auf den unteren Rängen der Hierarchie sind Sadisten, die täglich auf ihre Chance warten.

*Selbstmanipulation führt zur Selbstentfremdung*

Der übliche über-autoritäre Erziehungsstil erzeugt die bösartige Aggression in der Gesellschaft. Die bösartige Aggression ist dem Menschen nicht als ein Aggressions- oder Todestrieb schicksalhaft biologisch einprogrammiert wie zum Beispiel der Sexualtrieb, sondern ist eine Antwort auf die erduldete überautoritäre Erziehung und die damit verbundenen psychischen Torturen.

Das berühmte Aggressionskonzept des Nobelpreisträgers Konrad Lorenz halte ich nicht für richtig. Dies soll keine Abwertung der wissenschaftlichen Arbeit dieses bedeutenden Verhaltensforschers sein. Konrad Lorenz bereicherte die Wissenschaft mit überaus wertvollem Untersuchungsmaterial, das für die Weiterentwicklung der Verhaltensforschung wichtig war und ist. Konrad Lorenz hat bei der Interpretation der menschlichen Aggressionsforschung eben nicht das letzte Wort, das ist alles. Auch Sigmund Freud hatte in der Psychoanalyse nicht das letzte Wort, was keineswegs seine geniale Bedeutung für die Tiefenpsychologie schmälert.

Konrad Lorenz widmete seine Untersuchungen u. a. den «Hemmungsmechanismen» bei manchen Tierarten, die die Aggression zügeln und das Verletzen der Artgenossen verhindern. Eine Tötungshemmung besitzt nach Lorenz auch der biologisch gesunde Mensch: «Kein Mensch würde auch nur auf die Hasenjagd gehen, müsste er das Wild mit Zähnen und Fingernägeln töten.»[10] Lorenz lässt außer Acht, dass der destruktiv-sadistische Mensch einen Hasen sehr wohl mit Fingernägeln töten würde. Sadistische Kinder blasen mit Strohhalmen Frösche auf, bis sie platzen, und sie zünden Katzen den Schwanz an oder befestigen daran einen Feuerwerkskörper.

Der angeborene Hemmungsmechanismus funktioniert also nicht zuverlässig, schon gar nicht im Falle des abstrakten militärischen Tötens auf Knopfdruck, wie Lorenz ja richtig erkannt hat.

Es soll nicht abgestritten werden, dass der biologisch und psychisch gesunde Mensch sich zum Beispiel gegen einen Einbrecher und dessen Gewalt mit Gegenaggression (Notwehr) zur Wehr setzt. Falsch ist jedoch die Annahme, dass der Einbrecher und der Angegriffene aufgrund eines instinktartigen Aggressionstriebes handeln und dass dieser Trieb im Sinne der biologischen Triebdefinition abreagiert werden muss. Lorenz glaubt: «Es ist mehr als wahrscheinlich, dass die bösen Auswirkungen der menschlichen Aggressionstriebe, für deren Erklärung Sigmund Freud einen besonderen Todestrieb annahm, ganz einfach darauf beruhen, dass die intra-spezifische Selektion dem Menschen in grauer Vorzeit ein Maß von Aggressionstrieb angezüchtet hat, für das er in seiner heutigen Gesellschaftsordnung kein adäquates Ventil findet.»[11]

Hier bin ich anderer Meinung. Ich glaube nicht, dass die intra-spezifische Aggression (die Aggression von Mensch zu Mensch) ein Trieb ist, der in grauer Vorzeit «angezüchtet» wurde. Da Lorenz von der Triebhypothese ausgeht, glaubt er, dass der Trieb abreagiert werden *muss* und hierfür ein adäquates Ventil braucht. Auch dieser Meinung bin ich nicht. Die intra-spezifische Aggression macht oberflächlich betrachtet den Eindruck, als würde ein angestauter Trieb nach einem Ventil für seine Entladung suchen. So erscheint der Streit ein bloßes Wortgefecht: Trieb hin, Trieb her, die intra-spezifische Aggression ist da, staut sich auf, wird sublimiert oder entlädt sich.

Und doch besteht ein sehr wichtiger Unterschied, ob man die Triebtheorie annimmt oder sie ablehnt. Ein Trieb ist ein biologisch-konstitutionelles Naturpotenzial, zwar kanalisier- und sublimierbar, aber letztlich unabänderlich verankert. Versteht man jedoch die Aggression nicht als Trieb, sondern als etwas nach der Geburt durch psychische und soziale Entwicklung Entstandenes, ist sie kein unabänderliches Schicksal, sondern sie kann sich mehr oder weniger stark ausprägen – und auch ganz fehlen. Diese Auffassung legen Tierexperimente und anthropologische Studien nahe. Sie hat nach dem heutigen Stand der Forschung viel mehr für sich als die Triebauffassung von Konrad Lorenz.

Sehr gut dargestellt ist das Beweismaterial für die Anti-Triebtheorie auf 79 Seiten in dem Kapitel «Befunde, die gegen die Thesen der Instinkt- und Triebforscher sprechen» in Erich Fromms Buch «Anatomie der menschlichen Destruktivität». Die Lektüre dieses 1974 erschienenen Werkes lohnt sich, wenn der Leser sich näher für das Beweismaterial interessiert, das ich im Rahmen dieses Buches hier nicht ausbreiten kann.

Die Aggression wird durch die Erziehung, also durch Fremdmanipulation, erzeugt. Was diese Fremdmanipulation nicht schafft, übernimmt dann die Selbstmanipulation durch die beschriebene Introjektion der Vorbilder. Dann ist der bewusste Zusammenhang mit der Fremdmanipulation abgerissen, und der Mensch glaubt, dass er aus freier Entscheidung handelnd sich selbst realisiert, während er sich selbst manipuliert.

Um auf die Aggression zurückzukommen: Der Mensch wird unterdrückt und autoritär eingeschränkt, er verdrängt aus Angst vor der strafenden Übermacht die Aggression (Notwehr) gegen die erlittenen Aggressionen. Durch die Identifikation mit dem Aggressor übernimmt er die Unterdrückung seiner Person nun selbst (Über-Ich) und verdrängt aus Angst vor seinem Über-Ich die Aggression gegen sein Über-Ich. Da das Über-Ich ein Teil seiner Person ist, unterdrückt er Aggressionen gegen einen Teil seiner Person. Der Mensch hasst sich teilweise selbst. Die Hölle ist nicht nur draußen, in den gesellschaftlichen Missständen zu finden, sondern sie ist auch in jedem Menschen selbst.

Der Zusammenhang mit der Fremdmanipulation ist abgerissen und nicht mehr verstehbar. Die guten Vorsätze, glaubt man, sind «meine guten Vorsätze, die ich mehr oder weniger gut erfüllen kann». Die Frage: «Woher kommen meine guten Vorsätze?» wird nicht mehr gestellt. Die Frage müsste dann nämlich lauten: «Sind es überhaupt meine guten Vorsätze, oder sind sie manipuliert?» Die Selbstmanipulation führt also zu einem Prozess der unmerklichen Selbstentfremdung. Der Mensch entfremdet sich von sich selbst und glaubt, dass es sein eigener selbständiger Entschluss wäre. Er unterdrückt die Aggression gegen seine Selbstunterdrückung, weil er glaubt, dass er sich selbst unterdrücken muss. Der Feind steckt jetzt in ihm selbst, und die Selbstentfremdung wird zu seiner zweiten Natur. Zwischen seiner ersten und zweiten Natur kann er nicht mehr unterscheiden. Er glaubt, dass die zweite Natur die erste, einzige und richtige ist.

Ist die Aggression gegen den Aggressor (außen: Erziehungspersonen, Vorbilder und Ideale, innen: Über-Ich) aus Angst unterdrückt, arbeitet diese Aggression unter der Decke der Bewusstheit weiter. Sie erscheint triebhaft-drängend und triebhaft-geheimnisvoll und richtet sich gegen die Umwelt und gegen die eigene Person wie ein unterdrückter Trieb, der seine Befriedigung sucht.

Die verdrängte Aggression führt zu einer psychischen Entwicklung, die eine Entartung ist, und häufig die pathologische Richtung in den Sadismus, die Destruktion und Nekrophile einschlägt. Mit der Vernunft sieht der Mensch zwar ein, dass er seinen Mitmenschen lieben soll, aber er kann es aufgrund der entstandenen psychischen Struktur nicht mehr, die christliche Forderung, sogar die Feinde zu lieben wie sich selbst, erst recht nicht.

Diese christliche moralische Therapie-Forderung zeigt jedoch, wo der Hebel angesetzt werden muss und kann: Wer seinen Feind liebt, unterbricht die Kette der Aggressionsfortsetzung, er hält die andere Wange hin und unterbricht die Kette. Gewalt – Gegengewalt – Gewalt gegen Gegengewalt. Diese Kette kann nur ein Mensch unterbrechen, der daran glaubt, dass auf diese Weise das Zusammenleben der Menschen besser werden kann. Er ist bereit, jetzt eine Aggression abzubrechen (nicht zu verdrängen), um später von einer aggressionsfreien Welt zu profitieren. Einer muss den Anfang machen, auch heute.

*Der Streit um «normal» und «unnormal»*

Für Konrad Lorenz ist biologisch natürliches Verhalten normal. Für ihn verhält sich der bewusste Aggressionsunterbrecher nicht natürlich. Lorenz: «Wir sollen unseren ‹Nächsten› so behandeln, als wäre er unser bester Freund, obwohl wir ihn vielleicht nie gesehen haben, ja, wir können mit Hilfe unserer Vernunft durchaus einsehen, dass wir verpflichtet sind, sogar unsere Feinde zu lieben, worauf wir aufgrund unserer natürlichen Neigungen nie verfallen wären.»[12]

Ich bin der Auffassung, dass Unterdrückung und autoritäre Einschränkung (Feindverhalten) nicht geduldet werden darf und Notwehr-Aggression in diesem Fall eine natürliche und auch normale Reaktion ist. Die Realität zeigt jedoch, dass die Notwehr-Aggression meist aus Angst verdrängt und dann leider nicht praktiziert wird. Die unausgelebte, angestaute Aggression geht dann in einen pathologischen Prozess über.

Wer jedoch bewusst seinen Feind (Aggressor) nicht direkt aggressiv behandelt, sondern ihm die andere Wange hinhält, um die Aggressionskette zu unterbrechen, der verhält sich «unnatürlich, unnormal», aber moralisch, da sein Verhalten eine Aggression beendet und für die Zukunft natürliches Verhalten fördert. Das «unnatürliche moralische Verhalten» dient dem Sieg des natürlichen Verhaltens auf längere Sicht.

Ich bin der Auffassung, dass aggressives Feindverhalten (Angriff) gegenüber der eigenen Art durch Notwehr-Aggression abgewehrt werden muss. Gewalt sollte jedoch möglichst nicht verstärkte Gegengewalt erzeugen, sondern Standfestigkeit hervorrufen. Nicht immer ist die christliche Haltung der Aggressionserduldung angebracht, selbstverständlich nicht bei einem Angriff auf das eigene Leben, obwohl auch der Märtyrertod ein wichtiges Signal für die Humanität setzen kann.

Auf Aggression ist die Reaktion der Gegenaggression biologisch normal und natürlich. Die moralische Haltung ist im Vergleich mit den Tieren unnatürlich. Wenn ein unterlegener Wolf im Kampf dem überlegenen Tier die Halsschlagader zum Biss anbietet und damit der Kampf entschieden ist und abgebrochen wird, ist ein pseudomoralisches Verhalten am Werk, da es nicht bewusst, sondern nach einem instinktgebundenen Schema abläuft.

Da der Mensch mehr Bewusstsein als das Tier besitzt und weniger instinktgebunden ist, ist bewusstes moralisches Verhalten für ihn als typisch und damit auch als natürlich oder als normal anzusehen. Die Forderung nach der Aggressionsunterbrechung läuft der menschlichen Natur also nicht zuwider, sie liegt beim Menschen noch im Bereich des Normalen, während sie zum Beispiel für die Taube unnormal wäre. Aufgrund ihres Instinktprogramms muss eine Friedenstaube die *wehrlose* andere Friedenstaube in einem Käfig umbringen. Aufgrund seines Instinktprogramms muss ein Mensch einen anderen wehrlosen Menschen nicht töten, er könnte die Moral der Aggressionsunterbrechung begreifen und sich daran orientieren, ohne hierdurch seiner Natur (dem Instinktprogramm) zu widersprechen.

Auf diese Schlussfolgerung kommt es mir an. Die Aggression ist kein normales Instinkt- oder Triebgeschehen – sie kann geweckt werden, und sie kann auch wieder verschwinden, sie gehört nicht als Konstante zur Natur des Menschen, obwohl es oberflächlich betrachtet so aussieht.

Ein aggressionsfreier Mensch ist normal, obwohl dies in unserer Gesellschaft der Erfahrung widerspricht. Statistisch gesehen ist der zivilisierte Mensch überaus aggressiv, nicht nur bezüglich der verteidigenden Notwehraggression, sondern im Sinne der sadistisch-destruktiv-pathologischen Aggression.

Es wäre jedoch ein Fehler, von der statistischen Durchschnittsnorm auf die Normalität rückzuschließen. Pathologisches Verhalten kann sehr häufig auftreten, darf deshalb jedoch nicht als normal (natürlich) angesehen werden. Bei Zoo-Tigern ist nervöses Hinundherschreiten im Käfig die Norm, dieses Verhalten ist für Tiger im natürlichen Lebensumfeld nicht als normal anzusehen. Wichtig ist hierbei, dass gesehen wird, unter welchen äußeren Bedingungen das Verhalten auftritt.

So kann auch der Mensch nicht losgelöst von der Gesellschaftsstruktur, in der er lebt, gesehen werden. Das Verhalten in unserer modernen Zivilisation kann statistisch erfasst werden, was häufig auftritt, ist dann statistisch normal für diese Gesellschaft, aber nicht normal (im Sinne von natürlich und optimal) für den Menschen generell.

Die Menschen orientieren sich jedoch vorwiegend am Bezugsrahmen ihrer Gesellschaft. Es fällt ihnen schwer, diesen Bezugsrahmen in seiner spezifischen Form zu sehen. Jede Gesellschaft produziert ihre für sie spezifischen Neurosen.

Psychologisch geschulte Zeitkritiker unserer heutigen Industriegesellschaft sind fast alle der Auffassung, dass der Mensch in unserer modernen Zivilisation psychisch nicht gesund ist und unnormales Verhalten statistisch häufig auftritt. Einige Aussagen dieser Zeitkritiker sollen das belegen.

Der Psychoanalytiker Alexander Mitscherlich: «Die Geschichte der nationalsozialistischen Massenbewegung und die Entfaltung des Stalinismus im Sowjetsystem – in beiden Fällen millionenfache Ausbreitung eines paranoiden Wahnsystems – zeigen, wie freiwilliges Engagement, Aufopferungsbereitschaft, politischer Idealismus geradezu mühelos in Terror umschlagen können, der auf die Freiheitsrechte des Individuums dann nicht mehr die geringste Rücksicht nimmt.»[13]

Der Psychologe und Soziologe Dieter Duhm: «Ich habe einen Freund, der in einer Phase ungewöhnlicher Glückseligkeit wegen ‹akuter Manie› in eine psychiatrische Klinik gebracht wurde. Als sie ihm dort sein Glück ausgetrieben hatten, wurde er wieder entlassen ... Dieses Normale aber ist nichts weiter als die unauffällige, weil gesellschaftlich übliche und anerkannte Form des Krankseins, statistischer Durchschnitt des gesellschaftlichen Wahnsinns. Was von diesem Wahnsinn abweicht, gilt als krank.»[14]

Der Philosoph Herbert Marcuse: «Und doch ist diese Gesellschaft als Ganzes irrational. Ihre Produktivität zerstört die freie Entwicklung der menschlichen Bedürfnisse und Anlagen, ihr Friede wird durch die beständige Kriegsdrohung aufrechterhalten, ihr Wachstum hängt ab von der Unterdrückung der realen Möglichkeiten, den Kampf ums Dasein zu befrieden – individuell, national und international.»[15]

Der Schriftsteller E. Ionesco: «Die Welt der Konzentrationslager ... war keine besonders entsetzliche Gesellschaft. Was wir dort sehen, war das Bild, in gewissem Sinne die Quintessenz der höllischen Gesellschaft, in der wir jeden Tag stecken.»[16]

Der Psychologe und Psychotherapeut Erich Fromm: «Im 19.

Jahrhundert bedeutete Unmenschlichkeit so viel wie Grausamkeit; im 20. Jahrhundert besteht die Inhumanität in schizoider Selbstentfremdung. Die einstige Gefahr war, dass der Mensch zum Sklaven wurde, die künftige ist, dass Menschen zu Robotern werden. Zugegeben, Roboter sind keine Rebellen. Aber, angesichts der Eigenart der menschlichen Natur vermögen Roboter nicht zu leben und seelisch gesund zu bleiben; sie werden zu ‹Golems›, sie werden die Welt und sich selbst zerstören, weil sie nicht länger die Öde eines sinnlosen Lebens ertragen können.»[17]

Der Gestalttherapeut Frederick S. Perls: «Ich bin der Meinung, dass die Grundform der Persönlichkeit von heute die neurotische Persönlichkeit ist. Das ist eine vorgefasste Meinung von mir, weil ich glaube, dass wir in einer irren Gesellschaft leben und dass man nur die Wahl hat, entweder an dieser kollektiven Psychose teilzunehmen oder Risiken einzugehen und gesund zu werden, und vielleicht auch gekreuzigt.»[18]


*Der Bewertungszwang*

Die Erziehung des Individuums geschieht durch ständige Bewertung eines Verhaltens. Verhalten im Sinne der Erziehungspersonen wird gelobt oder belohnt, abweichendes Verhalten wird kritisiert oder bestraft. Die Bewertung ist eine Dressurtechnik, die fein abgestuft eingesetzt wird von der Belohnung durch Geld oder Symbole bis zur Bestrafung und Folter. Ich erwähnte bereits, dass eine psychologisch richtige Erziehung ganz auf Belohnungen, Tadel, Lob oder Strafe als Erziehungsmittel verzichten kann und alleine auf die Selbstfindung des Individuums vertrauen sollte.

Die ständige Bewertung wird dem Kind nicht nur im Elternhaus angetan, sie setzt sich im Kindergarten, in der Schule, im Lehrverhältnis, auf der Universität und im Beruf fort. Die Schulnoten 1, 2, 3, 4, 5 und 6 bewerten Wissen und anpassungsbereite Verständnisbereitschaft. Die Gesamtnote wird doch für den Numerus clausus noch hinter dem Komma differenziert. Die Bewertung von Schulleistungen hat in den letzten Jahren extreme Ausmaße angenommen. Die Lehrer haben ihre in den sechziger Jahren zurückgegangene Bewertungsmacht wieder zurückgewonnen, sie sind wieder ganz Herr der Lage und können wieder mehr Druck auf die Psyche ihrer Schüler ausüben.

Die Bemühungen fortschrittlicher Pädagogen um die Abschaffung der Zensuren sind aufgeschoben. Neue, zusätzliche Bewertungen sind im Gespräch – der Eignungs- und Persönlichkeitstest. Nach dem erfolgreichen Schul- oder Studienabschluss geht die Bewertung weiter. Personalchefs wollen wissen: Sind Sie kreativ? Können Sie sich durchsetzen? Sind Sie selbstsicher? Können Sie aggressiv verkaufen? Haben Sie Führungsqualitäten? Sind Sie mit der richtigen Frau verheiratet? Die Bewertung nimmt kein Ende.

Der Einzelne fügt sich dem Bewertungsterror und versucht, der jeweils verlangten Norm zu entsprechen, er versucht, einen guten Eindruck zu machen und die Eigenschaften, die gewünscht werden, pflichtbewusst zu entwickeln und vorzuzeigen. Die Persönlichkeit ist zur Ware geworden, die ein Gütesiegel erhält oder auch keines und dadurch seinen Marktwert aufbessert oder einbüßt.

Nicht einmal politisch-ideologische Freiheit des Denkens ist möglich. Unter Kommunisten ist wichtig, ein streng marxistisch orientierter Sozialist zu sein. Wie links stehen Sie von der Mitte? «Sie stehen ja leicht rechts von der linksliberalen Mitte» kann eine vernichtende Bewertung sein. Die Unternehmer stehen meist weit rechts, und auch sie halten sich für die Guten, während die anderen die Schlechten sind, da sie unsere freie Marktwirtschaft einschränken wollen.

Wir haben gelernt, uns ständig zu bewerten, anstatt einen gemeinsamen Nenner zu finden, der uns verbindet. Stattdessen versucht jeder, sich vom anderen abzugrenzen, und er wertet die Seiten als hüben und drüben, als richtige oder falsche Seite, wobei er selbst glaubt, auf der richtigen Seite zu stehen.

Die Bewertung, die zunächst in der Entwicklung von außen

kommt, wird verinnerlicht. Nun bewertet nicht nur die Außenwelt die Innenwelt, sondern die Innenwelt (das Über-Ich) sich selbst. So nimmt die neurotische und schließlich psychotische Entwicklung der Psyche oft im Zusammenhang mit den Abwehrmechanismen ihren Anfang. Das «Selbstquälerei-Spielchen», wie Frederick S. Perls sagt, beginnt sein Terrorprogramm. Das Bewertungsideal setzt Maßstäbe, an denen das eigene Verhalten ständig gelobt oder kritisiert wird. Der Mensch muss sich so selbst einschüchtern, quälen, verrückt machen und schließlich in den Nervenzusammenbruch oder Wahnsinn treiben, wenn der Maßstab, den er an sich selbst anlegt, besonders streng ist und jeder kleine Fehler bereits zu einer Todsünde wird.

Es ist auch denkbar, dass sich jemand besonders gut bewertet und mit Selbstbelohnungen verwöhnt. Er ist in sich selbst verliebt und pflegt den eigenen Narzissmus. In diesem Fall ist die Bewertung kein Selbstquälerei-Spielchen, sondern ein Selbstverwöhnungs-Spielchen, das in den egozentrischen Egoismus führt.

Psychose oder Narzissmus, so oder so bringt die Selbstbewertung der Psyche nichts Gutes: Sie entfremdet den Menschen von seiner Natürlichkeit. Jede von außen oder innen kommende Kontrolle schädigt die gesunde Funktion des Körpers und der Seele. Das Leben sollte ohne Kontrolle, der jeweiligen Situation entsprechend sich selbst regulieren. Selbstbewertung ist nicht nötig, sondern schädlich.

Die Selbstbewertung ist die Folge der in der Gesellschaft herrschenden Fremdbewertung. Die Gesellschaft kann der Einzelne nicht sofort verändern, aber er kann bei seiner eigenen Veränderung beginnen und die Selbstbewertung in sich zurückdrängen. Er kann lernen, sich besser zu akzeptieren, indem er sich Fehler gestattet und sie dann natürlich auch anderen zugesteht.

*Alternativen*

Das herrschende Erziehungs- und Bildungssystem muss geändert werden. Eltern müssen auf ihre Rolle als Erzieher vorbereitet werden. Die nachfolgenden Erziehungsinstanzen, unter anderem die einzelnen Schultypen, müssen radikal verändert werden, jegliche Zensuren werden abgeschafft, und eine neue Einstellung zum Lernen und zur Leistung entsteht. Psychologie wird in das Angebot der Lernstoffe aufgenommen. Die einzelnen Unterrichtsfächer gehen ineinander über. Gelernt wird nach dem persönlichen Reife- und Entwicklungsstand, um des Lerninhalts selbst willen, nicht um ein vorgeschriebenes Pensum zu erfüllen, das Klassenziel zu erreichen oder eine Zeugnisnote zu erhalten. Die Lehrer sind in psychoanalytischem, individual- und sozialpsychologischem Wissen geschult. Sie bewerten weder mit Lob oder Strafe (die bisher überwiegt), denn ihre Aufgabe ist zu helfen, anzuregen, vorzumachen und selbst Anregungen aufzunehmen. Der Psychoterror im Klassenzimmer geht zu Ende.

Eine schöne Utopie, die noch lange auf sich warten lässt, wenn es den Psychologen und Psychotherapeuten nicht gelingt, sich bei breiten Bevölkerungskreisen und den Politikern endlich Gehör zu verschaffen.

Ein schwäbischer Ingenieur wollte nicht länger warten. Er weigerte sich, seine beiden schulpflichtigen Kinder in die Schule zu schicken, mit der Begründung, dass die Schule eine für die Kinder «schädliche Institution» sei. Er erklärte dem Verwaltungsgericht: «Die Schulen heute sind objektiv kinderungerecht und müssen zwangsläufig zu Schädigungen führen.» Der Ingenieur erhielt einen 50-Mark-Bußgeldbescheid wegen des Verstoßes gegen die Einschulungspflicht.

Wenn sich mehr Eltern gegen die Einschulung ihres Kindes mit differenzierten Begründungen zur Wehr setzen und durch Privatinitiative neue private Schulmodelle geschaffen würden, wäre der Staat gezwungen, Reformen vorzunehmen. Der schwäbische

Ingenieur dürfte jedoch vorerst ein Einzelfall bleiben, da die Schule von der Bevölkerung nicht als eine «schädliche Institution» erkannt wird. Das durchschnittliche Elternhaus ist ja auch eine schädliche Institution, wie die Analyse der zweiten Lebenslüge gezeigt hat.

Die erste und die zweite Lebenslüge ergänzen sich, Fremdmanipulation, Charakterbildung und Selbstmanipulation durch Introjektion von Vorbildern und Idealen. Das wurde den Eltern schon angetan; sie sind in diesen beiden Lügen verfangen, ohne sie entlarven zu können. In sehr seltenen Fällen gelingt es einem Menschen, sich von den ersten beiden Lebenslügen zu befreien und handelnd aus dem Lügengespinst herauszutreten. Das gelingt selten, weil das Gespenst nicht nur aus den ersten beiden Lügen besteht, sondern durch die noch zu beschreibenden sechs Lügen ergänzt und gestützt wird.

Dennoch möchte ich jedem Einzelnen Mut machen, sich an die Überwindung der Lebenslügen mit Optimismus heranzumachen. Hier einige Ratschläge zur Überwindung der zweiten Lebenslüge:

- Halten Sie sich nicht an Konventionen. Eifern Sie keinen Vorbildern und Idealen nach, wie Ihnen Autoritäten und Erfolgsfibeln immer wieder weismachen wollen.
- Versuchen Sie, zu sich selbst zu finden. Das ist schwierig, weil Ihnen die Vorbilder und Ideale den Weg versperren. Die Beschäftigung mit autogenem Training und Meditation ist hierbei hilfreich.
- Selbstfindung ist keine Protesthaltung, indem ein Gegenbild angestrebt wird, also Leistungsverweigerung gegen den Leistungsdruck oder Drogenmissbrauch gegen die Langeweile und den Perfektionismus oder eine linke politische Haltung, weil die ersten Identifikationsfiguren politisch rechts standen. Das Gegenbild ist keine wirkliche Selbstfindung, denn auch das Gegenbild ist ein Klischee.
- Selbstfindung heißt nicht, ein Selbstbild zu entwerfen und die-

sem nachzustreben. Ein aufgebautes Selbstbild führt zur Selbstmanipulation und Selbstentfremdung. «Der Weg zur Hölle ist mit guten Vorsätzen gepflastert» und führt zur Selbstverfehlung.

– Entziehen Sie sich dem Psychoterror von Erziehungspersonen. Wenden Sie selbst den beschriebenen Psychoterror der Unterdrückung gegenüber schwächeren Personen nicht an. Loben und tadeln Sie Ihre Mitmenschen nicht, machen Sie selbst damit Schluss, andere zu bewerten.

– Lassen Sie sich von Bewertungen Ihres Verhaltens nicht mehr beeinflussen. Betrachten Sie Fehler nicht mehr als Sünde und benoten Sie die Fehler Ihrer Mitmenschen nicht mehr. Selbstverständlich sehen Sie Fehler und Missstände bei sich selbst und in Ihrer Umgebung. Kritiklosigkeit ist also nicht gemeint. Halten Sie sich jedoch nicht dabei auf, einen Menschen oder eine Sache auf- oder abzuwerten. Die Bewertungen dienen nur dazu, sich selbst und andere zu quälen oder in den Narzissmus zu treiben. Suchen Sie einen gemeinsamen Nenner, eine Möglichkeit zu handeln.

– Die Selbstbewertung versperrt Ihnen den Weg zu Ihrem Ich, sie führt zur Selbstunterdrückung, die Aggression erzeugt, die wiederum meist verdrängt wird und zum Selbsthass und zur Neurose führt.

– Aggression (Notwehr) gegen äußere und innere Unterdrückungsversuche sollte ausgelebt werden. Wehren Sie sich sofort, denn Gewalt soll Standfestigkeit erzeugen. In manchen Fällen ist ein Aggressionsstopp angebracht durch moralisches Therapieverhalten. Diese Moral soll kein Appell an die «Tötungshemmung» sein, sondern als typisch menschliches Verhalten verstanden werden, nicht instinktgesteuert, sondern als bewusster moralischer Akt.

– Die moderne Gesellschaft unterliegt einem pathologischen Prozess. Der Patient Gesellschaft bedarf einer Therapie. Darauf können Sie jedoch nicht warten, da Sie jetzt und heute psychisch gesund sich selbst realisieren wollen. Legen Sie nicht die Hände in den Schoß, während Sie auf den großen Sozialtherapeuten warten. Es sollte deshalb ungeachtet der Krankheit der Gesellschaft jeder an seiner freien Selbstentfaltung schon heute arbeiten.

— Je mehr Menschen sich selbst emanzipieren und entfalten, umso größer wird ihr Beitrag zur Veränderung der Gesellschaft durch ihr wirksames Bewusstsein und ihr beispielhaftes Verhalten und umso gesünder, freier und gelöster können wir in Zukunft leben.

# Dritte Lebenslüge

*«Sicherheit geht vor. Freiheit führt zum Chaos.»*

> «Wir füllen die Kluft, den Ort der Zukunft, mit Versicherungspolicen, Status quo, Immergleichheit, mit allem Möglichen, bloß um die Möglichkeit des Offenseins gegenüber der Zukunft nicht zu erfahren.»
>
> *Frederick S. Perls*

Das bisher beschriebene Persönlichkeitsbild des Durchschnittsmenschen, der der Fremdmanipulation und Charaktererziehung unterliegt, sich durch Introjektionen unbewusst selbst manipuliert, Vorbildern und Idolen nachstrebt, ist das Persönlichkeitsbild des unfreien Menschen. Er wird von außen unterdrückt und unterdrückt sich innerpsychisch selbst, um Forderungen, die nicht seine sind, aber durch Verinnerlichung zu seinen gemacht werden, zu erfüllen. Der unfreie Mensch ist zutiefst in die ersten beiden Lebenslügen verstrickt, er strebt seine Unfreiheit täglich erneut aktiv an.

Das Streben nach Sicherheit entspringt der früh verinnerlichten Fremdmanipulation aus Angst vor der Übermacht der autoritären Erziehungspersonen. Durch die Anwendung der Abwehrmechanismen wurde ein vorübergehender, zunächst entlastender Vorteil der Angstmilderung erzielt. Wer die Regeln und Normen perfekt erfüllt und sie sich zu Eigen macht, erlebt ein Gefühl von Sicherheit und Geborgenheit, denn drohende Abwertung und Strafe wurden vermieden.

Wer die Regeln und Normen der Autoritäten erfüllt, findet Anerkennung und Lob. Er geht den Weg der Anpassung (Angstabwehr) und fühlt sich abgesichert. Die Unfreiheit gewährt Sicherheit, während die freie Selbstbestimmung, die Auflehnung gegen fremdbestimmte Regeln und Normen in die Unsicherheit führt. Sicherheit ist mit Unfreiheit verbunden, während der selbst bestimmte Weg zwar Freiheit gibt, aber weniger sicher ist. Das ist das Dilemma – der Mensch wählt früh die Unfreiheit, und er wird deshalb sein ganzes Leben eine diffuse Sehnsucht nach der Freiheit nicht los. Diese Freiheit ist Autonomie der eigenen Persönlichkeit, Selbstbestimmung statt Fremdmanipulation und Abschütteln der wie mit Widerhaken am eigenen Selbst befestigten zwanghaften Selbstmanipulation. Er versucht die Unfreiheit zu überwinden, fühlt sich ihr jedoch machtlos ausgeliefert.

Die Sehnsucht nach der Freiheit ist ambivalent. Sie wird einerseits angestrebt und in Tag- und Nachtträumen herbeigewünscht, andererseits jedoch auch gefürchtet und abgewehrt. Es besteht Angst vor der sehnsuchtsvoll erwarteten Freiheit, weil gespürt wird, dass dann sicherer Boden verlassen wird und Unsicherheit droht. So entsteht die Paradoxie, dass von der Freiheit einerseits verbal geschwärmt wird (alle Parteien sprechen von ihr), sie aber in der Realität des Alltags nicht realisiert, sondern bekämpft wird. Die Freiheit darf ein fernes, bedeutendes Ideal sein – aber nicht zu nahe kommen.

Ein Gymnasiallehrer ließ sich von mir psychologisch beraten. Er schimpfte über die unterdrückenden gesellschaftlichen Verhältnisse, sprach davon, dass der Kapitalismus den Menschen zur Anpassung an Leistungsnormen zwingt und die Mehrheit der Bevölkerung dem Konkurrenzzwang ausgeliefert ist, aber nur eine Minderheit davon finanziell wirklich profitiert. Er sprach mit Enthusiasmus davon, dass eine freiere Gesellschaft entstehen müsste, in der wirkliche Chancengleichheit bestünde und keine kapitalstarken Minoritäten die große kapitalschwache Majorität ausbeuten und manipulieren darf. Er betonte, dass er kein Kommunist sei, kein kommunistisches Gesellschaftssystem wünsche, da auch hier der Mensch unterdrückt und ausgebeutet wird. Er wollte ein freies Gesellschaftssystem, das die Persönlichkeitsautonomie gewährleistet und auch ökonomische Gleichheit und damit Freiheit bietet. Als ich antwortete, dass dann die Gesellschaft reformiert werden müsste und vor allem zunächst in der Erziehung mehr Freiheit und Persönlichkeitsautonomie praktiziert werden müsste, weil der Mensch bisher zur Unfreiheit erzogen würde, protestierte er: «Das ganze Gerede von der antiautoritären Erziehung führt doch zum Chaos, zur Anarchie. Wenn jeder tun kann, was er will und was seine Selbstbestimmung sagt, geht doch alles drunter und drüber.»

Diese Antwort signalisiert die Angst vor der Freiheit, denn es wird das Schreckgespenst des Chaos an die Wand gemalt. Mit dem Reizwort «Anarchie» wird eine hemmungslose Gesellschaft, «wehe, wenn sie losgelassen», das totale Durcheinander assoziiert. Anarchie meint jedoch Herrschaftslosigkeit, und Anarchismus ist nach dem Fremdwörter-Duden «Lehre von der Verneinung der Staatsgewalt und -ordnung». Der russische Anarchist Michael Bakunin (1814 bis 1876) trat zum Beispiel für die Abschaffung sämtlicher Regierungen ein und versuchte, die Auflösung staatlicher Autorität zu fördern; um eine Gesellschaft ohne Herrschaftsdruck zu verwirklichen. Die Psychoanalyse und die Psychotherapie-Schulen haben eine anarchistische, herrschaftsfreie Gesellschaft im positiven Sinn durch ihre Forschungsergebnisse nahe gelegt, sie traten jedoch nicht offiziell und politisch gezielt für eine solche herrschafts- und hierarchiefreie Gesellschaft ein. Sie betonten zwar die Krankheit der Gesellschaft und diagnostizierten die Unterdrückungssymptome des an der Gesellschaft erkrankten Menschen, aber sie wagten kein konkretes gesellschaftliches Programm, keinen Entwurf für eine neue Zukunft der Persönlichkeitsentfaltung und Selbstbestimmung.

Der Mensch kann ohne Fremdmanipulation und Dressurmethoden wie Lob und Tadel aufwachsen, ohne Introjektion von Regeln und Normen, die ihn unterdrücken. Er kann die Selbstbestimmung lernen, ohne sich selbst manipulieren zu müssen. Die Angst vor der Freiheit müsste nicht sein. Die Freiheit der Selbstfindung und Selbstbestimmung könnte realisiert werden.

Zuerst muss die Angst vor der Freiheit abgebaut werden. Der Gymnasiallehrer schilderte mir die Erziehung seiner eigenen Kinder. Obwohl er von der Freiheit der Selbstbestimmung schwärmte, erzog er sie klassisch autoritär. Seine Begründung: «Solange die Gesellschaft so beschaffen ist, muss ich autoritär erziehen, denn meine Kinder müssen sich später einfügen und anpassen können.»

Es ist ein Irrtum, dass ein freiheitlich zur Selbstbestimmung erzogenes Kind in unserer Gesellschaft versagen muss. Im Gegenteil, es kann sich kreativer und selbstverantwortlicher entfalten und kommt deshalb keinesfalls «unter die Räder». Die Eingliederung von Kinderladenkindern hat zum Beispiel gezeigt, dass sie in der konventionellen Schule in ihrer Intelligenzleistung nicht abfallen – im Gegenteil, durch ihr aggressionsfreies und kreatives Verhalten positiv auffallen.

Mit der Erziehung der Kinder zur autonomen Persönlichkeit könnte jederzeit begonnen werden, ohne ihnen den so häufig beschworenen «Schaden» zuzufügen. Es ist deprimierend, wie intelligente Eltern, trotz ihrer Freiheitssehnsucht, ihre Kinder in die Unfreiheit und die Anpassung hineindressieren. Ihre eigene ambivalente Haltung zur Freiheit und die schon erwähnte zwanghafte Weitergabe der Unterdrückung sind die Ursachen dafür.

Eine Veränderung ist nur durch breite Aufklärung und gesellschaftliche Reformen möglich. Deshalb möchte ich alle Psychologen und Psychotherapeuten auffordern, an dieser Aufklärung durch Mitarbeit bei den Medien mitzuwirken. Es hat wenig Sinn, sich im Elfenbeinturm des Wissens zu vergraben, wenn dieses Wissen nur für die Fachwelt archiviert wird.

*Die Lebensangst*

Das Angstproblem wurde immer wieder bei den Abwehrmechanismen erwähnt, die als Techniken der Angstvermeidung fungieren. Der früheste Abwehrmechanismus, die Identifizierung, geschieht aus Angst vor Strafe und Liebesverlust der Autoritätspersonen. Die Verdrängung setzt ein, wenn Angst vor den Autoritären und der innerseelischen Instanz Über-Ich besteht. Die Projektion tritt im Gefolge der Verdrängung auf. Eigene Impulse werden verdrängt, aber an den Mitmenschen kritisiert. So wird die Angst vor den eigenen Impulsen und ihrem Durchbruch bewältigt.

Die Symptombildung geschieht aus Angst davor, die Verdrängungen und Konflikte offen auszuleben. Die Verschiebung auf ein Ersatzobjekt tritt auf, wenn Angst vor dem Originalobjekt besteht. Auch hier ist die Angst der elementare Auslöser für den Abwehrmechanismus. Die Sublimierung macht aus der Angstnot eine Tugend. Bei der Reaktionsbildung lösen Es-Impulse Angst aus, und Hassgefühle werden deshalb in scheinbar zärtliche Gefühle umgewandelt.

Bei der Vermeidung ist die Angst ganz deutlich: Was Angst einflößt und die Gefahr einer Frustration in sich birgt, wird einfach vermieden. Die Rationalisierung tritt auf, wenn wahre Gründe für das Verhalten, die Angst einflößen, vertuscht und verstandesmäßig gerechtfertigt werden. Die Betäubung ist eine Technik, um die Angst zu dämpfen, sie vorübergehend zu vergessen. Denselben Effekt hat der Abwehrmechanismus «Abschirmung mit Psychopharmaka».

Auch die Ohnmachtserklärung geschieht aus Angst vor dem Handeln. Wer ohnmächtig ist, kann sich in die ruhige Ecke seiner Ohnmacht zurückziehen, ohne sich der Veränderung der Verhältnisse stellen zu müssen. Auch das Rollenspiel geschieht aus Angst: Die Rolle gibt Sicherheit im Kontakt zu den Mitmenschen. Die Gefühlspanzerung geschieht aus Angst vor der eigenen Impulsivität und Spontaneität: Aus Angst werden die Gefühle kontrolliert und beherrscht.

Die Angst ist als ein Grundphänomen stets bei der Bildung der Abwehrmechanismen mitbeteiligt. Der Vorteil der Abwehrmechanismen besteht in einer vorübergehenden Angstvermeidung oder zumindest in einer Angstentlastung. Auf Nachteile der Abwehrmechanismen, die diesen Vorteil nicht aufwiegen, wurde bereits hingewiesen.

Auch die einzelnen Lebenslügen dienen der Angstbewältigung, insbesondere die dritte Lebenslüge «Sicherheit geht vor. Freiheit führt zum Chaos». Durch das Sicherheitsstreben, die Absicherung aller Lebensbereiche durch Normen, Regeln, Vorschriften, Programme und Pläne soll die Angst vor der Unsicherheit des Lebens gebannt werden.

Die Angst spielt also eine entscheidende Rolle in der psychischen Struktur bei der Persönlichkeits- und Charakterentwicklung und Lebensbewältigung. Die meisten psychischen Störungen sind durch Angst entstanden und sind Symptome einer selbst versuchten, aber missglückten Angsttherapie.

Die Angst ist unter der Bevölkerung weit verbreitet. Bei einer Umfrage (1974 und 1975) unter Lesern meines Buches «Selbstbewusstsein kann man lernen[1]» stellte ich die Frage: Worüber hätten Sie gerne mehr gelesen? Unter dreizehn Themen entschieden sich 52 Prozent (von 200 ausgewerteten Leserfragebogen) für die Thematik «Mut zur Selbstbehauptung» und 50,5 Prozent für «Angstprobleme».

Die Selbstbehauptung und Selbstentfaltung stellt das größte Problem dar, dabei tauchen Angstprobleme und Minderwertigkeitskomplexe als Widerstände auf.

*Tab. 4: Worüber hätten Sie gerne mehr gelesen?*

| | |
|---|---|
| Mut zur Selbstbehauptung | 52,0 Prozent |
| Angstprobleme | 50,5 Prozent |
| Minderwertigkeitskomplexe | 47,0 Prozent |
| Entfaltung der Fähigkeiten | 44,5 Prozent |
| Motive menschlichen Verhaltens | 44,5 Prozent |
| Konfliktbewältigung | 43,5 Prozent |

| | |
|---|---|
| Sexualität und Selbstbewusstsein | 38,5 Prozent |
| Sinn des Lebens | 37,0 Prozent |
| Befreiung der Liebesfähigkeit | 33,5 Prozent |
| Therapiemethoden | 27,0 Prozent |
| Erziehungssituation | 24,5 Prozent |
| Gesellschaftsstruktur | 15,0 Prozent |
| Problem-Tagebuch | 10,5 Prozent |

Mehrfachnennungen waren möglich. Von den befragten Personen waren 44,5 Prozent weiblich und 55,5 Prozent männlich. Die Altersstreuung: bis 19 Jahre 18,5 Prozent, bis 25 Jahre 39,5 Prozent, bis 30 Jahre 20,5 Prozent, bis 40 Jahre 15 Prozent und über 40 Jahre 6,5 Prozent.

Aus Angst wird mehr Macht, Erfolg und Sicherheit angestrebt, deshalb rangieren Selbstbehauptung, Minderwertigkeitskomplexe (ihre Überwindung), Entfaltung der Fähigkeiten im Interesse ganz oben. Eigenartigerweise stehen die Verursacher der Angstprobleme, die Erziehungssituation und die Gesellschaftsstruktur in der Interessenskala unten. Man ist also weniger an Informationen über die Ursachen der falschen Erziehung und kranken Gesellschaftsstruktur interessiert, sondern ganz egoistisch zunächst einmal daran, wie man sich selbst besser durchsetzen kann, Angst und Minderwertigkeitskomplexe überwindet und die eigenen Fähigkeiten entfaltet.

Ich glaube, dass die Erziehung und die Gesellschaftsstruktur nicht als zentraler Verursacher der eigenen Probleme verstanden werden. Die meisten suchen die Schuld bei sich selbst. Ihre Schuld sehen sie dann, dass ihnen der Mut zur Selbstbehauptung fehlt und sie unter Ängsten und Minderwertigkeitskomplexen leiden. Die Ängste und Minderwertigkeitskomplexe können jedoch erst dann wirklich beseitigt werden, wenn die Erziehung keine Angst mehr erzeugt und die Gesellschaft human ist, sodass kein Grund zur Angst besteht.

Die herrschenden Kräfte der Gesellschaft setzen die Angst als ein Mittel ein, um den Menschen gefügig zu machen und ihn zu beherrschen. Der Psychologe Dieter Duhm analysierte die gesellschaftlichen Bedingungen der Angst ausführlich in seinem Buch «Angst im Kapitalismus[2]». Die wichtigsten gesellschaftlich bedingten Angstquellen werden von ihm ausführlich beschrieben: zum Beispiel die bestehenden Herrschaftsstrukturen, der Warencharakter der menschlichen Beziehungen, die Entfremdung als Lebensform, das Leistungsprinzip als Quelle der Angst, das Konkurrenzprinzip, die Kleinfamilie, die herrschende Sittenlehre, Sexualethik, Arbeitsethik und Eigentumsethik, die Reproduktion der Angst in der Schule und Kirche, Angst durch die Klassenzugehörigkeit und das Statusdenken. Wer sich für die gesellschaftlich bedingten Hintergründe der Angstentstehung interessiert, dem empfehle ich dieses Buch sehr.

Betont sei, dass diese Kritik unserer kapitalistischen Gesellschaft nicht von einem «typischen Marxisten» verfasst wurde. Also kein Grund für Rechtsstehende, diese Lektüre zu vermeiden. In einem Brief teilte mir der Autor mit: «Als Diplom-Psychologe und promovierter Soziologe gab ich im Sommer 1974 meine Lehrtätigkeit an der Hochschule auf, weil ich an den gegenwärtigen (bürgerlichen und marxistischen) Wissenschaftsbetrieb keine Zugeständnisse mehr machen wollte.»

Gesellschaftskritik sollte also nicht, wie ich es oft erlebe, spontan mit Marxismus assoziiert und dann ideologisch abgewertet werden – auch das ist eine Angstabwehr. Als der CDU-Bundestagsabgeordnete Herbert Gruhl sein gesellschaftskritisches Buch «Ein Planet wird geplündert» vorlegte, wurde als Sensation empfunden, dass diese radikale Gesellschaftskritik von einem CDU-Mann kommt. Das Aufkleben ideologischer Etiketten steht der Wahrheitsfindung als bequem empfundene Angstbarriere im Wege.

*Die Anpassung*

«Immer mehr Menschen haben das Gefühl, dass sie keine Zweifel hegen, keine Probleme haben, keine Risiken auf sich nehmen, dass sie sich also immer ‹sicher› fühlen sollten», schreibt Erich Fromm[3]. Sie versuchen, der Angst vor dem Zweifel, den Problemen, den Risiken zu entgehen, indem sie sich anpassen. Sie glauben, wenn sie alles richtig machen im Sinne der Normen ihrer Gesellschaftsschicht, Berufs- und Altersgruppe, dass dann das Glück gewonnen wird und die Angst gebannt ist.

Wer keinen Zweifel aufkommen lässt und kein Risiko der Selbstfindung eingeht, sondern sich dem Diktat der anonymen Autorität fügt, fühlt sich relativ sicher und unangefochten. Für diese Sicherheit zahlt er jedoch den Preis der Anpassung, die Verhinderung der Individualisierung und den Verlust an innerer und äußerer Freiheit.

Die Anpassung an die Forderungen der zunächst konkreten Autorität ist die Anpassung an das Diktat der Eltern; hier beginnen alle Abwehrmechanismen erstmals in Funktion zu treten. Die konkrete Autorität wird mit zunehmendem Alter immer anonymer und unerkannter. Die verhinderte Individualisierung, die einmal als Kind schmerzlich empfunden wurde, wird mit zunehmendem Alter immer weniger bewusst als ein Verlust registriert, bis sie schließlich sogar zu einem abzuwertenden Übel wird.

Einem fünfunddreißigjährigen kaufmännischen Angestellten in leitender Funktion stellte ich in einer Beratungsstunde die Frage: «Wie denken Sie darüber ganz individuell, unabhängig von der Meinung der Wissenschaftler und Politiker?» Er antwortete: «Meine individuelle Meinung spielt keine Rolle, wichtig ist doch, dass ich die herrschende Meinung kenne und vertrete.» Ich antwortete: «In welchem Bereich würden Sie Ihre Individualität gelten lassen?» Seine Antwort: «Ich bin gegen Individualität und vertrete keinen Individualismus. Der ist überholt und gehört in das Zeitalter der Romantik. Wir leben heute in einem technischen

15: «So möchte ich aussehen»

Zeitalter. Individualität ist für mich mit Irrtümern und Fehlern behaftet.»

Ich gab zu bedenken: «Dann wollen Sie möglichst wenig Individualität ausprägen, sondern perfekt im Sinne eines vorbildhaften Menschenbildes funktionieren? Können Sie mir das näher erklären?» Er antwortete: «Das ist richtig. Mein Ideal ist der tüchtige, gut funktionierende Manager, der seine Entscheidungen rational trifft, ohne individuelle Gefühlsduselei. Das Individuelle muss da ganz draußen bleiben. Wichtig sind objektive Fakten und Anpassung an die objektiven Gegebenheiten.»

In dieser Antwort wurde deutlich, welchen Einfluss eine anonyme Autorität (nämlich die technische Zivilisation und das Managerideal) auf diesen leitenden Angestellten ausübte. Er versuchte, seine Individualität einem Menschenbild zuliebe, dem er bereit war, sich unterzuordnen und anzupassen, aufzugeben. Für ihn war Individualität ein altmodisches Übel, das in seine «moderne» Persönlichkeitsstruktur nicht hineinpasste. Individualität weckte Angstgefühle in ihm, weil sie mit der Möglichkeit des Irrtums behaftet ist. Dass das funktionstüchtige Menschenbild, dem er nachstrebte, ein Irrtum sein könnte, wurde von ihm abgewehrt, auch hierbei entstand Angst.

Die meisten Menschen streben die Anpassung an ein Menschenbild an, das je nach Geschlecht, Alter, Beruf und Gesellschaftsschicht variiert. Nur selten bekennt sich ein Mensch zur Individualität seiner eigenen Person und vermag zu sagen: «Ich bin ich», unabhängig von einer herrschenden Meinung, Moral, Norm oder Rolle.

*Weg in die kollektive Neurose*

Der Weg in die kollektive Neurose ist vorgezeichnet. Durch das Sicherheitsbedürfnis und die Angstvermeidung wird die Anpassung an die konkrete und anonyme Autorität aktiv angestrebt. Das Individuum versucht in einem kollektiven Sozialcharakter aufzugehen, es versucht, sich mit Gewalt in den Kollektivcharakter hineinzuzwängen.

Wer es geschafft hat, bewertet seine Mitmenschen danach, ob sie den «richtigen» Kollektivcharakter besitzen oder nicht. Jeder, der sich anpassen will, wird eines Tages zum Richter über andere, zum Prokrustes, der die Mitmenschen in das immer gleiche Bett einpasst. Waren dem Prokrustes die Beine zu lang, wurden sie abgeschnitten, waren sie dagegen zu kurz, so wurden sie gestreckt.

Das psychische Prokrustesbett ist für die Mehrzahl der Menschen mit großen seelischen Qualen verbunden, auch wenn es »freiwillig» angestrebt wird wie bei dem zitierten Angestellten. Die Qual liegt in der psychischen Erkrankung, wenn die Individualisierung unterdrückt wird und der Mensch fühlt, dass mit seiner Person und seinem Leben «etwas nicht stimmt».

Die Konformität soll zwar Angst vermeiden und Sicherheit bringen, aber sie erzeugt auch wieder neue Angst, wenn die Anpassung nicht perfekt gelingt. Aus Angst wird der Perfektionismus der Anpassung ins Auge gefasst. Diese gelingt jedoch nur in den seltensten Fällen, sodass eine neue Angstquelle gegeben ist, die anderen mögen entdecken, dass hier und dort die Anpassung noch nicht perfekt ist.

Völlig in ihre Rolle angepasste Menschen findet man häufig in gehobenen Positionen, wo die Anpassung mit begehrten Prämien, Statussymbolen, hohen Gehältern, Privilegien und Prestige honoriert wird. Diese fast perfekt an ihre Rolle angepassten Manager und Politiker wirken selbstsicher und angstfrei. Nur ein geschulter Beobachter erkennt an feinen Betonungen ihrer Über-Selbstsicherheit die Unsicherheit und die hinter der angepassten Fassade verborgene Angst. Sie entwickelten eine Technik, diese Angst zu überspielen, indem sie meisterhaft die Flucht nach vorne antreten. Ihre aufgesetzte Arroganz und überhebliche Selbstsicherheit verrät die lauernde Angst, die überspielt werden muss. Echte Arroganz ist sich dagegen ganz sicher, sie bedarf keiner aufgesetzten Allüren, sie ruht blasiert in sich selbst.

Der Weg in die kollektive Neurose wird durch neurotische Vorbilder, die wegen ihres Auftretens und ihrer Macht bewundert werden und zur Nachahmung anregen, begünstigt. Neurotische Autoritäten erzeugen neurotische Untertanen, die freiwillig in das Prokrustesbett ihrer Vorbilder schlüpfen wollen.

Der Weg in die kollektive Neurose ist durch die ersten drei beschriebenen Lebenslügen vorgezeichnet. Die Verhinderung der Individualisierung, die Selbstmanipulation und die vermeintliche Sicherheit durch Unfreiheit und Anpassung führen zwangsläufig in die Neurose. Die psychische Krankheit ist zur Norm geworden. Nur wer sich weigert, im Sinne der Norm normal zu sein, hat noch eine Chance, seine Seele zu retten.

*Alternativen*

Die zivilisierte Gesellschaft geht weiter den Weg in die kollektive Neurose. Der Neurotisierungsprozess nimmt in der Bevölkerung ständig zu. Um diesen Prozess aufzuhalten, ist eine umfangreiche Sozialtherapie nötig. Die Stimme der Psychologen und Psychotherapeuten müsste endlich an politischem Gewicht gewinnen. Davon sind wir jedoch noch weit entfernt.

Es herrscht die Auffassung, der Einzelne müsste sich um sein persönliches psychisches Glück eben selbst kümmern. Wenn er psychosomatisch erkrankt, dann sei dies seine individuelle Schuld und nicht die Schuld der Gesellschaft, er benötige einen Psychotherapeuten, um sich wieder für diese Gesellschaft fit zu machen. Die Therapiebedürftigkeit des Patienten «Gesellschaft» wird nicht ernsthaft diskutiert.

Die Analyse der Entstehung der ersten drei Lebenslügen hat deutlich gezeigt, dass der Mensch in dieser Gesellschaft in die Lebenslüge hineingetrieben wird und dass seine psychische Deformation und Verkrüppelung nach psychischen Gesetzmäßigkeiten abläuft. Dieses Wissen ist für den Einzelnen von Schuldgefühlen entlastend: Er erkennt, dass sein Leiden und sein psychisches Elend gesellschaftlich bedingt sind, also nicht nur Einzelschicksal ist, sondern ein Massenphänomen. Die Entlastung von dem Gefühl, individuell versagt zu haben, fördert die Bereitschaft, an der Neugestaltung des eigenen Lebens und der Gesellschaft zu arbeiten. Dieses Buch soll in erster Linie diese Aufklärungs- und Entlastungsfunktion haben. Es soll die Verfangenheit in den Abwehrmechanismen und Lebenslügen offen legen und zu ihrer Überwindung anregen.

Die dritte Lebenslüge ist die Verfangenheit im Sicherheitsdenken auf Kosten der individuellen Freiheit. Die Angst vor der Unsicherheit und Freiheit sollte abgebaut werden. Dadurch wird ein Gewinn an autonomer Persönlichkeitsentwicklung erreicht.

– Versuchen Sie, sich von dem Sicherheitsdenken zu lösen, und leben Sie aus dem Augenblick der jeweiligen gegenwärtigen Situation heraus. Nur im Hier und Jetzt ist das Leben vollständig da. Die Freiheit des Augenblicks sollte also stets bewusst erlebt werden. Erich Fromm hält das für eine wichtige Aufgabe der Reifung: «Die psychische Aufgabe, die ein Mensch sich setzen kann und muss, ist nicht, sich sicher zu fühlen, sondern Unsicherheit ohne Panik und unziemliche Furcht zu ertragen.»[4]
– Betrachten Sie Regeln, Normen und Programme als etwas Fremdes und künstlich Erzeugtes, als Spielregeln in einem Gesellschaftsspiel, aber nicht mehr. Diese Spielregeln werden jedoch sehr ernst genommen, weil ihre Nichteinhaltung mit Angst verbunden ist, teilweise auch mit Sanktionen von Seiten der Autoritäten.
– Die Angst kann überwunden werden, wenn die Individualität zurückgewonnen wird. Die Autonomie der Persönlichkeit ist nur durch Bekenntnis zur Individualität möglich. Dieses Bekenntnis ängstigt, weil die Anpassungsnormen dabei gesprengt werden müssen. Die Anpassung bietet Schutz, während die Individualität ein unsicheres Gefühl des Ausgeliefertseins vermittelt – zunächst. Je mehr Individualität der Einzelne zurückgewinnt, umso stärker wird sein Zutrauen zur eigenen Person. Der Individualisierungsprozess (weg von der Anpassung) kann nur schrittweise erfolgen. Er ist ein mühsames Ringen um mehr und mehr persönliche Freiheit. Aus Fremdbestimmung muss stückweise Selbstbestimmung werden – gegen die skeptische Bewertung der bisherigen Bezugspersonen.
– Freiheit der Individualität ist die Unabhängigkeit von der Auf- oder Abwertung der bisherigen Bezugspersonen. Damit ver-

bunden ist Unabhängigkeit von den Erfolgs- oder Misserfolgscharakterisierungen. Der Erfolg ist die wiedergewonnene Freiheit – unabhängig von materiellen Prämien der Gesellschaft und Prestigesymbolen. Die wiedergewonnene Freiheit zählt mehr als zum Beispiel eine Gehaltserhöhung. Erst nach der Aufgabe des Sicherheitsdenkens und der neurotisierenden Geborgenheit in der Anpassung ist die psychische Gesundheit möglich.
- Die Wiedererlangung der persönlichen Freiheit im Hier und Jetzt kann nur gelingen, wenn die ersten beiden Lebenslügen überwunden sind und mit der dritten Lebenslüge auch die folgenden fünf Lebenslügen aufgegeben werden.

# Vierte Lebenslüge

*«Jeder ist sich selbst der Nächste.»*

> «Welches ist die Beziehung des modernen Menschen zu seinem Mitmenschen? Es ist die zwischen zwei Abstraktionen, zwei lebenden Maschinen, die einander gebrauchen. Der Arbeitgeber nützt den Arbeitnehmer aus; der Handelsmann seine Kunden. Jedermann ist ein Gebrauchsgegenstand für irgendwen; jeder ist mit einer gewissen Freundlichkeit zu behandeln, denn auch wenn er uns heute noch zu nichts nütze ist, so kann er es später einmal werden.»
>
> *Erich Fromm*

Der Egoismus wird in Seminaren für Führungskräfte als Taktik für den Berufserfolg gelehrt. Die berühmteste Erfolgslehre ist der Machiavellismus nach dem Florentiner Niccolo Machiavelli (1469 bis 1527). In dem Werk «Il Principe» stellte er die Staatsraison und absolute Herrschaft über moralische Grundsätze und vertrat eine rücksichtslose Macht- und Erfolgspolitik.

Das staatspolitische Denken Machiavellis wurde zu einem individualpsychischen Konzept umfunktioniert. Jeder angepasste, ehrgeizige Aufsteiger möchte ein kleiner Machiavelli werden und seinen Machteinfluss rücksichtslos vergrößern. Die Machiavelli-Persönlichkeitsstruktur zeigt folgende Merkmale:

Gefühle werden zurückgedrängt, und das persönliche Auftreten wird so weit als möglich emotionslos gehalten, damit keine Regung etwas über die vorgesehene Taktik verrät.
Der Mitmensch wird als ein objektartiges Subjekt auf einem Schachbrett angesehen. Er wird emotionslos, mitleidslos, unabhängig von moralischen Bedenken manipuliert. Ein Anlei-

tungsbuch von Josef Kirschner trägt in diesem Sinne den treffenden Titel «Manipulieren – aber richtig».[1] Dieses Buch stand 1974, wie nicht anders zu erwarten, auf der Spiegel-Bestsellerliste.

Moralische Bedenken spielen für den Machiavellisten keine Rolle, weil nur der erreichte Erfolg zählt, auch wenn er mit Selbstbetrug und Lüge zustande kommt.

Wichtig ist die realistische und «knallharte» Realitätsangepasstheit. Die einzig gültigen Idole sind Macht und Erfolg. Der Machiavellist macht sich keine Gedanken über die Verbesserung der Gesellschaft, sondern versucht, von Missständen und Schwächen der Mitmenschen und der Gesellschaft (zum Beispiel Gesetzeslücken) «legal» zu profitieren.

Es zählt einzig und allein das konkret Machbare, das einen persönlichen Vorteil bringt, auch wenn andere dabei einen Nachteil erleiden.

Der typische Machiavellist versucht Durchsetzungsvermögen – wie er es versteht – zu trainieren, er tritt selbstbewusst, diplomatisch, emotionskontrolliert und freundlich-distanziert auf.

In Amerika ist der Machiavellismus bei Managern sehr populär. Die Cornell's Graduate School of Business & Public Administration lehrt die rücksichtslose Karrieretechnik in «Machiavelli-Seminaren». Auch in Europa laufen fast alle Managerschulungen auf das Machiavelliprinzip hinaus, obwohl der Name des Florentiners unter anderen wohl klingenden Bezeichnungen verborgen wird.

Nicht nur Manager handeln machiavellistisch, sondern natürlich (Machiavellis eigentliche Domäne) vor allem Politiker und Staaten – ebenso wie die alten kapitalistischen Länder die Entwicklungsländer der Dritten Welt. Über Brasilien schrieb «Der Spiegel» 1972: «Rigorose Drosselung der Löhne und krasse Konzentration des Einkommens gehören zur Entwicklungsstrategie des Finanzministers António Delfim Netto, 43, der seit 1967 Brasiliens ‹Wunder› managt. ‹Unser Kapitalismus kennt keine Scham›, prahlte der ehemalige Ökonomieprofessor (Netto\*) an der Universität São Paulo.»² Eine Wirtschaft, die keine Scham kennt, handelt typisch machiavellistisch.

Der Egoismus ohne Scham gilt für das Individuum, die Gruppe mit gleichen Interessen, das Wirtschaftsunternehmen, die Partei, die Länderregierung, den Staat, die Verteidigungsgemeinschaft, die erste, zweite, dritte und vierte Welt. Der Machiavellismus durchzieht alle Lebensbereiche, er trennt die Geschlechter, isoliert die Schüler und lässt die Unterprivilegierten resignieren. Jeder kämpft letztlich gegen jeden und wird von allen bekämpft und manipuliert. Selbst in einer Interessengruppe ist (zwar für ein gemeinsames Ziel) jeder ein isolierter Einzelkämpfer.

Die Mehrheit der Bevölkerung resigniert und versucht, sich bestmöglich anzupassen. Eine Umfrage des sozialwissenschaftlichen Forschungsinstituts der Konrad-Adenauer-Stiftung ergab folgende Wunschliste von Industriearbeitern für das Jahr 1976:

| | |
|---|---|
| Sicherung des Arbeitsplatzes | 73 Prozent |
| Höhere Löhne | 11 Prozent |
| Bessere Arbeitsbedingungen | 6 Prozent |
| Mitbestimmung | 5 Prozent |
| Vermögensbeteiligung | 5 Prozents |

Zwei Drittel der Arbeitnehmer wünschen sich vor allem, dass sie ihren Arbeitsplatz behalten können, und nur insgesamt sechzehn Prozent erhoffen sich bessere Arbeitsbedingungen, mehr innerbetriebliche Mitbestimmung und Beteiligung am Vermögen, das sie gemeinsam erarbeiten. Sie entwickeln keine Zukunftsperspektiven, um ihre Lage zu verbessern, da sie froh sind, wenn sie überhaupt ihren Arbeitsplatz behalten können. Bessere Arbeitsbedingungen, Mitbestimmung und Vermögensbeteiligung erscheinen ihnen als Luxus. Das Umfrageergebnis zeigt ganz deutlich, wie die

\*Anmerkung des Verfassers

Angst um den elementaren Arbeitsplatz den Kampf um mehr Gerechtigkeit und Selbstentfaltung ins Utopische verweist. Die Manipulation der Arbeitnehmer, mit Hilfe der Angst, funktioniert – ein Erfolg des Machiavellismus der Arbeitgeber und Politiker.

Die Befreiung von der Manipulation, der Kampf der Unterdrückten, dient dem Egoismus des Einzelnen – aus der Sicht der Herrschenden. Aufbegehren gegen die Unterdrückung und die Suche nach mehr Gerechtigkeit, humaneren Arbeitsbedingungen, Mitbestimmung und Vermögensbeteiligung ist moralisch berechtigt. Der Egoismus der Unterdrückten gegenüber ihren Unterdrückern ist kein moralisch verwerflicher Egoismus. Wer seine Freiheit anstrebt und seine berechtigten eigenen Interessen vertritt, handelt moralisch-egoistisch, er fordert allerdings den Machiavellismus seiner Gegner heraus.

Wenn der Unterdrückte zum Machiavellisten wird, handelt auch er unmoralisch egoistisch. Die berechtigte Interessenvertretung der Unterdrückten heiligt nicht die machiavellistischen Mittel. Daran sind die meisten Revolutionen gescheitert. Die Revolutionäre praktizierten meist den gleichen Despotismus wie die Herrschaftsgruppen, gegen die sie sich zur Wehr setzten. Sie unterlagen den gleichen Abwehrmechanismen wie ihre Gegner, anstatt zu überzeugen, manipulierten sie. Die erfolgreiche Revolution kann deshalb nur von innen kommen, aus einem korrigierten Bewusstsein, Denken und Fühlen. «Wir wollen Menschen sein schon vor der Revolution, sonst wird sie unmenschlich[4]», fordert der Soziologe Dieter Duhm. Und der Futurologe Robert Jungk schreibt: «Nun ist eine humane Revolution mit Blut und Gewalt ein Widerspruch in sich. Eine humane Revolution muss menschlich bleiben. Und darum meine ich eben, dass sie auch in der Methode anders sein muss. Selbst wenn das etwas länger dauert. Auch die Gesellschaftsveränderer müssen lernen, langfristig zu denken und zu planen.»[5]

Die Psyche muss von der Deformierung, Verkrüppelung und Lebenslüge befreit werden, denn sonst liegt das sadistisch-destruktive Potenzial bereit, sich in den Dienst der Revolution zu stellen, um neue inhumane Zustände zu schaffen. Nur durch konsequente Arbeit an der Psyche, Bewusstseinskorrektur und Abbau der Abwehrmechanismen und Lebenslügen kann die humane Gesellschaftsveränderung gelingen. Je mehr Menschen psychische Gesundheit anstreben, umso gewalt- und destruktionsfreier gelingt der Übergang in eine neue humane Sozialstruktur.

*Ego-Zentrierung*

Der Egoismus wurde im Sinne eines machiavellistischen Denkens negativ gewertet. Um diesen negativen Egoismus von der positiven Bezogenheit auf das eigene Ego zu unterscheiden, nenne ich dieses normale Verhalten Ego-Zentrierung. Gemeint ist damit, dass jedes Lebewesen einen berechtigten Selbsterhaltungsdrang besitzt und sein Leben zur Entfaltung bringen will. Eine Behinderung dieser gerechtfertigten Selbstentfaltung weckt die Kräfte der Ego-Zentrierung, um die Selbstentfaltung durch verstärkte Anstrengungen und möglicherweise auf Umwegen doch noch zu schaffen.

Die Ego-Zentrierung ist legitim, da es ein Grundgesetz des Lebens ist, ohne Behinderung, Unterdrückung oder psychische Verkrüppelung auszureifen und das eigene Leben zur Entfaltung zu bringen. Zunächst führt die Ego-Zentrierung zu verstärkten Anstrengungen, die eigene Persönlichkeit gegen die auftretenden Hindernisse zu behaupten. Es entstehen Trotz, Auflehnung und Rebellion gegen die Autoritätspersonen. Die von den Erziehungswissenschaftlern ermittelten «Trotzphasen» lösen das Problem nicht, und die Ego-Zentrierung bleibt über die Pubertät hinaus bestehen. Sie mündet in eine konformistische Anpassung (aus Resignation und Identifikation mit dem Aggressor) oder seltener in die Rebellion. Die Rebellion hat viele Erscheinungsformen. Statt der Vorbilder werden Gegenbilder angestrebt, oder die Vorbilder bleiben bestehen, aber es werden kriminelle Wege gesucht, oder der Gesellschaft wird durch Terror der Kampf angesagt. «Macht kaputt, was euch kaputtmacht» – nicht im reformistischen, sondern im destruktiven Sinne.

Die Ego-Zentrierung ist auch in der konformistischen Anpassung weiter wirksam. Der Konformist entwickelt sich zu einem Opportunisten und schließlich zu einem Machiavellisten. Er sucht als Einzelkämpfer aus der Anpassung heraus seine Selbstverwirklichung zu gewinnen, indem er andere zu überflügeln versucht, in Konkurrenz zu seinen Mitmenschen tritt und sich extrem egoistisch anstatt solidarisch verhält.

Die Ego-Zentrierung ist in ihrem Grundprinzip positiv zu werten, weil sie im Dienst des Lebens steht. Sie versucht, die psychische Gesundheit und Selbstentfaltung voranzutreiben – der Einzelne stellt jedoch resigniert fest, dass seine Anstrengungen ihn meist dem Ziel der psychischen Gesundheit nicht näher bringen. Er kommt dann zu dem verbitterten Standpunkt: «Was gehen mich die anderen an? Jeder ist sich selbst der Nächste und muss sehen, wie er weiterkommt. Mir hilft auch niemand – ich musste mir alles hart erarbeiten. Wenn es darauf ankommt, ist jeder allein. Die Hauptsache ist, dass es mir und meiner Familie gut geht, alles andere geht mich nichts an. Dieser Lebenskampf bleibt niemandem erspart.»

Redewendungen dieser Art kann man täglich hören, von resignierten Menschen, die ihre Hoffnung auf eine «bessere Welt» aufgegeben haben. Sie praktizieren den Abwehrmechanismus der Ohnmachtserklärung und erklären die Missstände, unter denen sie leiden, zum Naturgesetz: «Das ist eben so, daran lässt sich nichts ändern.»

Dieses Denken perpetuiert die bestehenden Verhältnisse und vergällt die Bemühungen um mehr Solidarität und Humanität. Wenn die Hoffnung verschüttet ist, werden Sozialreformer und Psychotherapeuten mit ihren Vorschlägen einfach zu Spinnern und Utopisten erklärt.

## Vom Egoismus zum Gemeinschaftsgefühl

Wer in seiner Selbstentfaltung und autonomen Persönlichkeitsentwicklung behindert wird, wer sich fremdmanipuliert fühlt und sich in einen Charakterpanzer zwängt, seine Gefühle unterdrückt und trotzdem von Mitmenschen schlechte Zensuren erhält, fühlt sich frustriert. Die Frustration kann unterschiedlich verarbeitet werden und erzeugt meist den Zwang, sie an Mitmenschen weiterzugeben. Mit der weitergegebenen Frustration ist die Sache nicht erledigt, denn der frustrierte Mensch gibt die empfangene Frustration gleichfalls wieder aggressiv weiter. So entsteht eine Frustrationskette ohne Ende, die sich mehr und mehr verstärkt und in einem Kreisprozess wieder als Bumerang zurückkommt.

Die Weitergabe der Frustration ist eine Aggressionsart, die nicht angeboren ist, sondern nach dem Gesetz auftritt: «Frustration erzeugt frustrierende Aggression.» Die Frustrationsspirale muss in ihrer Aufwärtsbewegung gestoppt werden, damit die Frustrationen in der Gesellschaft nicht weiter zu-, sondern abnehmen. Dies ist eine Aufgabe der sozialen Psychohygiene, die niemand gelernt hat. In einer trotzig machiavellistisch orientierten Gesellschaft gehört die Weitergabe der Frustrationen zur Regel, weil dieses soziale Verhalten dem Einzelnen eine kurze Befriedigung gibt; es ist eine Befriedigung, die in die sadistisch-destruktive Charakterstruktur gehört.

Der biophile, lebensbejahende Mensch nimmt eine Frustration entgegen und reagiert sich nicht destruktiv am Mitmenschen ab, sondern verarbeitet sie zum Beispiel im Gespräch mit Bezugspersonen. Dies ist eine Therapie, die besser entlastet als die Weitergabe der Frustration, die zusätzlich Schuldgefühle weckt.

Der Mensch kann psychisch nur gesund werden, wenn er sich nicht mehr isoliert als Einzelkämpfer sieht, sondern Solidaritätsgefühl zu seinen Mitmenschen entwickelt. Zu dieser Solidarität gehört auch, dass Frustrationen des Einzelnen in der Gemeinschaft Aufmerksamkeit und Diskussionswürdigkeit finden. Die private «Gesprächstherapie» in einer Gruppe (zwei Personen sind schon eine Gruppe) kann die Frustration entschärfen. Es muss allerdings das Bedürfnis da sein, Frustrationen auf diese friedliche Weise abzubauen.

Es ist berechtigt, sich gegen einen Aggressor zu wehren, allerdings in einer aggressionsfreien (nicht destruktiven), konstruktiven Haltung. Wer sich gegen frustrierende Aggressionen nicht wehrt, macht sich mitschuldig an der Zerstörung des menschlichen Lebens.

Die meisten Personen, die sich von mir psychisch beraten lassen, kommen in der Absicht, durch die Therapie Frustrationen besser ertragen zu können und ein «dickeres Fell» zu bekommen. Ihr dünnes Fell aber ist gerade ein Zeichen für ihre Gesundheit, denn ihre Leidensfähigkeit zeigt, dass sie noch nicht abgestumpft sind und sich gedankenlos mit der Frustrationsweitergabe begnügen. Die meisten psychisch Leidenden zeigen mit ihren Symptomen, dass sie ein moralisches, humanes Potenzial haben, das überangepasste Egoisten nicht mehr besitzen. Diese Egoisten denken nicht mehr moralisch, sie leiden deshalb auch weniger bewusst psychisch, da sie sich skrupellos durchzusetzen versuchen, sie teilen nach allen Seiten Schläge aus, ohne jedes Gemeinschaftsgefühl, und sie besitzen keine Krankheitseinsicht in ihr pathologisch destruktives Verhalten. Auch im Magengeschwür und anderen psychosomatischen Symptomen können sie meist keine psychische Verursachung sehen.

*Alternativen*

Wer in die Psychotherapie kommt, möchte meist so werden wie all die andern – nur etwas tüchtiger. Er sucht Tipps, das Leben besser zu bewältigen, ist aber zunächst nicht bereit, sich vom Bild des gut funktionierenden, egoistischen Konformisten zu lösen. Und tatsächlich gibt es ja viele Psychologen, Psychiater und Psychotherapeuten, die nach diesem Anpassungsprinzip therapieren.

Nach meiner Auffassung besteht die Aufgabe des Therapeuten darin, die psychische Widerstandskraft des Patienten zu stärken, damit er Mut fasst, seine Individualität nicht mehr zu verleugnen, sondern sie zu offenbaren und zu entfalten. Die meisten Patienten fühlen sich dazu zu schwach, sie suchen zwar sich selbst, misstrauen aber ihrer Individualität und ängstigen sich vor ihr. Die Ego-Zentrierung der Individualisierung und Selbstfindung kann psychotherapeutisch voll unterstützt werden, nicht jedoch die Absicht, durch die Therapie andere Menschen besser zu beherrschen und selbst mächtiger über Mitmenschen zu werden. Dieses destruktiv-egoistische Denken wird in der Therapie abgebaut und solidarisches Denken aufgebaut.

16: Ist die Couch des Therapeuten ein Prokrustesbett?

Das bedeutet nicht, dass ein psychisch gesunder Mensch, der solidarisch handelt und seinen opportunistischen Egoismus aufgibt, in der Gesellschaft zu einem Versager wird. Es ist bezeichnend für das machiavellistische Erfolgsdenken, dass dieses Argument meiner Therapievorstellung immer wieder entgegengehalten wird, sowohl von Seiten der Ratsuchenden wie auch von außenstehenden Kritikern.

Der egoismusfreie, kooperativ denkende Mensch wird von der egoistisch orientierten Umwelt mit Sympathie aufgenommen, einmal weil er einfach wohltuend wirkt, aber natürlich auch, weil man glaubt, durch seine Gutmütigkeit leichtes Spiel mit ihm zu haben. Kooperatives Verhalten heißt jedoch nicht, dass man bereit ist, sich ausnutzen zu lassen.

Im Gegenteil verlangt der egoismusfreie Mensch, dass ihm gleichfalls kooperativ und solidarisch begegnet wird. Dass dies oft nicht der Fall ist, ist kein Versagen seines Verhaltens, sondern ein Versagen der Umwelt. An diesem konkreten Versagen setzt er natürlich täglich den Hebel an. Die Widerstandskräfte für diesen Kampf gibt nur eine psychologische Erkenntnistherapie. Er handelt dann nicht nach dem Motto «Ich bin mir selbst der Nächste», sondern «Wer Unterdrückung und Unrecht hinnimmt, setzt sich selbst ins Unrecht». Er wehrt sich gegen den Egoismus der anderen nicht nur für sich selbst, sondern er wehrt sich für alle anderen Unterdrückten mit.

Es ist Unsinn, wenn behauptet wird, dass sich in unserer Gesellschaft nur der Machiavellist gegen einen Machiavellisten behaupten könnte, dass man also selbst Egoist werden müsste, um sich nicht unterkriegen zu lassen. Solidarisches Handeln ist im Alltag allerdings sehr schwer, weil egoistisches Denken in Fleisch und Blut übergegangen ist und kooperatives Verhalten nicht gelernt wurde. Die Gesellschaft bietet mit ihrer Statusstruktur einen hohen Aufforderungscharakter, den machiavellistischen Egoismus als Durchsetzungstechnik auszuprägen.

# Fünfte Lebenslüge

*«Die Menschen sind nicht gleich,
es gibt Rang- und Wertunterschiede.»*

> «Die Konzentration in den Städten kennt als vereinbarten Preis nicht mehr die Herrschaft über einen Raum, sondern über die Mitmenschen. Das ist jener unerbittliche Status- und Konkurrenzkampf, den die Tiere tunlichst vermeiden.»
>
> *Robert Ardrey*

Der Mensch besitzt elementare Bedürfnisse, die in fünf Stufen aufeinander aufbauen.

**Stufe 1**
*Physiologische Grundbedürfnisse* wie Sauerstoff, Hunger und Durst.
**Stufe 2**
*Sicherheits- und Schutzbedürfnisse* – Gesundheit, Altersversorgung und Sicherung des Arbeitsplatzes.
**Stufe 3**
*Soziale Bedürfnisse* – berufliche und private Kontakte zum Mitmenschen.
**Stufe 4**
*Ichbezogene Bedürfnisse* – Streben nach Anerkennung, Selbstachtung, Selbstvertrauen und Individualisierung.
**Stufe 5**
*Bedürfnis nach Selbsterfüllung* durch Lebens- und Umweltgestaltung, autonome Selbstentfaltung, Persönlichkeitsausreifung, kreative Selbstverwirklichung.

Diese Bedürfnishierarchie wurde von dem amerikanischen Psychologen Maslow in seinem Buch «Motivation and Personality» erstmals beschrieben.[1] Bleibt eine Bedürfnisstufe unbefriedigt, wird sie als Motivation wirksam. Wurde die Befriedigung erreicht, wird die nächsthöhere Stufe angestrebt. Erst wenn alle Bedürfnisstufen befriedigt werden können, fühlt sich der Mensch wohl und psychisch ausgeglichen.

In den zivilisierten Ländern hat ein großer Teil der Bevölkerung die ersten drei Stufen erreicht. Der berufliche und private Alltag spielt sich auf der vierten Stufe der ichbezogenen Bedürfnisse ab: Streben nach Anerkennung, Status, Prestige und Selbstvertrauen. Die fünfte Stufe wird von einer großen Mehrheit nicht erreicht, da sich ihre Kräfte vor allem im Statuskampf auf der vierten Stufe erschöpfen.

Der Grund für die Konzentration der Kräfte auf den Konkurrenz- und Statuskampf liegt in dem Bewertungssystem der Arbeit und Leistung. Die Schichtung der Bevölkerungseinkommen zeigt beträchtliche Unterschiede. Am schlechtesten stellten sich in der Bundesrepublik 1974 die Rentnerhaushalte: 47,7 Prozent verfügten über ein monatliches Nettoeinkommen von unter 1000 Mark. Arbeiter verdienten im Durchschnitt schlechter in der Einkommensschichtung als Angestellte. Am besten schnitten die Selbständigen ab; über ein monatliches Nettoeinkommen von mehr als 5000 Mark verfügten 29,6 Prozent.

Die Erwerbstätigen (etwa 26 Millionen) in der Bundesrepublik 1974 nach ihrer Stellung im Beruf:

| | |
|---|---|
| Arbeiter | 44,8 Prozent |
| Angestellte | 31,4 Prozent |
| Beamte | 8,1 Prozent |
| Selbständige und mithelfende Familienmitglieder | 15,7 Prozent[2] |

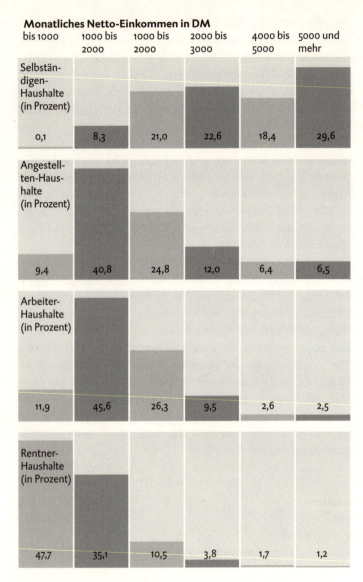

17: Die Einkommensschichtung in der Bundesrepublik 1974

Die Mehrzahl der Arbeiter (71,9 Prozent) und Angestellten (65,6 Prozent) verdiente 1974 zwischen 1000 und 3000 Mark netto monatlich, während über 3000 Mark von 74,6 Prozent der Selbständigen verdient wurden. Die Minderheit der Selbständigen verdient im Durchschnitt mehr als die Mehrheit der Arbeiter und Angestellten. Hinzu kommt für die Selbständigen die größere persönliche Freiheit von Zwängen, denen der angestellte Arbeitnehmer unterliegt. Der Selbständige verdient nicht nur mehr (eine Befriedigung seiner ichbezogenen Bedürfnisse auf Stufe vier der Bedürfnishierarchie), er hat auch zusätzlich bessere Möglichkeiten, die Stufe fünf der Selbsterfüllung und Selbstentfaltung zu erreichen, da er weniger der Fremdmanipulation und Entfremdung unterliegt.

Trotz dieser verlockenden Situation nahmen die Zahl der Selbständigen in den vergangenen 24 Jahren stetig ab. Die Zahl der Beamten und Angestellten hat sich dagegen in diesem Zeitraum fast verdoppelt.

Der Rückgang der Selbständigenzahl lässt sich wirtschaftlich erklären und soll nach Prognosen der Wirtschaftswissenschaftler weiter fortschreiten. Unter psychologischem Aspekt ist diese Entwicklung zu bedauern, da immer mehr Menschen ihre berufliche Selbstbestimmung aufgeben, sich den Zwängen der betrieblichen Organisation unterordnen und starke ichbezogene Bedürfnisse entwickeln. Sie streben nach Anerkennung, Prestige und Statussymbolen in den Organisationen; die Gesellschaft entwickelt sich verstärkt zu einem Konkurrenzsystem, in dem jeder gegen jeden kämpft, um einen besseren Platz in der Statushierarchie zu erreichen. Solidarität und kooperatives Verhalten werden dagegen verworfen, da auf den einzelnen Rangstufen jeder ein möglicher Konkurrent ist.

Auf den Rangstufen vom Hilfsarbeiter bis zum Direktor erhält jeder seinen Platz mit entsprechenden aufsteigenden finanziellen Vorteilen und Statussymbolen.

Die Organisationsstrukturen haben immer seltener die be-

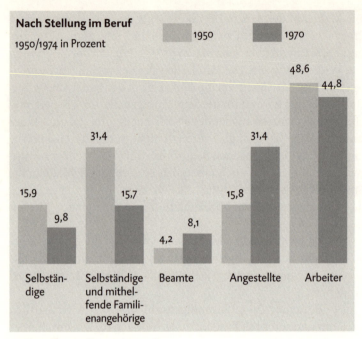

18: Die Selbstständigen nehmen ab

kannte Pyramidenform, sondern sie entwickeln sich in den hoch technisierten Industrieländern zur Cognac-Glas-Form (siehe Grafik nächste Seite):

Rangstufen und Statussymbole werden auch bei der Cognac-Glas-Form erhalten bleiben. Ein wirklicher Fortschritt wird nur erzielt, wenn mit der Veränderung der Organisationsform das Statusdenken abgebaut wird, um die Organisation vor sich selbst zu schützen. Der Soziologe Karsten Trebesch zu diesem Problem: «So werden Personen mit hohem Status in einer Dimension (guter Techniker) auch in anderen Dimensionen (guter Manager) hoch eingeschätzt. Es kommt zu gefährlichen Fehleinschätzungen, die die Überlebenschance von Organisationen schmälern, wie es die Chronik von Organisationszusammenbrüchen zeigt.»[3]

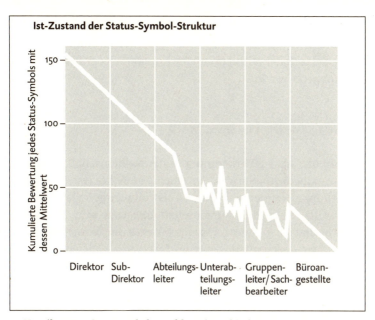

19: Verteilung von Statussymbolen auf den Hierarchieebenen

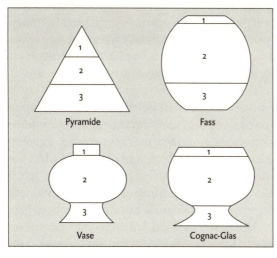

20: Vier verschiedene Organisationsformen
1 = Führungsspitze (Management)
2 = Mittelbau
3 = Ausführendes Personal

*Acht Lebenslügen*

Das Statusdenken muss unabhängig von diesem ökonomischen Aspekt vor allem aus psychologischen Gründen abgebaut werden, damit der mitmenschliche Kontakt wieder freier, offener und kooperativer wird.

*Das Geltungsstreben und Statusdenken*

Das Streben nach Anerkennung in der Gemeinschaft gehört zu den Grundbedürfnissen des Menschen. Er möchte von einer sozialen Gruppe akzeptiert werden und als vollwertiges, gleichberechtigtes Mitglied in der Gemeinschaft integriert sein. In diesem Sinne besitzt jeder Mensch ein angeborenes Geltungsstreben.

In einer Gesellschaft, die jedes Mitglied als gleichwertig betrachtet, also im Vergleich zu anderen nicht auf- oder abwertet, fühlt sich der Einzelne geborgen und akzeptiert – es besteht für ihn kein Grund zu Minderwertigkeitsgefühlen oder Überlegenheitsempfindungen. Da die zivilisierte Industriegesellschaft diese Gleichwertigkeit nicht realisiert, sondern nach dem Statusprinzip ihre Mitglieder in verschiedene soziale Schichten einteilt, wird das Geltungsstreben aufgestachelt. Aus einem berechtigten Geltungsstreben wird ein pervertiertes Statusstreben mit seinen negativen Folgen für den Einzelnen und die Gemeinschaft. Es entsteht eine Rang- und Hackordnung, eine auf Rivalität aufgebaute Sozialstruktur.

Da die meisten in der Gesellschaft weder ganz oben noch ganz unten stehen, nehmen sie einen Zwischenrang ein, auf dem sie ihr Geltungsstreben einerseits von oben gedrückt fühlen, andererseits aber nach unten Minderwertigkeitsgefühle durch Machterlebnisse kompensieren.

Die Statusstruktur vergiftet den mitmenschlichen Kontakt, da nur selten gleichwertige Positionen zu Mitmenschen bestehen. Entweder ist der andere weiter oben, nach dem Halo-Effekt also intelligenter, tüchtiger, fleißiger, reicher, mächtiger, oder er steht weiter unten, nach dem Halo-Effekt dümmer, unqualifizierter, fauler, ärmer und machtloser. Das Statusdenken ist in Fleisch und Blut übergegangen, auch wenn sich ein Mensch als gleichrangig anbietet, wird er ständig abgecheckt: Wo kann ich mehr als er? Welche Informationen habe ich, die er nicht hat? Wer ist der Bessere von uns beiden? Ich bin verheiratet, er aber nicht! Meine Altersversorgung wird höher ausfallen als seine. O Gott, er benutzt ein Fremdwort, das ich nicht kenne!

Dieses Abschätzen der Mitmenschen nach Bewertungen klingt lächerlich, und doch ist es alltägliche Realität. Auf die Feinheiten des variationsreichen Statusgerangels soll hier nicht weiter eingegangen werden, da sie ausführlich in meinem Buch «Statussymbole» dargestellt wurden.[4] Wichtig ist für jeden Einzelnen, dass er seine Gefangenschaft in der Statushierarchie begreift und sich davon zu befreien versucht, indem er sich vom Statusgebaren nicht beeindrucken lässt, aber auch selbst kein Statusverhalten praktiziert.

Gegenüber dieser Auffassung werden viele Einwände erhoben. Einer der häufigsten lautet: Bei Tieren ist das genauso, auch sie haben eine Rangordnung, beispielsweise die Hackordnung der Hühner. Eine ähnliche Hackordnung ist auch beim Menschen biologisch «vorprogrammiert».

Ich wehre mich gegen diesen Tiervergleich, da der Mensch sein Sozialverhalten nicht wie die Hühner im Instinktprogramm bei seiner Geburt mitgeliefert bekommt. Bei manchen Spinnenarten frisst das Weibchen nach der Begattung das Männchen auf; wenn dasselbe unter Menschen vorkommt, käme niemand auf die Idee, hier die Tier-Analogie zu bemühen. Beim Statusverhalten wird der Vergleich mit dem Haushuhn jedoch akzeptiert. Dies zeigt, wie es traditionellem Denken widerspricht, das Statusverhalten und Geltungsstreben als eine Organisationsform zu sehen, die nicht natürlich ist, sondern gemacht ist von Machern, denen dieses Statussystem nützt.

Der Einzelne kann diesem Denksystem nur schwer entfliehen,

21: Hack- und Tretordnung

weil er Rivalität und Rangordnung in einer autoritären Erziehung introjiziert hat und weil er für sich selbst Vorteile sieht, wenn er einen Status erreicht hat, den er absichern möchte. Außerdem kann er in der bestehenden Hierarchie Minderwertigkeitsgefühle an Schwächeren kompensieren. Das pervertierte Geltungsstreben ist eng mit den ersten vier Lebenslügen Fremdmanipulation, Selbstmanipulation, Sicherheitsstreben und machiavellistischer Egoismus verknüpft.

Deshalb erscheint Statusdenken normal und natürlich, obwohl es eine für den Einzelnen und die Gesellschaft schädliche Sozialstruktur schafft. Über die kurzfristigen Vorteile, die das Statussystem bringt, werden die langfristigen Nachteile verdrängt.

Der Glaube an eine statusfreie und bessere Gesellschaft fehlt.

Der WDR besprach das Buch «Statussymbole» in der TV-Büchersendung «Copyright»; der Rezensent zog das letztendlich doch pessimistische Fazit: «Würden wir heute auf alle Statussymbole verzichten, unsere Rangzeichen ablegen und, statt uns gegenseitig zu imponieren, einfach miteinander leben wollen, so würden das morgen auch unsere Kinder tun. Aber übermorgen würde es vermutlich eine neue Rangordnung geben, selbst in einer klassenlosen Gesellschaft. Würde sich diese nicht sehr bald neue Statussymbole schaffen?» Die Gefahr besteht selbstverständlich, aber sie zu bekämpfen ist die Aufgabe einer neuen, statusfreien Gesellschaft, die mehr Gerechtigkeit, Gleichheit und psychische Gesundheit bietet. Dafür lohnt es sich, zu arbeiten und zu kämpfen, um dann «einfach miteinander zu leben».

*Das Gleichheitsproblem*

Der zweite Einwand gegen eine statusfreie Gesellschaft lautet: Die Menschen sind nicht gleich, die einen sind intelligenter, die anderen dümmer. Soll dann jeder gleich angesehen sein und auch gleich viel verdienen? Wer mehr leistet, soll auch mehr verdienen – das ist doch gerecht.

Die Menschen sind tatsächlich nicht gleich, jeder erlernt seine spezifische Individualität in seiner Entwicklung. Es ist ein kleines Stück eigene Individualität seiner Persönlichkeit und ein größeres Stück individuelle Gruppennorm, die er übernimmt und an die er sich – wie beschrieben – mit großem Eifer anpasst, um nicht aus der Norm zu fallen. Jede Gruppe hat ihre eigene Individualität, aber auch ihre eigene Norm, die sie ihren Mitgliedern aufzwingt. Die Familie, die soziale Schichtzugehörigkeit, die Berufsgruppe, die religiöse Gemeinschaft, die Alters- und Geschlechtsrollen vermitteln diese Normen.

Auf der einen Seite wirkt ein großer Normenzwang auf die Gruppenmitglieder, so zu sein wie alle anderen – also ein starker Druck zur Gleichheit. Anderseits vertritt die Gesellschaft als Ganzes eine Verschiedenheitsideologie, vor allem in Bezug auf die Intelligenz, Begabung, Leistung und ihre Bewertung. Intelligenztests haben gezeigt, dass die Intelligenz in der Bevölkerung unterschiedlich verteilt ist. Die Mehrheit (68 Prozent) besitzt eine durchschnittliche Intelligenz, und eine Minderheit ist über- bezie-

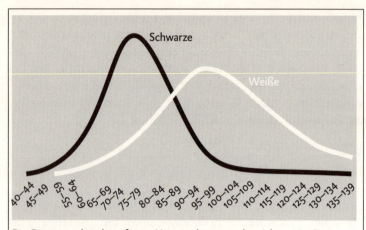

Das Diagramm beruht auf einer Untersuchung aus dem Jahre 1960. Der Durchschnittswert des IQ liegt für Schwarze bei 80, für Weiße bei 102. Proportional unverhältnismäßig mehr Schwarze als Weiße liegen am unteren Ende der Skala, im Bereich der Debilen (leicht Schwachsinnigen).

22: Verteilung des IQ bei Schwarzen und Weißen in den USA

hungsweise unterdurchschnittlich intelligent. Schwarze Amerikaner sind insgesamt weniger intelligent als weiße.

Dieser Unterschied liegt nach meiner Auffassung nicht an der Erblichkeit eines um etwa 15 Punkte im Durchschnitt geringeren Intelligenzquotienten der Schwarzen, wie einige Psychologen in Amerika (Jensen) und England (Eysenck) postulieren, sondern an der verschiedenen Umweltlichkeit der Förderung.

Die Ungleichheit des IQ zeigt sich in der weißen Bevölkerung in den einzelnen Berufsgruppen[6] wie folgt:

| IQ | Berufsgruppen |
| --- | --- |
| 140 | Hohe Beamte, Wissenschaftler und Forscher |
| 130 | Ärzte, Chirurgen, Rechtsanwälte, Ingenieure |
| 120 | Lehrer, Apotheker, Buchhalter, Krankenschwestern, Sekretärinnen, Manager |

| | |
|---|---|
| 110 | Werkmeister, Büroangestellte, Telefonistinnen, Verkäufer, Polizisten, Elektriker |
| 100+ | Maschinenarbeiter, Ladeninhaber, Schlachter, Schweißer, Metallarbeiter |
| 100- | Lagerarbeiter, Schreiner, Köche, Bäcker, Kleinbauern, LKW-Fahrer |
| 90 | Arbeiter, Gärtner, Polsterer, Land- und Bergarbeiter, Packer und Sortierer in Fabriken. |

Die Tabelle zeigt natürlich nur Durchschnittswerte. Die Intelligenten sind in angesehenen Berufen und verdienen mehr als Personen mit einem IQ unter 100. Die Intelligenten steigen aus der Unterschicht leichter in die Mittelschicht auf als die weniger Intelligenten. Daraus jedoch den Schluss zu ziehen, dass dieses sozialdarwinistische Ausleseprinzip deshalb gerecht, weil natürlich sei, ist falsch. Deutlich wird dies vor allem bei den Schwarzen; sie erhalten nicht die gleichen Chancen wie die Weißen, ihre Intelligenz zur Entfaltung zu bringen. So erhalten auch viele weiße Kinder aus Familien der Unterschicht nicht die gleichen Chancen, ihren IQ durch entsprechende Förderprogramme anzuheben. Sie benötigen vor allem Unterstützung ihrer Gesamtpersönlichkeit. Im konventionellen Schulsystem werden sie eher gehemmt, frustriert, deprimiert und verängstigt als gefördert.

Würden Förderprogramme eingesetzt und würde Chancengleichheit wirklich praktiziert, könnten alle Menschen aller sozialen Schichten gleich intelligent sein, sodass der Intelligenz-Quotient einer zivilisierten Bevölkerung um den Mittelwert 130 streuen würde, und neunzig Prozent der Bevölkerung würden zwischen 125 und 135 liegen. Daran sind in unserer Statusgesellschaft vor allem nicht die Privilegierten interessiert, die die politische Macht hätten, die Gesellschaft der gleich Intelligenten zu schaffen.

Dieses pädagogische Ziel wird von vielen als schreckliche Gleichmacherei bezeichnet. Wenn es aber darum geht, dass sich die Menschen an die Normen der Industriegesellschaft anpassen, wird Konformismus und Gleichheit gewünscht, wenn dagegen Gleichheit der Bevölkerung im Status, in den Gehältern und der Intelligenz gefordert wird, dann «kommen die bösen Gleichmacher», die bekämpft werden müssen.

Ich vertrete keine Gleichmacherei im Sinne eines Konformismus, wenn ich fordere, dass die individuelle Persönlichkeit des Einzelnen gefördert werden muss. Wenn Ungleichheit der Individualität möglich werden soll, muss die Gleichheit der Chancen verwirklicht sein. Nur in einer Gesellschaft, in der jeder die gleiche Intelligenzkapazität besitzt und jeder einen gleichwertigen Status hat (keiner steht über und unter dem anderen) und jeder die gleichen finanziellen Möglichkeiten besitzt, kann sich Individualität wirklich frei entfalten, ohne auf- oder abgewertet zu werden.

In einer Statusgesellschaft mit dem Gerangel um einen besser

23: Wenn die Konformisten kommen

bewerteten und honorierten Platz wird die Persönlichkeit korrumpiert und gezwungen, nach Schichtnormen zu handeln. Wer die Normen erfüllt, rückt ein Feld auf, wer sie nicht erfüllt, steigt ein Feld ab.

Soziale Gerechtigkeit schafft zwangsläufig mehr Gleichheit, und nur wo Gleichheit ist, ist auch Freiheit zur Individualisierung gegeben. Gleichheit und Freiheit gehören zusammen. Wer das Gegenteil behauptet, hat Angst, eine Eliteposition aufgeben zu müssen. Für ihn bedeutet mehr Gleichheit ein Verlust an Privilegien. Deshalb ist die privilegierte Oberschicht niemals daran interessiert, wirkliche Gleichheit und Gleichwertigkeit freier Individuen zu schaffen. Sie versucht dies mit allen Methoden zu verhindern. Sie stellt Wissenschaftler in ihren Dienst, die die «Ungleichheit durch Vererbung» zementieren, die durch Tiervergleiche (Hackordnung) die Statusgesellschaft als Instinktprogramm hinstellen: «Seht her, hier ist nichts zu machen, euer Sozialfimmel in Ehren, aber der Mensch ist dafür nicht geschaffen.»

Der Mensch soll ein Roboter sein, einer wie der andere manipulierbar, fremd- und selbstmanipuliert, wo es den Eliten nützt; er soll ungleich sein, klüger und dümmer, wenn es darum geht, das Statussystem abzusichern, um über wenige qualifizierte und viele unqualifizierte Arbeitskräfte zu verfügen. Auch biologische und psychologische Forschungsergebnisse sind teilweise von diesem Elitebewusstsein durchdrungen, sie sind gekauft und raffiniert im Sinne der Auftraggeber manipuliert.


*Alternativen*

Die Arbeitnehmermitbestimmung in den Aufsichtsräten von Firmen mit mehr als zweitausend Beschäftigten wird in der Bundesrepublik spätestens 1978 in etwa sechshundert Unternehmen realisiert.

Die Einführung der Mitbestimmung ist selbstverständlich zu

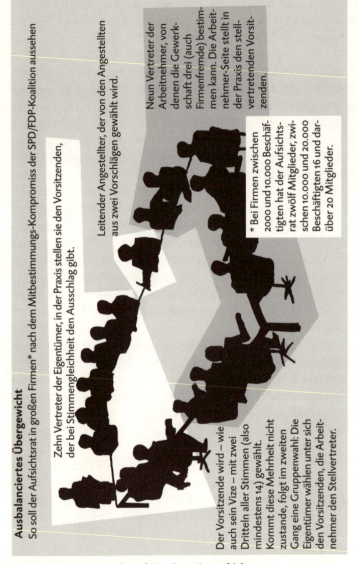

## Ausbalanciertes Übergewicht
So soll der Aufsichtsrat in großen Firmen* nach dem Mitbestimmungs-Kompromiss der SPD/FDP-Koalition aussehen

Zehn Vertreter der Eigentümer, in der Praxis stellen sie den Vorsitzenden, der bei Stimmengleichheit den Ausschlag gibt.

Leitender Angestellter, der von den Angestellten aus zwei Vorschlägen gewählt wird.

Neun Vertreter der Arbeitnehmer, von denen die Gewerkschaft drei (auch Firmenfremde) bestimmen kann. Die Arbeitnehmer-Seite stellt in der Praxis den stellvertretenden Vorsitzenden.

\* Bei Firmen zwischen 2000 und 10.000 Beschäftigten hat der Aufsichtsrat zwölf Mitglieder, zwischen 10.000 und 20.000 Beschäftigten 16 und darüber 20 Mitglieder.

Der Vorsitzende wird – wie auch sein Vize – mit zwei Dritteln aller Stimmen (also mindestens 14) gewählt. Kommt diese Mehrheit nicht zustande, folgt im zweiten Gang eine Gruppenwahl: Die Eigentümer wählen unter sich den Vorsitzenden, die Arbeitnehmer den Stellvertreter.

24: Die Mitbestimmung der Arbeitnehmer im Aufsichtsrat

begrüßen, sie ist jedoch nur ein kleiner Schritt zu mehr Gerechtigkeit, Gleichwertigkeit und Humanität. Sie fördert das Selbstbewusstsein der Arbeitnehmer und weckt den Mut für weitere Reformen. Vor allem aber müssen die immer noch bestehenden autoritären Führungsformen abgebaut werden.

Was hilft die Mitbestimmung, wenn der Chef hinter einem riesigen Teakholzschreibtisch sitzt und der Angestellte nach wie vor von der Sekretärin mit barschem Befehlston zum Rapport gerufen wird: «Mayer, kommen Sie sofort mit den Unterlagen K 14 zu Herrn Doktor Hermann. Bitte keine Zeit verlieren!»

Betritt der Angestellte das Büro, muss er die psychologisch ausgetüftelt schwächste Sitzposition einnehmen, der Chef hat das Fenster hinter sich, er kann sich im Gegenlicht geschützt zurücklehnen, während die Helligkeit voll den Angestellten trifft. Der Chefstuhl ist selbstverständlich etwas höher als der Besucherstuhl, sodass der Chef größer erscheint.

Das Bewusstsein hat sich nicht wirklich verändert, solange die Machtdokumentationen immer verfeinerter und für den manipulierten Durchschnittsmenschen undurchschaubarer werden. Die Mitbestimmung ist nur ein Tropfen auf den heißen Stein, solange die Verhaltensforschung und Psychologie sich zu einem Herrschaftsinstrument korrumpieren lassen. Der Futurologe Robert Jungk sagte 1975 in einem Interview zu der Frage einer neuen Arbeitswelt: «Wenn man sich die heutige Arbeitswelt genau ansieht, so erkennt man dort eine Fülle von sozialen Formen. Da haben Strukturen, die in der Politik längst ausgespielt haben, überlebt. Das reicht vom ‹Feudalstaat› bis zur Führer-Diktatur. Da gibt es noch die Speichelleckerei der Höflinge und den Drill des Kasernenhofs. Nur in wenigen Fällen kommt echte Volldemokratisierung vor.»[7]

Michael Korda beschreibt in seinem Buch «Macht» (Abb. 25):

A Schwächste Chefposition. Er wird nicht von der Schreibtischbarriere geschützt wie in Position C. Der Besucher oder Ange-

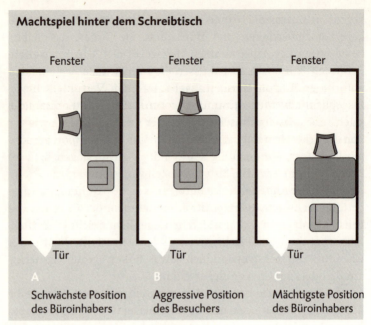

25: Psychologisch ausgetüftelte Machtposition

stellte hat einen freieren Blick auf die Türe und den gesamten Raum als in Position C.
B  Gute Chefposition, aber gleichzeitig aggressivere Position für den Angestellten als bei Position C. Der Angestellte versperrt etwas die Sicht auf die Eingangstüre.
C  Mächtigste Chefposition, weil der Angestellte mit dem Besucherstuhl an die Eckwand gedrängt ist und der Chef den Blick sowohl auf die Türe als auch auf den Angestellten frei hat.

Für diese Volldemokratisierung müssten Psychologen und Soziologen eintreten und kämpfen. Dass sie es oft nicht tun, entschuldigen sie mit dem Verweis auf ihre «wertneutrale» Wissenschaft, ein

Abwehrmechanismus, der an den meisten Universitäten von Assistenten und Professoren sogar gelehrt wird.

Die Alternativen zu der Konkurrenz- und Statusgesellschaft sind nicht Mitbestimmung, bessere Löhne und Sozialleistungen, sondern endlich die Einsicht, dass Rang- und Wertunterschiede ausgeglichen werden müssen, zwischen Arbeit und Kapital und Macht und Ohnmacht auf der ganzen Stufenleiter der sozialen Hierarchie. Von elementarer Bedeutung ist hierbei das Intelligenz- und Bildungsproblem, das verschiedene Gehalts- und Bewertungsstufen schafft. Die Bevölkerung hat das erkannt und sieht in der Bildung die Aufstiegsmöglichkeit zur Anerkennung.

Mit Abitur- und Hochschulbildung ist in der Gesellschaft ein besser bezahlter und angesehenerer Platz zu erreichen. Bildung öffnet die Türen auf dem Weg nach oben. Wissen und Bildung sind zur Statusverbesserung und Karrierestrategie heruntergekommen.

Pressemeldungen tragen Überschriften wie: «Jedes zweite Kind ist schulkrank», und: «Ehrgeizige Eltern – Kranke Kinder», denn schon im zehnten Lebensjahr wird beim Übertritt auf das Gymnasium die Entscheidung darüber gefällt, ob der Sohn und die Tochter später einmal 20 000 oder 200 000 DM pro Jahr verdienen. Eine achtzehnjährige Schülerin schrieb der Wochenzeitschrift «Die Zeit»: «Isoliert und oft resigniert sehen sich einzelne Schüler in einem System, das zu kalter Berechnung der eigenen Karriere erzieht und jeden diskriminiert, der nicht genormten Anforderungen entspricht. Wir wachsen in eine Zukunft, die skrupellos puren Egoismus auf Kosten von sozialem Engagement und Humanität in den Vordergrund stellt.»[8]

Durch falsche, fremdbestimmte Förderung werden die Kinder überfordert und in einen aggressiven Leistungsdruck hineingezwängt; sie sind nicht primär motiviert, sondern lernen mit sekundärer Motivation (Lob, Prämien). Der Lernstoff wird ihnen aufgedrängt, sie passen sich dem Angebot an, anstatt sich der Lernstoff ihrer Persönlichkeitsentwicklung anpasst.

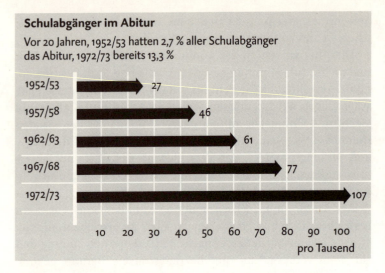

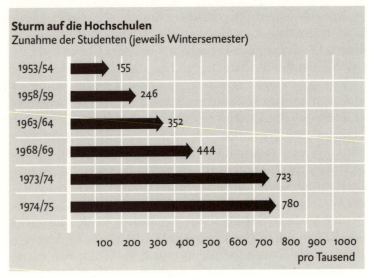

26: Der Drang nach besserer Ausbildung

Optimales Lernen ist in einer Statusgesellschaft nicht möglich, weil auch Bildung letztlich in einen Wettstreit mündet, in dem der intelligente, sensibel-kreative, selbstbestimmt motivierte Mensch keinen Erfolg hat. Es findet keine Auslese der Intelligenzen statt, sondern eine Selektion der Anpassungsfähigen, die fähig sind, Wissen ohne individuellen Bezug zu speichern. Sie sind im Beruf dann problemlose Anwender des Wissens, das sie nicht berührt, das sie wertneutral verwalten. Für die Bewertung sind andere zuständig, anonyme Autoritäten, die den gleichen Entwicklungsprozess hinter sich haben und sich gleichfalls für ethische Werte nicht zuständig fühlen. Übrig bleiben die Individualisten, Psychologen und Philosophen, die jedoch nicht für voll genommen werden, weil sie politisch und finanziell machtlos sind. Dieser Vorgang ist sehr beunruhigend. Die Statusgesellschaft züchtet sich durch ihre Übereifrigkeit und Leistungsideologie gut funktionierende Monster heran, die weiter und weiter anpassungsbereit ihren Job machen (für alles andere sind ja andere zuständig), ohne zu begreifen, dass ihre gute Funktionsweise Schaden anrichten kann.

Um mehr Gleichwertigkeit zu erreichen, forderten die Jungsozialisten 1975: Keiner soll mehr als 5000 DM netto verdienen. Diese Forderung ist folgerichtig, damit die Gesellschaft von einer Konkurrenzgesellschaft mehr und mehr in eine solidarische, gleichwertige Gesellschaft übergeht. Zeitungsberichten zufolge soll darüber der Chef der größten deutschen Einzelgewerkschaft, Eugen Loderer, gelacht haben. Der Finanzminister sagte: «Was soll's.»[9] Dies demonstriert, wie aussichtslos der Juso-Vorschlag ist, obwohl nur eine Minderheit davon betroffen wäre.

Über 5000 Mark netto verdienen in Deutschland 29,6 Prozent der Selbständigen, 6,5 Prozent der Angestellten, 2,5 Prozent der Arbeiter und 1,2 Prozent der Rentner – insgesamt also nur eine winzige Gruppe der Gesamtbevölkerung – allerdings die mächtigste.

Der Juso-Vorschlag ist sozial gerechtfertigt und vom psychologischen Aspekt zu unterstützen. Er ist ein Schritt zu mehr Gleichwertigkeit, ein Schritt in die humanere Zukunft mit weniger Angst vor dem Mitmenschen als Konkurrenten.

Was kann der Einzelne heute tun? Er kann in der Arbeitswelt für mehr Humanität und Kooperation sorgen, indem er sich mit seinen Kollegen solidarisiert, ohne gegen sie als Konkurrenten zu kämpfen. Anstatt isoliert für sich zu arbeiten und Informationen eifersüchtig zu horten (weil sie ihm vor anderen einen Informationsvorsprung sichern), sollte er sie freizügig weitergeben.

Ich erlebte dieses egoistische Informationshorten sowohl an der Universität unter Kommilitonen wie auch danach als angestellter Redakteur einer Wirtschaftszeitung unter Kollegen. Ähnliche Erfahrungen wurden mir von Schülern, Studenten und Angestellten berichtet. Sogar schwer wiegende Fehler, die Angestellte machen, werden von Kollegen mitunter, obwohl sie erkannt werden, nicht berichtigt, damit der Kollege «aufkippt».

Neben dem ökonomischen Schaden, der hierbei entstehen kann, stört mich als Psychologe vor allem das unsolidarisch vergiftete Klima. Der Abbau des egoistischen Konkurrenzdenkens hat positive Auswirkungen auf die Psyche der Arbeitnehmer und bringt darüber hinaus dem Arbeitgeber ökonomische Vorteile. Das sollten Betriebssoziologen und -psychologen bei ihren Organisationsvorschlägen in Zukunft bedenken. Die Beseitigung der Statussymbole, der extrem ungleichen Gehälter und des Konkurrenzdrucks mindert die Leistung nicht in dem Ausmaß, wie immer behauptet wird. Ich bin der Auffassung, dass ein psychisch gesunder, kooperativ eingestellter Mitarbeiter, der seine Kollegen fördert, anstatt sie zu bekämpfen, für die Betriebsorganisation letztendlich mehr leistet, weil seine psychische Energie sich nicht auf Nebenkriegsschauplätzen verbraucht.

Jeder kann heute schon damit beginnen, in seinem Arbeits- und Lebensbereich mehr Gleichwertigkeit zu praktizieren, indem er eine Machtposition auf seiner jeweiligen Hierarchieebene (oben, in der Mitte oder unten) nicht nach unten ausspielt. Er kann sich mit gleichrangigen Kollegen durch vollen Informationsaustausch verbinden. Dieses Verhalten wurde nicht gelernt und erzeugt deshalb bei der praktischen Verwirklichung zunächst Angst und Abwehrmechanismen.

Lernforschritte sind gegen diese Widerstände nur langsam zu erzielen. Durch die Bewusstheit der Gleichwertigkeit und durch kleine Schritte entsprechender kooperativer Handlungen baut sich die Angst jedoch langsam ab, denn es entstehen Gefühle der mitmenschlichen Geborgenheit und vor allem das befreiende Gefühl, sich nicht mehr verstellen zu müssen.

# Sechste Lebenslüge

*«Intelligenz ist wichtiger als Gefühl.»*

> »Jemand, der keine Emotionen mehr hat, ist tot. Denn Emotionen haben heißt ja wohl: bewegbar sein, bewegt sein, erregt sein, und das alles gilt schon als Krankheit. In diesem Zusammenhang ist natürlich ein emotioneller Mensch oder einer, der Emotionen hat, auch äußerst abfällig.
>
> *Heinrich Böll*

Die Intelligenz wird von den meisten als Erfolgsfaktor Nummer eins angesehen. Wer in meine Praxis kommt, um sich wegen psychischer Störungen beraten zu lassen, stellt früher oder später die Frage: «Kann ich einmal einen Intelligenztest machen?» Nur in Studienberatungsfällen wende ich den Intelligenz-Struktur Test (IST) an, um das Intelligenzprofil zu ermitteln, denn bei der sonstigen Beratung spielt der Intelligenz-Quotient für die psychische Problemaufarbeitung keine Rolle (höchstens schichtspezifische Einstellungen und Sprachbarrieren).

Die Höhe der Intelligenz wird als Erfolgsfaktor vielfach überschätzt. Allerdings ist richtig, dass für eine höhere Bildung, zum Beispiel das Abitur, eine überdurchschnittliche Intelligenz (IQ über 100, möglichst 110 bis 130) erforderlich ist, vor allem dann, wenn die Numerus-clausus-Hürde genommen werden soll. Im Wintersemester 1974/75 wurde nur noch zum Studium zugelassen, wer mindestens folgenden Notendurchschnitt aufwies: Medizin 1,7, Psychologie 2,1, Zahnmedizin 1,8, Pharmazie 2,0, Architektur 2,6, Biologie 2,4 und Tiermedizin 2,3.[1]

Der Andrang zu akademischen Intelligenzberufen ist verständlicherweise unvermindert stark, er nimmt sogar ständig zu.

Das ist zu begrüßen, denn die Bundesrepublik liegt mit der Zahl ihrer Studenten in Europa weit zurück.

Das Abitur ist ein Statussymbol nach dem Motto «Der Mensch beginnt erst beim Abiturienten». Aber nicht nur das, Abitur und Studium bedeuten einen besser bezahlten Beruf; Bildung und Intelligenz schlagen sich in der Arbeitswelt in klingender Münze nieder. Intelligenztraining hat deshalb die Aufgabe, den eigenen Marktwert zu verbessern, im Vergleich zu den weniger intelligenten Mitbewerbern um einen Studienplatz, um eine offen stehende Position.

Es könnte nach den bisherigen Bemerkungen über die Intelligenz als Statussymbol der Eindruck entstehen, ich hätte etwas gegen Abitur, Studium, Intelligenzförderung und so weiter; deshalb möchte ich betonen, dass es meine Vorstellung ist, dass die Hauptschule abgeschafft wird und jeder junge Bürger seine Schulzeit mit dem Abitur abschließt. Jeder sollte die optimale geistige Förderung erhalten, die es ihm ermöglicht, seine Intelligenz voll zu entfalten, unabhängig davon, ob es genügend Studienplätze gibt oder nicht. Ein zivilisiertes Land hat die Pflicht, jedem Bürger eine optimale Förderung seiner Intelligenz zu ermöglichen, auch wenn er aus der sozialen Unterschicht kommt und unter schichtspezifischen Persönlichkeitsstörungen leidet, die seine Lern- und Konzentrationsfähigkeit beeinträchtigen. Gerade dann benötigt er besondere Förderungsmaßnahmen und pädagogische Sonderprogramme, die auch psychotherapeutische Lernbetreuung mit einschließen, die ihm den Anschluss an den angebotenen allgemeinen Standard der Durchschnittsbevölkerung ermöglichen.

Da diese Therapieprogramme nicht existieren, kämpft jeder um seinen eigenen Vorteil, zum Beispiel mit teuer erkauftem Nachhilfeunterricht, ein gnadenloser Lernkampf gegen die Mitschüler in einem gnadenlosen pädagogischen Ausleseystem. Aus der pädagogischen Aufgabe der Förderung der Intelligenz ist ein darwinistischer Wettkampf um Noten oder Punkte geworden. Eine freie Lernentfaltung wurde abgeblockt, der Lernende muss

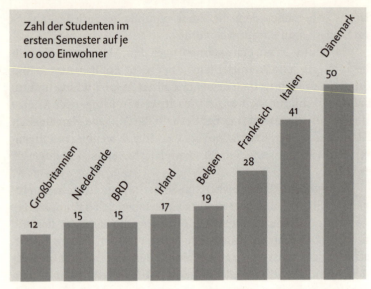

27: Die Bundesrepublik hat weniger Studienanfänger als andere europäische Länder

sich an den Lehrapparat anpassen, nicht der Lehrapparat an den Lernenden.

Einsam stehen Schulmodelle wie die Hannoversche Grundschule «Glocksee», die durch eine Initiative hannoveranischer Eltern, Lehrer und Soziologen gegründet wurde, in der die Kinder ohne Angst, Schuldgefühle, Fremdbestimmung nach eigener Selbstentfaltung lernen können. Solche richtigen pädagogischen Einrichtungen werden als «Modelle», «Experimente» und «Utopien» bezeichnet, aber nicht ernst genommen, weil hier das Lernen spielerischer und freier geschieht als auf den traditionellen Unterdrückungs- und Ausleseschulen.

Ein Vater (Apotheker), dessen Tochter auf einer konventionellen Schule Lernstörungen hatte, antwortete mir auf meinen Hinweis, dass diese Störungen nicht unbedingt ein Manko seiner Tochter sein müssen, sondern ein Manko des konventionellen

Schulsystems offenbaren: «Das glaube ich nicht. Die Schule bereitet auf das Leben vor, und da geht es ja auch nicht freiheitlich und zwanglos zu, sondern der raue Wind des Ausleseprinzips weht hier. Meine Anja muss in der Schule erfolgreich sein, um später im Berufsleben tüchtig zu sein. Sie muss jetzt lernen, was sie später braucht: Disziplin, Ordnung, Ausdauer und Fleiß.»

Ich antwortete dem Vater, dass seine Anja gegen die gefühllose Härte dieser Fremdbestimmung mit ihren Lernstörungen rebelliert, dass die Symptome ein Hinweis ihrer Gesundheit sind. Er entgegnete: «Das ist eine schöne Gesundheit, wenn Anja nicht leistet, was sie leisten könnte. Ich möchte doch nur ihr Bestes, sie soll später nicht hinter den anderen zurückstehen, weil sie aus Gesundheit rebelliert hat, danach fragt doch nachher niemand, wenn sie das Abitur mit der Durchschnittsnote 3,7 absolviert hat. Sie braucht eine Durchschnittsnote von 1,8 bis 2,5, um Pharmazie zu studieren. Sie soll einmal meine Apotheke übernehmen – was nützt ihr da Ihre Vorstellung von psychischer Gesundheit und freier Intelligenzentfaltung?»

Die Intelligenzentfaltung ist zu einem Faktor des Lebenserfolgs degeneriert, der nur noch um seiner selbst willen zählt. Die psychische Gesundheit, Ethik, Persönlichkeit und Kreativität werden dafür aufs Spiel gesetzt. So weit geht die Tyrannei der äußeren Verhältnisse über die Psyche.

### *Intelligenzkult auf Kosten emotionaler Verödung*

Die Intelligenz (kognitiver Persönlichkeitsbereich) wird von unserer technischen Zivilisation überbetont und die Emotionalität vernachlässigt. Die Überbetonung der Intellektualität führt zur Kopflastigkeit des Menschen. Ist sie mit Konkurrenzstreben gekoppelt, wird das Verhalten eiskalt, knallhart, distanziert und unterkühlt. Die Emotionalität wird im Vergleich zum Intellekt abgewertet. Der Intellektuelle, der sein Verhalten rational «im Griff hat», gilt als Ideal, während der Emotionale, der seine Gefühle offen zeigt, als unbeherrschter Gefühlsmensch abqualifiziert wird. Gefühle sind in einer technischen Zivilisation, die so stolz auf ihre Intelligenz ist, nicht gesellschaftsfähig, sie sollen möglichst beherrscht und verborgen werden. Diese Abwertung der Gefühle als Gefühlsduselei, Sentimentalität oder Schwäche ist ein Zeichen der Angst vor spontaner Lebendigkeit.

*Tab. 6: Folgen der Überbetonung oder Vernachlässigung von Persönlichkeitsbereichen*

| Persönlichkeitsbereich | einseitige Überbetonung | einseitige Vernachlässigung |
|---|---|---|
| kognitiv | «Kopflastigkeit» – «Intellektualisierer» – «praxisferner Theoretiker» – «hat sich schon mal jemand totreflektiert» – «Hirnling» – «kalter Rechner» – «kein Mensch, sondern Computer» | «Dummheit» – «Engstirnigkeit» – «den Wald vor lauter Bäumen nicht sehen» – «zu enger Horizont» – «Vereinfachen» – «verkürzter Blickwinkel» |
| emotional | «Gefühlsduselei» – «Affektrausch» – «ausgeflippt» – «regressives Verhalten» – «Wahrnehmungsverzerrungen» – «blind vor Wut» – «sentimental» | «gefühlstot» – «eiskalt» – «herzlos» – «distanziert» – «unecht» – «fassadenhaft» – «innerlich hohl» – «apathisch» – «kalter Fisch» |
| aktional | «blinder Aktionismus» – «technokratischer Macher» – «Zack-zack, nicht lange gefackelt» – «erst handeln, dann denken!» | «Verhaltensdefizite» – «wie der Ochs vorm Berg» – «Praxisferne» – «nicht zu Potte kommen» – «Handlungsunfähigkeit» – «zwei linke Hände haben» |

Die Trennung von Verstand und Gefühl forderte als Erster der französische Aufklärungsphilosoph René Descartes (1596–1650). Er war negativ beeindruckt von den sadistischen Gefühlen und Aggressionen der Richter bei Hexenprozessen und forderte deshalb die Ausschaltung von Emotionen bei Gerichtsverfahren. Später postulierte er dann, dass in allen Lebensbereichen Gefühle möglichst ausgeschlossen werden sollten. Descartes hatte einen großen Einfluss auf die rationale Ausrichtung der Schulen und Universitäten.

Die Überbetonung der Rationalität vor der Emotionalität ist bis heute im Bewusstsein unserer Ausbildungssysteme geblieben. Emotionen werden im Vergleich zum Intellekt nicht nur vernachlässigt, sondern verdrängt. Ein ehrgeiziger Student im siebten Semester, der sich von mir wegen Lernstörungen beraten ließ, klagte: «Emotionen sind hinderlich. Am liebsten wäre mir, wenn der Mensch überhaupt keine Emotionen hätte, sie stören doch nur, wenn man seinen Verstand entwickeln will, sie hindern mich an der optimalen Entfaltung meiner Intelligenz. Wenn ich keine Emotionen hätte, würden Angstzustände und Depressionen wegfallen.» Der Student beobachtete richtig, dass Angst und Depressionen für die Intelligenzentwicklung hinderlich sind, aber seine Schlussfolgerung ist falsch.

Vor allem Kinder aus der Unterschicht haben mit diesem Problem zu kämpfen, denn sie bringen nicht die erforderliche psychische Ausgeglichenheit mit und fallen deshalb in ihren Intelligenzleistungen ab. Ihre störenden psychischen und emotionalen Probleme sind schichtspezifisch bedingt. Nicht die Emotionen sollten deshalb abgeschafft werden, sondern die sozialen Verhältnisse, die emotionale Konflikte und psychische Schwierigkeiten erzeugen.

Der Umgang mit Emotionen wie Angst, Wut, Schuldgefühle, Freude und Lust wird in unserer modernen Industriegesellschaft nicht gelernt. Die Intelligenz wird gefördert, die Emotionalität wird dagegen jedem selbst überlassen. Der Umgang mit Emotionen und ihre Befreiung müsste in der Schule, genauso wie Mathematik und Physik, ein Unterrichtsfach sein. Stattdessen werden Emotionen als lästig empfunden und abgewertet, sie stehen im Geruch der Gefühlsduselei und Sentimentalität – sie werden deshalb im bisherigen Schul- und Bildungssystem verdrängt. Diese Verdrängung führt zu dem beschriebenen Prozess der Abwehrmechanismen und Lügen. Wer seine Gefühle nicht zeigen kann und möchte, ist gezwungen, sie zu unterdrücken und zu verbergen. Er kommt zu dem falschen Schluss des Studenten: «Am liebsten wäre mir, wenn der Mensch überhaupt keine Emotionen hätte.»

Ohne Emotionen wäre der Mensch jedoch ein Computer, ein seelenloses Monster. Es ist sehr bedenklich, wenn der Computer wegen seiner Emotionslosigkeit als Ideal gilt und die funktionale Intelligenz überbewertet wird. Eine Einstellungsentwicklung in dieser Richtung zeichnet sich ab, immer mehr Menschen sind in ihrem Kontaktverhalten emotional verödet, tragen eine Maske und stehen ihren Emotionen fremd und beziehungslos gegenüber.

*Das verlorene Gleichgewicht.*
*Emotionen sind nicht erwünscht*

Die Überbewertung der Intelligenz hat viele verschiedene Ursachen. Eine grundlegende Ursache war der Aufbau der technischen Zivilisation in den letzten hundert Jahren, denn um diese Welt der Technik zu beherrschen und nach der Wachstumsideologie der Ökonomen weiter und weiter zu entwickeln, musste das allgemeine Intelligenzniveau der Bevölkerung angehoben werden. Dagegen ist nichts einzuwenden, wenn diese Intelligenzförderung nicht so einseitig auf Kosten anderer Persönlichkeitsbereiche forciert worden wäre und weiterhin forciert wird, auch auf Kosten der schöpferischen Kräfte. Woran liegt zum Beispiel die Vernachlässigung der kreativen Fähigkeiten, die ja bei der Entstehung unserer technischen Zivilisation mindestens genau so beteiligt waren wie die funktionale Intelligenz?

Die Gesellschaft benötigt nur eine kleine Zahl von Kreativen, aber ein Heer von funktional anpassungsbereiten Computermenschen. Eine größere Zahl von Edisons, Einsteins, Daimlers, Plancks und Heisenbergs ist nicht erwünscht, ganz zu schweigen von einer größeren Menge Picassos, Dalís, Benns, Bamms oder Bölls.

Die kreative Intelligenz zeichnet sich dadurch aus, dass sie eigene Wege geht und das Bestehende in Frage stellt. Die Entwicklung würde bei einer Vermehrung der Kreativen zu schnell vorangetrieben, zu schnell, um dem Kapital die nötige Zeit und Ruhe zu lassen, eine Entwicklung kommerziell voll auszuschöpfen.

Es wird zwar behauptet, dass die Menschheitsgeschichte einen natürlichen Entwicklungsprozess durchläuft und kreative Genies statistisch sehr selten seien. Dieser «natürliche» Prozess, ist jedoch gezielt gesteuert. Als Psychologe bin ich zu der Auffassung gelangt, dass es sehr viel mehr Kreativität und Genialität geben würde, wenn sie nicht täglich unterdrückt würden. Genies werden an ihrer Entfaltung gehindert, zunächst durch das bewusst unkreative Bildungssystem und durch die gezielte Verteilung von Forschungskapital für ausgewählte Gebiete. Bestimmte Forschungsbereiche werden unterstützt, für andere stehen keine Mittel zur Verfügung. Wer das Pech hat, auf einem der nicht unterstützten Gebiete zu arbeiten, kommt trotz Genialität nicht weiter, wenn ihm die finanziellen Möglichkeiten fehlen.

Die Förderung der Kreativität spielt in unserem Bildungssystem nur eine untergeordnete Rolle. Albert Einstein sagte: «... ich komme zu dem Schluss, dass die Gabe des Phantasierens für mich von größerer Bedeutung war als mein Talent, mir positives Wissen anzueignen.»[2] Die Aneignung von Wissen rangiert in unserem Bildungssystem vor der Gabe des Phantasierens, Phantasie ist sogar genauso suspekt wie Emotionalität. Interessant ist, dass Phantasie und Emotionalität meist miteinander hoch korrelieren: Hohe Phantasie bedingt frei entfaltete Emotionalität, und Phantasielosigkeit geht mit emotionaler Verödung einher.

Das phantasievolle Kind wird in unserem Schulsystem mit Attributen wie «verträumt», «sensibel» und «verspielt» als geradezu krank abgewertet. Häufig konsultieren mich Eltern, weil der Lehrer ihrem Kind diese drei Eigenschaften zugeschrieben hat und hierin einen Reiferückstand sieht. Es wird als ein Zeichen von psychischer Defektheit angesehen, was ein Zeichen von Kreativität, mitunter sogar Genialität ist. Wenn ich den Eltern sage: «Freuen Sie sich, dass ihr Kind verträumt und sensibel ist», bemerke ich häufig ihren Unwillen. Ein Vater antwortete mir energisch: «Sie sind nicht der richtige Psychologe für meinen Jungen. Verträumt und sensibel, schön und gut, aber ich will, dass er realistisch ist. Mit seiner Sensibilität ist er den Anforderungen der Schule und des Berufslebens nicht gewachsen.» Der Vater wollte das Menschenbild des Tatkräftigen, Tüchtigen, Durchsetzungsbewussten

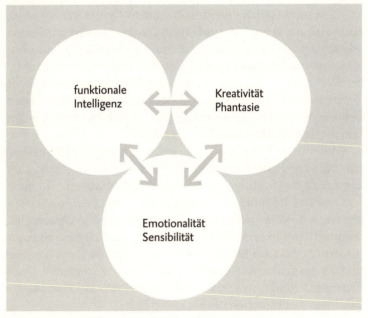

28: Harmonisches Gleichgewicht der Persönlichkeitsbereiche

in seinem Sohn realisiert sehen. Es war für ihn schwer einsehbar, dass Verträumtheit, Sensibilität und Spiellust positive Zeichen für erhöhte psychische Gesundheit und Kreativität sind.

Die Schul- und Anpassungsprobleme müssen in Kauf genommen werden, um das Kind in der Entfaltung seiner Emotionalität und Kreativität nicht zu unterdrücken. Es ist nicht richtig, wenn angenommen wird, dass dadurch der Lebenserfolg in unserer Leistungsgesellschaft gefährdet würde. Der phantasievolle, emotional ausdrucksstarke und kreativ-schöpferische Mensch hat sogar sehr gute Erfolgschancen in dieser Gesellschaft (nach den üblichen Normen gemessen). Die Ausgewogenheit der Intelligenz, Kreativität und Emotionalität ist für eine gesunde Persönlichkeitsreifung entscheidend. Die Intelligenzentwicklung darf nicht auf Kosten kreativer und emotionaler Verödung erfolgen. Die einzelnen Bereiche müssen gleichwertig gefördert werden.

Keiner der drei Bereiche soll überbetont werden. Die Überbetonung der Intelligenz stellt jedoch die Norm dar. Die Überbetonung der Kreativität und Emotionalität ist sehr selten zu beobachten und kommt meist nur als Protestreaktion auf die Betonung der funktionalen Intelligenz vor. Das harmonische Gleichgewicht von entfalteter Intelligenz, Kreativität und Emotionalität ist nach meinen Beobachtungen überaus selten. Dieses Gleichgewicht soll unser Lernziel zukünftiger pädagogischer Bemühungen werden.

*Alternativen*

Die versäumte Entfaltung der Kreativität und Emotionalität sollte von der Gesellschaft und jedem Einzelnen nachgeholt werden. Zur Förderung der Kreativität empfehle ich die Lektüre des Taschenbuches «Creativitätstraining» der Psychologen Werner Kirst und Ulrich Diekmeyer. Es enthält eine umfangreiche Aufgabensammlung zur Anregung der schöpferischen Ideen.

Aufgaben dieser Art lockern das Denken und befreien aus dem

Rahmen der konventionellen, starren logischen Denkschemata. Die gesteigerte Denkflexibilität hat nicht nur Auswirkungen auf eine verbesserte Kreativität im Beruf, sondern hilft auch bei der Lösung von Lebensproblemen im Privatbereich.

Die Entfaltung der Kreativität sollte mit einem Training der Emotionalität einhergehen. Ein geeignetes, empfehlenswertes Anleitungsbuch zur Gefühlsbefreiung gibt es m. W. bisher leider noch nicht. Die folgenden elementaren Vorschläge sollen den Weg zur Befreiung aus der üblichen Gefühlspanzerung erleichtern.

Konzentrieren Sie sich auf sich selbst, hören Sie nicht nur auf die Stimme Ihres Verstandes, sondern geben Sie sich der bewussten Wahrnehmung Ihrer Gefühle hin. Die meisten Menschen haben Angst vor der Konfrontation mit ihren Gefühlen. Sie fürchten sich vor der Wahrheit ihrer Gefühle. Mit Hilfe des Intellekts kann man sich leicht selbst betrügen, wie die Schilderung der Abwehrmechanismen gezeigt hat. Gefühle lassen sich jedoch weniger leicht manipulieren als scheinbar «logische Gedanken». Auch wenn der Verstand zum Beispiel als Reaktionsbildung sagt: «Ich mag meinen Vorgesetzten», sagen die Gefühle die Wahrheit: «Er ist mir unsympathisch und körperlich unangenehm.» Angst entsteht, und die Reaktionsbildung des Intellekts hakt sofort wieder ein: «Gefühle trügen, er ist ein sehr guter und tüchtiger Vorgesetzter, er muss deshalb von jedermann akzeptiert werden, und ich akzeptiere ihn eigentlich auch – vielleicht bin ich nur etwas neidisch auf ihn. Da ich ihn akzeptiere, habe ich nichts gegen ihn – mein Gefühl ist falsch.» So geschickt lenkt der Verstand von den Gefühlen ab.

Lernen Sie, sich Ihren innersten Gefühlen zu stellen, und versuchen Sie, sie ohne auszuweichen auszufühlen, auch die Angst, die dabei oft entsteht. Die Einfühlungsfähigkeit in die eigenen Gefühle ist sehr wertvoll, weil aus dieser Intuition heraus wichtige Lebensentscheidungen besser getroffen werden können.

Ich machte immer wieder die Erfahrung, dass Menschen, die eine ausgeprägte Intuition besitzen, mit ihrem Leben besser zurechtkommen und weniger Fehlentscheidungen treffen als Men-

Wenn es um Einfälle geht, können Sie glänzen. Vorausgesetzt natürlich, Sie haben ein wenig mehr geübt als andere. Psychologen fragen im Allgemeinen: Was ist Takete, was Maluma? Sehen Sie sich dabei die Zeichnungen rechts an. Beachten Sie dabei die Eigenschaften, die die Namen ausdrücken. (In der Abbildung: Takete links, Maluma rechts.)

1. Zu welchem Zeichen gehört der Name?
Babelu
Stibir
Olomo
Kuaplat

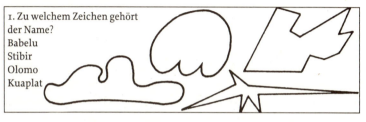

2. Geben Sie diesen Zeichen Namen:

3. Welche Zeichen passen zu den Namen?

| | |
|---|---|
| Siebeltri | Dinkiele |
| Ando | Standell |
| Dremelga | Loff |
| Fallote | Pet |
| Okot | Ebeni |
| Sakant | Wamm |

Das war aber erst der halbe Weg. Üben Sie weiter: Erfinden Sie erst Zeichen aus einfachen Formen und dann ihre Namen – oder umgekehrt. So trainieren Sie Ihre Schlagfertigkeit am besten. Übrigens: Zu zweit macht das Spiel besonders viel Spaß.

29: Aufgaben zur Kreativitätsförderung

schen, die ihre Probleme nur rational mit der Intelligenz angehen. Der Verstand, auf den der zivilisierte Mensch so stolz ist, ist ohne eine geöffnete Emotionalität und Intuition recht hilflos.

Der offenen Emotionalität stehen die Abwehrmechanismen

im Weg und die allgemeine Verächtlichmachung der Gefühle. Denken Sie immer daran, dass gerade die Gefühle es sind, die Sie von einem seelenlosen Computer unterscheiden. Die Gefühle sind Ihr Seelenleben, ohne Gefühle versandet Ihre Psyche zu einer trostlosen Wüste, Sie sterben innerlich ab und werden zu einem lebenden Leichnam. In der Industriegesellschaft ist eine erschreckend große Zahl von Menschen versandet und emotional verpanzert.

Sie müssen den Verstand verlieren, um wieder zu Sinnen zu kommen. Das Bedürfnis ist vorhanden, wie die zunehmende Zahl von Alkoholikern zeigt. Mit der Droge Alkohol wird unter anderem der Versuch gemacht, den kontrollierenden Intellekt und das Über-Ich abzubauen, um die tieferen Schichten der Person zu öffnen und die Sinne und Gefühle verstärkt (angstfreier) zu erleben. Alkohol ist nicht der Weg, um sich seinen Gefühlen zu öffnen.

Der richtigere Weg führt über die Selbstversenkung, Meditation und Tagträumerei. Empfehlenswert ist natürlich auch eine Psychotherapie oder Psychoanalyse, wenn diesem Weg nicht für die Mehrheit die Kostenbarriere entgegenstehen würde. Die finanziell Privilegierten sind auch auf dem Weg zur Selbstfindung und Emotionsentfaltung im Vorteil.

Neben der Meditation (sie kostet kein Honorar, nur eine Stunde Freizeit pro Tag) ist die Diskussion über Lebenserfahrungen und Konflikte erforderlich. Öffnen Sie sich einem Partner und versuchen Sie, sich gegenseitig Ihre Gefühle rückhaltslos zu beschreiben. Dies macht am Anfang große Schwierigkeiten, hat jedoch eine äußerst entlastende, reinigende und klärende Wirkung.

Auch negative Gefühle wie Wut, Trauer, Schuld- und Minderwertigkeitsgefühle müssen durchgesprochen und ausgelebt werden. Ihr Partner soll Ihnen helfen, Ihre negativen Gefühle zu beschreiben und laut herauszuschreien. In den meisten Menschen steckt ein ungeheures Potenzial an unausgelebten Kränkungen, geschluckten Demütigungen und unterdrückten Aggressionen. Diese negativen Emotionen müssen ausgedrückt werden, wenn Sie nicht daran ersticken wollen.

# Siebte Lebenslüge

«*Wer liebt, möchte besitzen.*»

> «Alle Menschen sind vor dem Gesetz gleich. Männer und Frauen sind gleichberechtigt. Niemand darf wegen seines Geschlechts, seiner Abstammung, seiner Rasse, seiner Sprache, seiner Heimat und Herkunft, seines Glaubens, seiner religiösen und politischen Anschauungen benachteiligt oder bevorzugt werden.»
>
> *Artikel 3, Grundgesetz*

Die Zahl der Ehescheidungen verdoppelte sich in der Bundesrepublik von 1960 bis 1974. Die Zahl der vom Gericht abgelehnten Klagen verringerte sich in diesem Zeitraum von 5,6 Prozent auf unter 1 Prozent. Das Scheidungsbegehren wurde einerseits größer, und der juristische Vorgang der Trennung erleichtert.

Die Zahlen in der folgenden Grafik geben an, wie viele Scheidungen auf hundert Eheschließungen kamen. Die Prozentwerte beziehen sich auf das Jahr 1974 (für Schweden, Dänemark und die DDR) und 1973 für die übrigen Länder. In Ländern mit liberalem Eherecht und geringem Einfluss der Kirchen (Schweden, USA, Dänemark und DDR) war die Scheidungsquote am höchsten. Die Dominikanische Republik stand aus anderen Gründen an zweiter Stelle – sie gilt als «Scheidungsparadies». Die Bundesrepublik rangierte auf Platz zwölf mit dreiundzwanzig (mittlerweile fünfundzwanzig) Scheidungen auf hundert Eheschließungen.

Die Scheidungsquote nimmt in fast allen sozialistischen, kapitalistischen, buddhistischen oder atheistischen Ländern ständig zu. In dem liberalen Sozialstaat Schweden werden mittlerweile von hundert Eheschließungen etwa sechzig wieder aufgelöst. Über die Hälfte der Ehepaare geht wieder auseinander – das ist eine

30: Die Zunahme und juristische Erleichterung der Ehescheidungen

Scheidungsquote, die zum Nachdenken über die Ehe als Institution anregt.

Schweden hat die Gleichberechtigung der Frau am weitesten vorangetrieben. Über die Hälfte aller Schwedinnen zwischen fünfzehn und fünfundsechzig Jahren sind berufstätig (in der Bundesrepublik nur etwa dreiunddreißig Prozent). Und doch wird auch in Schweden, einem Land, das Frauen die gleichen Rechte und Pflichten wie den Männern einräumt, in der Praxis noch keine volle Gleichberechtigung praktiziert, denn etwa vierundsiebzig Prozent der berufstätigen Schwedinnen verdienen unter 14 000 Mark

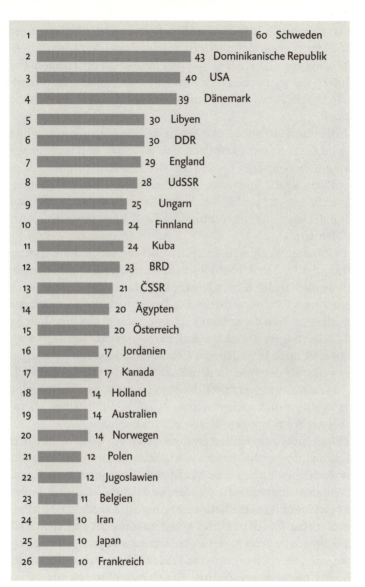

31: Schweden hat die höchste Scheidungsrate der Welt

pro Jahr, wogegen etwa vierundsiebzig Prozent der Männer über 14 000 Mark liegen. Männliche Industriearbeiter verdienen durchschnittlich zwanzig Prozent mehr als Industriearbeiterinnen. Die Mehrheit der weiblichen Beamtinnen leistet einfache Büroarbeiten. In den höheren Gehaltsstufen dominieren immer noch die Männer.

In der Bundesrepublik Deutschland ist die Gleichberechtigung zwar im Grundgesetz garantiert, aber im Alltag und Berufsleben ist die bundesdeutsche Frau von der Gleichberechtigung noch weiter entfernt als die Schwedin. «Die durchschnittlichen Bruttomonatsverdienste der weiblichen Angestellten in der Industrie und im Handel lagen 1973 um achtunddreißig Prozent niedriger als bei den Männern.»[1]

Es könnten noch viele Beispiele über die verhinderte Gleichstellung der Frau in der Schule, im Beruf und in der Politik aufgezählt werden. In den letzten Jahren ist die Literatur hierüber stark angewachsen, und es wurde genug Beweismaterial erbracht, das zeigt, dass die Frau dem Mann keineswegs sozial gleichgestellt ist und das Grundgesetz noch lange nicht realisiert ist. Als Psychologe interessiert mich vor allem der Grund für die großen Emanzipationsprobleme der Frau. In dem Buch «Statussymbole» habe ich das Unterdrückungsverhalten des Mannes auf seinen Sexkomplex zurückgeführt und nachgewiesen, dass sein aufgebautes Männlichkeitsgebaren kompensatorische Funktion hat.

Die Mehrzahl der Frauen arrangiert sich mit dem männlichen Unterdrückungsverhalten und versucht, es sich im Windschatten des männlichen Erfolgs- und Machtstrebens bequem zu machen. Die Emanzipationsdebatte ist der weiblichen Majorität leider recht gleichgültig: «Eine neue Befragung 1974 ergab, dass 61 Prozent aller Hausfrauen mit ihrer Arbeit im Haushalt zufrieden sind und lediglich 25 Prozent der ‹Nur-Hausfrauen› gern halbtags arbeiten würden.»[2] Diese befragten Frauen fühlen sich als Hausfrau oder nur halbtags berufstätige Hausfrau wohler als als völlig gleichberechtigte Partnerin des Mannes, mit gleichen Rechten und Pflichten und dem gleichen Stress. So hat die Ärztin Esther Vilar Recht, wenn sie behauptet, dass der Mann von der Frau ausgebeutet und dressiert wird, aber auch die Emanzipationskämpferin Alice Schwarzer sagt nicht die Unwahrheit, wenn sie die Unterdrückung der Frau von Seiten des Mannes beklagt.

Beide Geschlechter nutzen sich auf ihre Weise gegenseitig aus, und jeder zieht Vorteile aus diesem Kampf – aber auch Nachteile. Esther Vilar macht diese Nachteile dem Mann bewusst, Alice Schwarzer der Frau. Sowohl das Vilar-Buch «Der dressierte Mann» wie auch die Schwarzer-Lektüre «Der kleine Unterschied und seine großen Folgen» belegten die ersten zehn Plätze der Bestsellerliste, und beide Autorinnen wurden sowohl von den Männern wie auch von den Frauen heftig beschimpft.

Die Männer fühlen sich (angeblich) von ihren Frauen nicht dressiert, und die Frauen weisen ein solches Verhalten weit von sich. Die meisten Frauen fühlen sich von den Männern nicht unterdrückt und wollen keine «großen Folgen» des kleinen Geschlechtsunterschiedes akzeptieren. Die Zurückweisung der Vilar- und Schwarzer-Argumente zeigt in ihrer Heftigkeit, wie betroffen beide Geschlechter sind.

*Die Folgen der Emanzipation*

Die Lebensgemeinschaft Ehe ist einerseits eine Wirtschaftsgemeinschaft, andererseits aber auch ein Ort der sexuellen und psychischen Befriedigung von Bedürfnissen. Solange der Mann finanziell der Stärkere ist (aufgrund seines Sexkomplexes will er es auch bleiben), wird er die Frau unbewusst als seinen Besitz betrachten und seine Frustrationen und Minderwertigkeitsgefühle in der Beziehung zu ihr abreagieren. Sobald sich die Frau finanziell emanzipiert, lässt sie sich sein Machtgebaren und Besitzstreben nicht mehr gefallen, und der Schritt zur Scheidung wird für sie erleichtert. So sind die hohen Scheidungsraten in Schweden und der DDR zu erklären. Mit der finanziellen Gleichberechtigung im Berufsleben öffnet sich für die Frau das Tor zum Ausbruch aus der Ehe. Finanzielle Freiheit ist die Voraussetzung für die private Selbstbestimmung. Aufgrund der Emanzipationswelle reichen deshalb in fast allen Ländern mittlerweile mehr Frauen als Männer die Scheidung ein.

Trotz des unablässigen Ansteigens der Scheidungsquote ist die Ehe als Lebensgemeinschaft nicht «out», denn vierundachtzig Prozent der Männer und achtundsechzig Prozent der Frauen heiraten nach der Scheidung wieder und versuchen, es in der zweiten Ehe besser zu machen. Die Lebensgemeinschaft Ehe wird von ihnen nicht in Frage gestellt, allerdings steigt der Wunsch nach Beratung und Konfliktaufklärung. Eheberatungsstellen sind total überlaufen, vor allem auch in Ländern mit bereits weitgehend realisierter Gleichberechtigung.

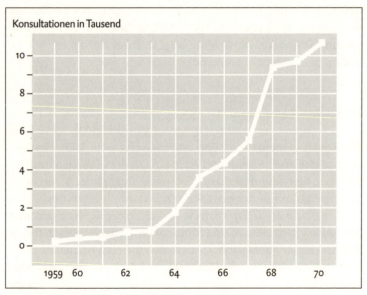

32: Die Zunahme der Ratsuchenden in Eheberatungsstellen

In Leipzig suchten 1959 nur 250 Ehepaare die Ehe- und Sexualberatungsstelle auf, aber 1970 waren es über 10 000 Ratsuchende.

Die fortgeschrittene Emanzipation räumt Ehe- und Sexualprobleme also nicht aus dem Weg, sondern reißt die Probleme des Geschlechterkampfes in der Ehe besonders akzentuiert auf. Solange die konventionelle Rollenaufteilung gilt: «Der Ehemann gibt seiner Frau Schutz und wirtschaftliche Geborgenheit, die Frau gibt ihrem Gatten dafür ihren Körper, ihre Arbeitskraft und Gehorsam», ist die Welt noch in Ordnung. Mit der Emanzipation beginnen die Probleme der neuen Rollenfindung.

So ist es verständlich, dass die Gegenbewegung nicht ausbleibt. In Amerika fordern die Anhängerinnen der Bewegung «Totale Frau» nicht die Befreiung von männlicher Unterdrückung, sondern die Erhaltung der bisherigen Rollenverteilung: Die Frau verführt den Mann sexuell, macht sich für ihn begehrenswert, und er sorgt für den Lebensunterhalt der Familie und darf sich als Boss fühlen. Es werden mit Verführungsratschlägen Schnellkurse zur Vermeidung einer Ehescheidung durchgeführt. An dieser weiblichen Gegenbewegung zeigt sich deutlich, dass eine große Zahl der Frauen die Emanzipation nicht anstrebt und von weiterer Aufklärung über ihre Unterdrückung nichts wissen will.

Davon unabhängig befindet sich die Einstellung zur Geschlechtsrolle und zur Ehe in einem langsamen, aber unaufhaltsamen Wandel. Nach einer Untersuchung des Instituts für Demoskopie in Allensbach stieg die Zahl der jungen Männer, die unverheiratet mit einer Frau zusammenleben möchten, von achtundvierzig Prozent (1967) auf achtundsiebzig Prozent (1975), unter den jungen Frauen sogar auf zweiundneunzig Prozent.[3]

Mit dem wachsenden Emanzipationsbewusstsein lockert sich zwangsläufig die festgefügte Ehemoral als Machtinstitution (aus der Sicht des Mannes) und Versorgungsinstitution (aus der Sicht der Frau) auf. Ein Zusammenleben und Auseinandergehen auf freiwilliger Basis wird zunehmend denkbar und auch wünschbar.

*Acht Lebenslügen*

*Die neue Partnerschaft.*
*Psychologische Schlussfolgerungen*

Im Jahre 1903 mokierte sich der österreichische Philosoph Otto Weininger in seinem Buch «Geschlecht und Charakter», das 1920 die zwanzigste Auflage erreichte: «Und was die emanzipierten Frauen anbelangt: Nur der Mann in ihnen ist es, der sich emanzipieren will.»[4] Er meinte damit die männliche, ja hermaphroditische Frau als Abnormität. In den vergangenen siebzig Jahren wurde der Kampf der Frau um mehr Gleichberechtigung von diesem Makel glücklicherweise befreit. Sogar der konservative Mann sieht heute ein, dass ein Teil der Frauen studieren und für gleiche Arbeit gleichen Lohn erhalten will.

Wir sind jedoch noch weit entfernt von einer wirklich freiheitlichen, gleichwertigen Geschlechterbeziehung. Der Kampf der Geschlechter wurde durch die begrüßenswerte und teilweise erfolgreiche Emanzipationsbewegung leider nicht abgeschwächt, sondern noch verschärft. Das Ringen um Gleichberechtigung hat die Probleme der Geschlechter nicht beseitigt, sondern noch zugespitzt. Viele sehnen sich nach den Tagen zurück, in denen alles so einfach erschien: Der Mann hat das Sagen, die Frau gehorcht ihm und genießt seinen Schutz.

Wir befinden uns in einem Übergangsstadium, in dem die Frau an Selbstbestimmung und Eigenverantwortung gewinnt und der Mann Kompensationsmöglichkeiten seiner sexuellen Minderwertigkeitsgefühle einbüßt. Für die Frauen ist dies ein sehr hoffnungsvoller, aber auch beängstigender Vorgang. Für den Mann bringt er Rollen- und Statusunsicherheiten und damit Machtverlust mit sich, ein für ihn sehr schmerzlicher Vorgang – letztlich ist dieser Prozess für beide Geschlechter jedoch vorteilhaft, weil befreiend.

Wenn die Frau ihre vollständige Gleichberechtigung erreicht hat, können sich die beiden Geschlechter endlich offen in die Augen sehen, denn die Partnerwahl erfolgt dann wirklich auf freier

Basis, «das Herz» und die gegenseitige Achtung des Menschen können entscheiden, nicht die Versorgungspotenz (aus der Sicht der Frau) oder die sexuelle Attraktivität (aus der Sicht des Mannes) als Statussymbol vor Freunden und Kollegen.

Die Nachteile der totalen Emanzipation bestehen für den Mann darin, dass er die Frau nicht mehr als Leibeigene nach seinen jeweiligen Launen psycho-sadistisch misshandeln und unterdrücken kann. Die Nachteile der Frau bestehen darin, dass sie für ihren Lebensunterhalt (wie der Mann) selbst sorgen muss.

Der Vorteil besteht in der freien Begegnung der Geschlechter, ein Gewinn für die ungetrübte Entfaltung der Liebesbeziehungen. Jeder Partner fühlt sich frei und strebt nicht danach, zu besitzen oder zu beherrschen. Die Liebe erhält dann eine neue Bedeutung, sie kann sich freier entfalten, da sie nicht an finanzielle Machtkonstellationen gebunden ist.

Es ist natürlich ein bedeutendes psychisches Problem, auf welche Weise der Mann dann sein sexuelles Minderwertigkeitsgefühl kompensiert. Ich glaube, dass dieses Minderwertigkeitsgefühl abgebaut werden kann, wenn der Kampf um «die Frau fürs Leben» an Gewicht verliert, denn es zählt dann mehr die menschliche Verbindung als die sexuelle oder finanzielle Potenz. Die finanzielle Kraft (früher die Körperkraft) des Mannes musste bisher seine Potenzunterlegenheit gegenüber der Frau kompensieren. Die finanziell unabhängige Frau benötigt diese Kompensation nicht und wird sie deshalb auch nicht mehr anstacheln und ausbeuten. Der sexuelle Kontakt wird sich machtfreier abspielen. Die Aufgabe der Frau ist es, ihm hierbei zu helfen – nur die Liebesbeziehung kann dies leisten, nicht die bis heute vorherrschende egoistisch-geschäftliche Beziehung der Geschlechter.

Die Frau gewinnt durch die fortschreitende Emanzipation an tiefenpsychologischem Einfluss auf den Mann. Sie nimmt ihm Stück um Stück seiner Macht, an die er sich mit elementarer Angst klammert. Der Mann muss durch diese Angst hindurch, um seine sexuellen Probleme zu bewältigen. Er ist auf die emanzipierte Frau angewiesen, um seinen Besitzanspruch und seine Kompensationssymptome abbauen zu können. Der Abbau männlicher und der Aufbau weiblicher Macht stellt das Gleichgewicht der gestörten Mitmenschlichkeit wieder her.

Auch die Feudalherren mussten entmachtet werden, um das Leben der Bevölkerung lebenswerter zu machen. So wird auch die Entmachtung des Mannes dem Fortschritt des menschlichen Zusammenlebens und des zwischenmenschlichen Glücks dienen. Die Geschlechter werden sich ohne Besitzdenken begegnen. Wer liebt, möchte nicht mehr besitzen, sondern Freiheit geben.

Davon sind wir noch weit entfernt, denn die Liebe spielt sich vorerst noch im engen Käfig einer staatlich verordneten Ehegemeinschaft ab, in der der Mann das Sagen hat. Die Allensbacher Demoskopieumfrage zeigte die Sehnsucht der jungen Menschen nach freiheitlicherer Partnerschaft und Begegnung. Hoffentlich wird diese Sehnsucht nicht durch mächtige konservative Gegenbewegungen verschüttet. Die Kraft der psychischen Evolution ist allerdings stark und berechtigt zur Hoffnung.

*Alternativen*

Die Ehe befindet sich im Wandel, unabhängig davon, ob die gesetzgeberischen Reformen diesen Wandel bremsen oder beschleunigen möchten. Die Emanzipation der Frau ist nicht aufzuhalten. Die Entwicklung führt von der Ehe auf Lebensdauer (lebenslängliche Monogamie) zur Ehe auf Zeit (sukzessive Polygamie). Die Scheidung in gegenseitigem Einverständnis wird weiter populär werden, gleichfalls das Zusammenleben von Paaren ohne Trauschein in «wilder Ehe».

Dieser Prozess ist unter psychologischem Aspekt zu begrüßen, denn die erzwungen monogame Ehe ist häufig ein Treibhaus psychoneurotischer Störungen, die der Psychoanalytiker Horst Eberhard Richter eindringlich in seinem Buch «Patient Familie» analysiert und beschrieben hat.[5] Die familiären Charakterneurosen kennzeichnete er mit den plastischen Bezeichnungen «Sanatorium» für die angstneurotische Familie, «Festung» für die paranoide Familie und «Theater» für die hysterische Familie.

Die Auflösbarkeit und Auflösung einer neurotischen Ehe kann eine Entlastung für beide Ehepartner sein. Oft wird jedoch nach der Scheidung erneut eine angstneurotische, paranoide oder hysterische Gemeinschaft aufgebaut, auch in wilder Ehe, denn in der Partnerschaft werden Konflikte ausgetragen, die einen von der Institution Ehe unabhängigen gesellschaftlichen Ursprung haben. Solange die gesellschaftlich bedingten Frustrationen bestehen, werden sie in der Partnerschaft abreagiert, und der Partner dient als Blitzableiter, Droge, Psychotherapeut, Projektionsobjekt, Verdrängungshelfer, je nach der bestehenden Charakterstruktur der beiden Menschen.

Die Monogamie ist keine natürliche, biologisch begründbare Moral, sondern wird mit dem Abwehrmechanismus «Rationalisierung» gerechtfertigt, quer durch alle Gesellschaftsschichten mit unterschiedlichen Vorwänden. Da der Mensch ein Bedürfnis nach Polygamie besitzt, aber andererseits sich die monogame Moral rationalisierend einredet, kommt es zu der schrecklichen Heuchelei der bürgerlichen Ehe.

Der Partner wird als Besitz betrachtet, über den eifersüchtig gewacht wird. Er wird weniger zur bequemen Ausübung der Sexualität gebraucht, sondern vor allem, um psychische Probleme zu bewältigen, das sind Ängste, Minderwertigkeitsgefühle, paranoide Vorstellungen, sadomasochistische Verfangenheiten, Zwangssymptome, Suchterscheinungen.

Ein psychisch gesunder Mensch braucht keine monogame Ehegemeinschaft, er ist auf zwanglose Weise polygam, da er den Partner niemals als seinen Besitz betrachtet. Er begegnet ihm in subjektiver Freiheit und achtet, fördert und liebt die Freiheit des anderen. Er lässt seine Freiheit bestehen und umschlingt ihn nicht besitzergreifend mit seiner «Liebe». Ein Zeichen wirklicher Liebe ist nicht der Wunsch, den Partner zu besitzen, sondern ihn in seiner Freiheit weiterleben zu lassen.

Dieser Gedanke ist nicht neu und an die Erkenntnis des Psychologen gebunden, er wird von jedem Menschen, vor allem in der Jugend, lebhaft empfunden und erfühlt. Auf die eigenartig gestellte Frage des Wochenmagazins «Die Zeit» «Promiskuität – lieben und mehrere sexuelle Beziehungen unterhalten?» antwortete ein Achtzehnjähriger bewundernswert klar: «Wir müssen uns von einer sexualfeindlichen Zwangsmoral freimachen. Gerade in der Sexualität muss sich der Mensch selbst bestimmen. Alles ist erlaubt, solange es niemandem schadet. Für Menschen, die sich zur moralischen Selbststeuerung bekennen, besteht der Gegensatz Monogamie – Polygamie nicht mehr, sondern es zählt nur die berechtigte Befriedigung, das Glück.»[6] Dieses Empfinden der Achtung vor der Freiheit des anderen wird jedoch meist bald von den gesellschaftlichen Introjektionen und eigenen psychischen Problemen zugedeckt.

Der Gegensatz Monogamie – Polygamie besteht in unserer Gesellschaft leider sehr deutlich – denn die Menschen behindern sich an ihrer berechtigten Befriedigung und an ihrem Glück der Freiheit, um in der Monogamie ihre psychischen Probleme zu lösen. Dadurch wird jedoch alles nur noch schlimmer und keineswegs besser, wie heimlich gehofft wird.

Die Emanzipationsbewegung ist eine Befreiungsbewegung der Frau, um nicht mehr als Besitz des Mannes missbraucht zu werden. Sie ist ein wichtiger Schritt zum Abbau der bisherigen psychisch deformierten Partnerbeziehung und ein Anfang für die gesündere, freiheitliche Begegnung der Geschlechter in gegenseitigem Respekt vor der Freiheit des anderen. Jeder kann heute schon damit beginnen, diese Freiheit zu verwirklichen, indem er die Emanzipation der Frau unterstützt und für ihre Gleichstellung mit dem Mann eintritt. Dies ist ein Aufruf sowohl an die Männer wie die Frauen. Die freie, unabhängige Begegnung der Geschlechter macht erst die Liebe möglich. Wer die Liebe sucht, darf nicht beherrschen und besitzen wollen, aber auch nicht beherrscht und in Besitz genommen werden wollen. Die meisten Menschen sind verbittert, weil sie die Liebe trotz aller Liebesbeteuerungen und Treueschwüre nicht gefunden haben und mit ihrer alten Einstellung niemals finden können.

# Achte Lebenslüge

*«Der Körper ist Mittel zum Zweck.»*

> «Wir sind alle eines Verbrechens schuldig, des schweren
> Verbrechens, das Leben nicht voll zu leben.»
> *Henry Miller*

Die Krankenkassen errechneten, dass in der Bundesrepublik die Zahl der Betriebskrankentage auf 450 Millionen Tage angestiegen ist. In jedem Jahr fehlt jeder Arbeitnehmer umgerechnet im Durchschnitt etwa zwanzig Tage wegen Krankheit. Diese ansteigenden Krankentage zeigen einerseits die Unzufriedenheit mit der Arbeitswelt (Selbständige sind viel seltener krank), aber auch die zunehmende körperfremde und krank machende Lebensweise.

Für fast zwei Drittel aller Todesfälle sind heute nur noch zwei Krankheitsbilder entscheidend: Herz-Kreislauf-Schäden und Krebs. Vor hundert Jahren sahen die Totenscheine noch variationsreicher aus, Organe waren geschwächt wie Leber, Lunge, Blut, Galle und Herz. Die Menschen in den Industrieländern sterben heute seltener an geschwächten, gealterten Organen, sondern vorwiegend an Stressauswirkungen, an biologischen Grundprozessen der verfehlten Lebensweise mit psychischen Auswirkungen.

Die Stressfaktoren sind unter anderem Leistung unter Zeit- und Konkurrenzdruck, Lärm, Verkehr, Monotonie und Eheprobleme. Der Stress wirkt als Reizeinwirkung auf die psychophysische Ganzheit des Organismus und verursacht eine »Alarmreaktion» (Begriff des berühmten Stressforschers Hans Selye[1]) im Körper. Die Stressreize werden zunächst an das Zwischenhirn gemeldet; über den Sympathikusnerv wird die Nebenniere veranlasst, die Hormone Adrenalin und Noradrenalin in den Blutkreislauf auszuschütten. Der Herzschlag wird durch die Hormonwirkung beschleunigt, der Blutdruck steigt, Zucker- und Fettreserven werden den Muskeln als Energie zugeführt, zusätzlich erhöht eine größere Zahl roter Blutkörperchen die innere Sauerstoffzufuhr, und die Hirnanhangsdrüse (Hypophyse) regt das Hormon Hydrocortison an, um die Innenabwehr des Körpers zu stärken. Der Verdauungsprozess und die Sexualfunktion werden vorübergehend abgeschwächt. Die beschriebenen organischen Reaktionen auf den Stressreiz zeigen, dass der Organismus seine Kräfte und Energien mobilisiert, um eine Gefahr abwenden zu können.

Diese biochemische Reaktionsweise ist dem menschlichen und tierischen Organismus einprogrammiert und hat den tiefen biologischen Sinn, den Körper auf eine möglicherweise gefährliche Situation, bei der er schlagartig alle psychophysischen Kräfte in voller Bereitschaftsfunktion benötigt, mit sekundenschneller Geschwindigkeit aufzurüsten – zur Flucht oder zum Angriff.

Dieser eingebaute Verteidigungsmechanismus ist für Lebewesen in freier Wildbahn (hierzu gehörte auch einmal der Mensch) sehr nützlich und sinnvoll, auch für einen Menschen im Industriezeitalter, wenn er beispielsweise einem plötzlich um die Ecke biegenden Auto ausweichen muss. Stressoren dieser Art sind relativ selten im Vergleich zu Stressoren psychischer Art (Straßenlärm, Ehekonflikte, Rangprobleme, Zeitdruck und so weiter), die spezifisch für unsere Industriegesellschaft sind.

Der entscheidende Nachteil im Vergleich zu den ehemals elementaren Stressoren der freien Wildbahn besteht heute darin, dass die körperliche Alarmreaktion ins Leere verpufft, sie wird nicht adäquat abreagiert und ausgelebt. Nach einer Frustration im Büro müsste der Angestellte die geweckte Alarmreaktion durch physische Betätigungen wie Laufen, Schwimmen oder Klettern abreagieren, um seine Energiemobilisierung körpergerecht abzubauen, stattdessen setzt er sich an seinen Schreibtisch und empfindet nur eine bohrende Wut im Bauch über seine Ohnmacht. Zu seinen Kollegen sagt er vielleicht: «Am liebsten würde ich meinen Schreibtisch umwerfen.» In dieser Bemerkung drückt sich keine Verrücktheit, sondern ein sehr gesundes physisches Bedürfnis aus.

Die nicht adäquat verarbeiteten Hormone und Brennstoffe werden in Cholesterin umgewandelt und fördern die Arteriosklerose, der Hormonhaushalt verschiebt sich, das vegetative Nervensystem wird gestört, und es entsteht die vegetative Dystonie. Darüber hinaus wird die Innenabwehr des Körpers vermindert, und das Infektionsrisiko erhöht sich. Die seelischen Symptome sind depressive Verstimmbarkeit, Ermattung oder auch innere Unruhe und Nervosität, diffuse Lebensunlust oder aggressive Zerstörungslust. Die Reaktion hängt von der Art der Stressoren ab und auch von der subjektiven Beschaffenheit des vegetativen Nervensystems.

Der zivilisierte Mensch ist einem ständigen Dauerstress ausgesetzt, und sein Körper reagiert im Tagesablauf häufiger mit Alarmreaktionen als in der Vorzeit, so sind die zunehmenden Zivilisationskrankheiten auf den wachsenden Zivilisationsstress zurückzuführen. Es gibt nur drei Möglichkeiten, hier Abhilfe zu schaffen. Erstens: Die Zivilisation und damit auch ihre Stressoren werden in ihrem Wachstum gestoppt. Dies ist eine unrealistische Idee, da die Wirtschaft trotz der Warnungen (unter anderem von Dennis Meadows und Herbert Gruhl) weiterhin auf Expansion und Wachstum eingestellt ist und dies wahrscheinlich auch die nächsten fünfzig Jahre bleibt. Zweitens: Der Einzelne begibt sich auf den von Herbert Marcuse in seinem Buch «Der eindimensionale Mensch[2]» propagierten Weg der «großen Weigerung» und entzieht sich unserem stressreichen Gesellschaftssystem. Drittens: Der Einzelne verweigert seine Teilnahme zwar nicht, versucht aber, mit dem Stress auf vernünftige Weise fertig zu werden, indem er die Stressbelastungen durch autogenes Training, Yoga und Meditation zu bewältigen versucht.

Dieser dritte Weg ist zunächst nur ein Kompromiss. Der Körper wurde bisher von den meisten Menschen vernachlässigt und ohne Nachdenken dem Stress der Zivilisation ausgesetzt. Es sollten in

Zukunft neben den vorhandenen Trainingsmethoden, die weiter popularisiert werden müssen, noch zusätzliche Trainingsprogramme zur Stressverarbeitung entwickelt werden.

Die wichtigste Erkenntnis der Stressforscher ist die schädliche Wirkung der nicht abreagierten Alarmreaktion. Hier hilft auch kein autogenes Training, keine Meditationsübung und keine Yogastellung. Der Einzelne muss lernen, die Alarmbereitschaft seines Körpers *sofort* auszuleben, indem er sich körperlich belastet. Er sollte sich also nach einem Stresserlebnis nicht in seinen Schreibtischsessel zurücklehnen und «erst mal entspannen», sondern ein kurzes Gymnastikprogramm absolvieren. Firmen mit über zwanzig Angestellten sollten verpflichtet werden, einen Gymnastikraum (mit Tischtennisplatte) zur Verfügung zu stellen, damit der Stress verarbeitet werden kann. Auch das gehört zur Gestaltung eines humanen Arbeitsplatzes.

Leider ist das Bewusstsein der Mehrheit der Bevölkerung noch nicht so aufgeklärt, den Sinn einer solchen Anti-Stress-Einrichtung zu verstehen, da die meisten nichts über die schädlichen biochemischen Vorgänge nach Stresseinwirkungen wissen. Schon im sechzehnten Jahrhundert schrieb Robert Boyle: «Für eine mit Vernunft begabte Seele ist es in hohem Maße unehrenhaft, in einem so wundervollen, von Gott erbauten Hause zu wohnen, wie es der menschliche Körper ist, ohne etwas von seiner Architektur zu kennen.»[3] Es ist höchste Zeit, dass diese Kenntnis vermittelt wird und zur praktischen Anwendung im Alltag kommt, denn was nützt aller Fortschritt, wenn der Mensch an dem selbst fabrizierten Stress der Zivilisation erkrankt. Die Natur rächt sich mit seelischen und körperlichen Symptomen, wenn der Mensch versucht, sich gegen sie zu stellen, anstatt sie zu ihrem Recht kommen zu lassen.

*Tote Sinne, lebende Leichen*

Ich beobachte immer wieder, dass viele Menschen ihrem Körper fremd gegenüberstehen. Sie entwickeln ihre Intelligenz, knebeln ihre Emotionen und benutzen ihren Körper nur als Mittel zum Zweck, berufliche Leistungen zu vollbringen und ihre Konkurrenten durch Leistung zu überflügeln. Die meisten Menschen entwickeln sich nicht als eine psychophysische Einheit, sondern sie setzen Prioritäten und vernachlässigen oder blockieren andere Bereiche ihrer Gesamtpersönlichkeit.

Da die Unterschicht mehr oder weniger auf dem Arbeitsmarkt nur ihren Körper vermarkten kann, ist sie körperbewusster als die Mittel- oder Oberschicht. Der Körper des Arbeiters wird jedoch meist einseitig belastet oder der Monotonie ausgesetzt, sodass auch er nur Mittel zum Zweck wird und die Gesamtpersönlichkeit nicht in Balance ist. Die Mittel- und Oberschicht vernachlässigt dagegen den Körper und entwickelt einseitig den kognitiven Bereich, sie entwickelt einen Intelligenzkult, die sechste Lebenslüge «Intelligenz ist wichtiger als Gefühl».

Diese Einseitigkeiten führen in die Sackgasse der deformierten Persönlichkeit. Die meisten Menschen haben Lücken in ihrer Gesamtstruktur. Viele zeigen keine Emotionen, sie sind entweder gefühlskalt, oder sie panzern ihre Gefühle ab, sie drücken sich dann nur innerlich aus (selbstzerstörerisch schlagen sich Emotionen auf die Organe nieder).

Eine Lücke kann aufgrund einer Entwicklungsstörung entstehen, wenn in einer entscheidenden Wachstumsphase Lernanregungen und Entfaltungsmöglichkeiten fehlten. Meist entstehen die Lücken jedoch in Verbindung von Erziehungseinflüssen mit der Selbsterziehung. Die Erziehungsanstöße werden durch Introjektion und andere Abwehrmechanismen in die Selbstmanipulation übergeführt. Eine emotionslose Erziehung fördert die zukünftige selbstmanipulierte Gefühlsunterdrückung und Gefühlspanzerung.

Viele Menschen haben nicht nur Lücken der Emotionalität, Kreativität, Spontaneität oder Liebesfähigkeit, sondern im übertragenen Sinne Organlöcher. Sie besitzen keine Geschlechtsorgane, um sich sexuell frei zu fühlen, sie haben kein Herz, um sich etwas zu Herzen gehen zu lassen, sie besitzen keine Beine, um zu laufen und standfest zu stehen.

Ich beobachtete, dass sehr vielen Menschen die Sinnesorgane fehlen. Sie besitzen zwar Augen, Ohren, eine Nase und Hände, aber sie können nicht mit ihren Augen wach sehen, mit ihren Ohren hören sie nichts, die Nase ist stumpf für Gerüche, und mit den Händen können sie keine Tasterlebnisse empfinden. Sie sehen, hören, riechen und tasten zwar, aber ihre Sinne sind nicht lebendig nach außen geöffnet, sondern stumpf und tot. Ich kenne Menschen, die durch eine Frühlingslandschaft wandern, ohne die verschiedenen Farben der Blüten bewusst wahrzunehmen, weil ihr Gehirn sich zwanghaft zum Beispiel mit den neuesten Verkaufszahlen von Digitaluhren beschäftigt. Sie müssten erst ihren Verstand beruhigen und abschalten, um zu Sinnen zu kommen.

Anstatt die Mitmenschen mit ihren Sinnen zu erfassen, fühlen sich viele Menschen betrachtet, gehört und gerochen. Sie projizieren ihre Augen und Ohren und ihren Geruchssinn auf die Mitmenschen und machen sich Gedanken darüber, wie sie selbst aussehen, wie ihre Stimme klingt und wie sie riechen, sie sind so beschäftigt mit Projektionen, Normendenken, Anpassung und ihr Leben nach Regeln zu leben, dass ihren Sinnen nichts mehr auffällt. Sie haben keinen Sinn mehr dafür, etwas in Ruhe zu beobachten und auf ihre Sinne einwirken zu lassen. Sie benutzen ihre Sinne nur, um geregelte Funktionen ihres Lebens ablaufen zu lassen und sie zu kontrollieren.

Die Sinne müssen Anregungen erhalten, um sensibel für äußere Signale zu werden. Ein Fotograf oder Maler lernt durch tägliches bewusstes Sehen, sein Auge zu schärfen und zu sensibilisieren. Bei diesen Berufen handelt es sich natürlich um Spezialisten des Sehens, und es kann nicht erwartet werden, dass jeder Mensch sein Auge wie ein Maler trainiert, aber die Verkümmerung des Sehens ist bei vielen Menschen eine Lücke in ihrer Gesamtpersönlichkeit, die zu bedauern ist.

Neben den Lücken in der psychophysischen Persönlichkeitsstruktur fehlt den meisten Menschen die Mitte. Sie sind zwar angepasst spezialisiert auf eine bestimmte Berufsausübung, aber sie wissen nicht, wo sie wirklich stehen. Sie ergreifen Aktivitäten, aber sie wissen nicht, wer sie sind und was ihre Berufstätigkeit und ihre Freizeitaktivität mit ihnen persönlich zu tun hat, sie kennen das Zentrum ihres Selbst nicht.

Die bisher beschriebenen Lebenslügen führen alle von der persönlichen Mitte weg und verhindern die Selbstfindung. Die erste Lebenslüge ist die Fremdmanipulation und das Streben nach ungeprüft akzeptierten Normen. Die zweite Lebenslüge führt über die Selbstmanipulation zur Entfremdung von der Mitte, wenn Idealen und Vorbildern nachgeeifert wird. Die dritte Lebenslüge dient der Anpassung und Angstvermeidung. Die vierte Lebenslüge führt zu einem unsozialen Zweckegoismus, der nichts mit der Mitte zu tun hat. Die fünfte Lebenslüge verwechselt das Selbst mit dem Status. Der Status ist jedoch meist nur eine leere Hülle, um die fehlende Mitte zu verschleiern. Die sechste Lebenslüge führt zum Intelligenzkult und vermeidet die Entfaltung der ganzen Persönlichkeit. Die siebte Lebenslüge versperrt durch Macht- und Besitzdenken das Finden der Mitte in der Liebe. Und schließlich behindert die achte Lebenslüge das volle Ausleben des Körpers, der elementaren Basis aller Lebewesen.

Dass der Mensch sich so weit von seiner physischen Basis entfernt hat, ist der Wirkung der ersten sieben Lebenslügen zuzuschreiben. Der Körper ist nur noch ausführendes Organ, um das Lügenleben zu führen und sich weiter von der Mitte zu entfernen.

Die Mitte ist nur durch die Aufgabe aller Lebenslügen und ein Zurückbesinnen auf die biologische Basis wiederzufinden. Der Mensch glaubt in der Verfangenheit der Lebenslügen, dass sein Leben sehr geschickt und vernünftig arrangiert ist, und er glaubt, die

Weisheit seines Körpers überspielen zu können. Der Körper lässt sich jedoch nicht belügen und betrügen, wie die Beschreibung der Alarmreaktion und seiner Folgen gezeigt hat. Der Mensch sollte wieder stärker auf die Bedürfnisse seines Körpers hören und ihnen nachgeben und nachgehen. Der Körper lässt sich nicht als Mittel zum Zweck missbrauchen, seine Antwort ist dann unweigerlich Ermattung, psychische Störung, Krankheit und Tod.

*Alternativen*

In Amerika wurde 1927 in der Telefonfabrik der Western Electric Company das berühmte «Hawthorne-Experiment» durchgeführt. Das Unternehmen untersuchte, mit welchen Mitteln die Produktion weiter gesteigert werden könnte. Mehr Bezahlung, mehr Licht und mehr Raum hatten keinen deutlichen Einfluss auf die Leistungssteigerung der Arbeiterinnen. Schließlich hatte Elton Mayo[4] von der Harvard University eine interessante Idee. Er legte einige Abteilungen auseinander und betonte gegenüber den Arbeiterinnen, dass sie sich in einem Experiment befinden, an dem sie beteiligt sind. Er besprach jede neue Veränderung der Arbeitsbedingungen mit ihnen und fragte sie nach ihrer Meinung. Die Folge war, dass die Produktion stieg, auch als die alten Arbeitsbedingungen wiederhergestellt wurden, sank die Leistung nicht ab.

Die fixe Idee der Kapitalisten und Kommunisten von der Allmacht des Geldes als Motivationsfaktor Nummer eins für Leistungen ist nicht richtig. Die Arbeiterinnen leisteten wegen eines immateriellen Grundes mehr, sie fühlten ihre eingesetzte Körperkraft nicht mehr nur als ein Mittel zum Zweck missbraucht, sondern erlebten darüber hinaus mehr Beachtung, Identität ihrer Gesamtpersönlichkeit und eine Aufwertung ihrer Tätigkeit.

Diese experimentell gefundene betriebspsychologische Erkenntnis wurde 1960 von Douglas McGregor vom Massachusetts Institute of Technology weiterverfolgt.[5] Er widersprach dem konventionellen Menschenbild der Unternehmer und Betriebswirtschaftler, dass der Mensch faul und arbeitsscheu sei, nur arbeite, um seinen Lebensunterhalt zu verdienen, und sich lediglich aus Angst vor einer straffen Führung anpasst, einordnet und sich zu seinem eigenen Wohle manipulieren lässt.

McGregor entwickelte ein genau umgekehrtes Menschenbild für die Betriebsführung (er nannte es Theorie Y im Vergleich zu der alten Theorie X), wobei dem Arbeiter vertraut wird, er keiner Spezialisierung unterliegt, die seine Individualität zerstört, sondern ihm Möglichkeiten der Selbstbestimmung gegeben werden und Mitgestaltungsrecht seines Arbeitsplatzes und des Produktionsablaufs. McGregor forderte deshalb unter anderem auch das Abschaffen des Fließbandes.

Der Vizepräsident einer kalifornischen Fabrik für Präzisionsinstrumente Arthur H. Kuriloff[6], hatte den Mut, McGregors Theorie Y in der Praxis auszuprobieren. Er übertrug auch den unteren Rängen mehr Verantwortung, schaffte die Zeituhr ab, die Fließbandarbeiter wurden zu Arbeitsgruppen zusammengefasst. Ergebnis: Die Produktivität pro Arbeitsstunde wuchs um dreißig Prozent, die fehlerhaften Instrumente gingen um siebzig Prozent zurück. Kuriloffs geglücktes Experiment fand jedoch nur wenige Nachfolger.

William James[7] wagte den gleichen Versuch in einer Ölraffinerie in Rotterdam, die 80 000 Fässer Rohöl pro Tag raffinierte. Das neue Menschenbild der Selbstbestimmung des Arbeiters wurde in die Praxis umgesetzt und beispielsweise die Betriebsführung zu einer Beratungsstelle für die in Selbstverantwortung aufgeteilten Arbeitsgruppen umfunktioniert.

Das Ergebnis beschreibt der amerikanische Verhaltensforscher Robert Ardrey, der mit William James über das Experiment diskutierte: «Die Arbeitskräfte wurden um 49 Prozent reduziert, die Produktivität pro Arbeiter stieg um 172 Prozent. Nimmt man für das Jahr 1962 einen Index von 100 an, dann stand die Produktion 1967 auf 272. Und der Arbeiterwechsel sank von jährlich 10 Prozent auf 2 Prozent. Das spricht für die ‹glückliche Raffinerie› von William

James.»[8] William James' Experiment hat vor allem unter kapitalistischen Gesamtbedingungen bewiesen, dass sich das humane Menschenbild McGregors für alle zum Vorteil verwirklichen lässt – auch im Rahmen des konventionellen betriebswirtschaftlichen Profitdenkens der Betriebsinhaber und Unternehmensleiter.

Die Forderung nach der Realisierung des neuen Menschenbildes hat sich in den letzten Jahren verstärkt. Schwedens Automobilfirma Volvo schaffte in zwei neuen Fabrikhallen die traditionelle, menschenunwürdige Fließbandarbeit ab. Der Präsident der Firma Pehr Gylenhammar brachte diese Humanisierungsmaßnahme auf die einfache und treffende Formel: «Die Industrie muss dem Menschen angepasst werden und nicht der Arbeiter der Maschine. – Wir wollen die Identifizierung des Arbeiters mit seinem Produkt langsam wieder aufbauen.»[9] Dies gilt meines Erachtens nicht nur für den Fließbandarbeiter, sondern auch für den Angestellten in den Büroorganisationen. Die Organisation muss dem Menschen angepasst werden und nicht der Angestellte der Organisation.

Nach der Auffassung des Verhaltensforschers Ardrey ist es höchste Zeit: «Wenn wir unsere Vorstellungen von den menschlichen Bedürfnissen nicht korrigieren und erweitern – unser Bild der menschlichen Persönlichkeit schlechthin –, werden unsere Gesellschaften in Apathie versinken oder in Anarchie ausarten.»[10] Die weltwirtschaftliche Rezession in den Jahren 1974 und 1975 hat die zunehmende Apathie der Arbeitnehmer weiter gefördert und die Theorie Y vom neuen Menschenbild in der Betriebsführung nicht vorwärts gebracht.

Der Einzelne muss aus der Apathie wieder herausfinden. Über die psychischen Kränkungen und Unterdrückungen am Arbeitsplatz äußern sich die Betroffenen resigniert: «Was soll ich machen? Ich muss vieles schlucken, denn wenn ich es nicht schlucke, schmeißen die mich raus – und zurzeit ist es schwierig, einen neuen Arbeitsplatz zu finden, also halte ich meinen Mund und warte auf bessere Zeiten.» Diese Einstellung ist verständlich, aber sie ist auf längere Sicht ungesund, weil der Einzelne sich krank schluckt, es entstehen die bereits geschilderten Stresskrankheiten der Organe und Psyche. Er wird erst wieder gesund, wenn er sich wehrt und sich die Unterdrückung im Sinne des alten, verlogenen Menschenbildes (Theorie X) nicht mehr gefallen lässt. Solange er seinen Körper weiter als Mittel zum Anpassungszweck betrachtet, um den im Moment bequemeren Weg zu gehen, wird er sein Leben nicht selbstbestimmt und mit sich selbst identisch leben können. Er macht sich nach Henry Miller des Verbrechens schuldig, das Leben nicht voll gelebt zu haben. Die Weisheit seines Körpers lässt sich darüber nicht hinwegtäuschen und warnt ihn mit Symptomsignalen.

Werden diese Signale nicht beachtet, beginnt der Prozess einer langsamen Selbstzerstörung des Lebens. Das sollten die Unternehmer und Politiker endlich begreifen und die einfache Rechnung aufmachen, dass mehr Humanität auf die Dauer für alle sogar ökonomisch effektiver ist. Schwedens fortschrittlicher Regierungschef Olof Palme sagte in einem Interview mit dem Wochenmagazin «Wirtschaftswoche» programmatisch: «Damit wir eine Industriegesellschaft bleiben, müssen wir nicht nur neue Maschinen und Fabriken, sondern auch neue Verhältnisse für den neuen Menschen schaffen.»[11]

Der Einzelne sollte nicht warten, bis sich mehr Politiker für das neue Menschenbild stark machen und sich mehr Unternehmer zu einer humanen Betriebsführung im Sinne McGregors, Arthur H. Kuriloffs und William James' durchringen. Er sollte heute schon die Stimme seines Körpers beachten und seine Physis nicht mehr als Mittel zum Zweck missbrauchen.

# 4 Wir müssen uns wehren

# Die acht Lebenslügen sind Alarmreaktionen

> «Der durchschnittliche Mensch unserer Zeit, ob ihr es nun glaubt oder nicht, lebt nur fünf bis fünfzehn Prozent seines Potenzials, im Höchstfall. Ein Mensch, der gar fünfundzwanzig Prozent seines Potenzials entfaltet hat und bereitstehen hat, wird schon als Genie angesehen. Fünfundachtzig bis fünfundneunzig Prozent unseres Potenzials sind also verloren, sind ungenutzt, sind uns nicht zur Hand.»
>
> *Frederick S. Perls*

Die beschriebenen Abwehrmechanismen sind Techniken, um sich gegen psychische Schwierigkeiten und Konflikte, die Angst erzeugen, zur Wehr zu setzen. Es wird durch die Abwehr vorübergehend eine entlastende Angstreduktion erreicht, dabei besteht jedoch die Gefahr, dass die Abwehrtechnik immer wieder angewandt wird, sich verfestigt und schließlich zu einer chronischen Reaktionsweise wird.

Im zweiten Kapitel wurden die Abwehrmechanismen beschrieben: Identifizierung, Verdrängung, Projektion, Symptombildung, Verschiebung, Sublimierung, Reaktionsbildung, Vermeidung, Rationalisierung, Betäubung, Abschirmung, Ohnmachtserklärung, Rollenspiel und Gefühlspanzerung. Die daran anschließend beschriebenen acht Lebenslügen sind Denkhaltungen, falsche Lebensphilosophien, um das Leben erfolgreich zu bestehen und Misserfolge möglichst zu vermeiden. Diese Lebenslügen werden mit Hilfe der Abwehrmechanismen gestützt, da Angst entsteht, sobald die bisherige falsche Denkweise in Frage gestellt wird.

Die Abwehrmechanismen sind mit den Lebenslügen eng verflochten. Wie die Abwehrmechanismen die Lebenslügen stützen, wird kurz skizziert.

*Erste Lebenslüge: «Charakter ist wichtiger als Individualität.»*

Zunächst erfolgt die Identifizierung mit den Normen der Eltern und der Gesellschaft. Die Fremdmanipulation wird introjiziert und die vorhandene Individualität so weit als möglich verdrängt. Mit Hilfe der Projektion werden Menschen, die Individualität entwickeln und von der Norm abweichen, verurteilt und bekämpft. Die Symptombildung ist der Perfektionismus, die zwanghafte Anpassung an die Normen und die starre Charakterpanzerung. Die Symptome fallen jedoch nur in krasser Ausprägung auf, da sie zum «normalen» Menschenbild gehören. Die nicht voll gelungene Anpassung an den Perfektionismus der Normen wird als Verschiebung am Ersatzobjekt (Kinder, Untergebene) durch Erziehung zu realisieren versucht. Die in Wahrheit verhassten Normen werden durch die Reaktionsbildung (aus Angst vor dem Eingeständnis) zur Normenliebe umgebildet. Die Rationalisierung hilft mit allgemeinen Rechtfertigungsfloskeln wie: «Nur durch Perfektionismus, festgefügte Normen und Anpassung kann sich der Mensch zu einem guten Charakter entwickeln.» – Und gleich hinterher die Ohnmachtserklärung: «Der Mensch muss von den Erziehungspersonen perfektionistisch oder mit autoritärem Nachdruck erzogen werden, damit er in die Normen der Gesellschaft hineinwächst, sonst bricht die Gesellschaft zusammen.»

*Zweite Lebenslüge: «Der Mensch braucht Vorbilder und Ideale.»*

Vorbilder und Ideale werden zunächst fremdbestimmt vermittelt und introjiziert. Mit diesem Vorgang ist die Verdrängung der Individualität automatisch verbunden. Hinzu kommt die Projektion der verdrängten Individualität in andere und ihre Verurteilung. Die Symptombildung dieser Denk- und Verhaltensweise ist die Selbstentfremdung und der Bewertungszwang gegenüber der eigenen Person und den Mitmenschen. Durch die Verschiebung auf Ersatzobjekte werden die Mitmenschen an Vorbildern gemessen und bewundert oder verurteilt. Die Reaktionsbildung auf den verhassten Bewertungszwang ist die Bewertungslust. Mit Hilfe der Rationalisierung wird dieses Verhalten gerechtfertigt: «Selbsterziehung, Idealerfüllung und Nacheifern von Vorbildern ist für die Persönlichkeitsbildung unerlässlich.» Und die Ohnmachtserklärung: «Der Mensch ist eben so, da ist nichts zu machen.»

*Dritte Lebenslüge: «Sicherheit geht vor. Freiheit führt zum Chaos.»*

Aus Angst vor Strafe und Abwertung identifiziert sich das Kind mit den Erziehungspersonen, introjiziert ihr Sicherheitsstreben und passt sich an ihr unfreies, enges Menschenbild an. Die aufkeimende Lust an der Freiheit wird aus Angst vor den Erziehungspersonen verdrängt. Die eigene unterdrückte Freiheitsliebe wird in andere projiziert und dort kritisiert und abgewertet. Hinter jedem Stück Freiheit wird direkt das drohende Chaos, die Anarchie und Sodom und Gomorrha befürchtet.

Die Symptombildung des sicherheitsfanatischen, unfreien Menschen ist die beschriebene kollektive Neurose. Der «sekundäre Krankheitsgewinn» dieser Neurose besteht in der Möglichkeit, sich zum Beispiel auf eine tolerierte Weise durch Krankmeldung, Alkohol- und Tablettenmissbrauch kurzfristig zu entlasten. Die Symptome sind außerdem eine unbewusste Sprache, die sagt:

«Ändert die Verhältnisse, die mich krank machen, ich kann mich nicht anders als durch Symptome wehren.» Die Freiheit wird auf ein Hobby geschoben, in dem mehr unangepasste Selbstverwirklichung möglich ist. Als Reaktionsbildung wird das Gegenteil, nämlich Sicherheit, Anpassung, Konformismus und Unfreiheit, gefordert und teilweise lustvoll erlebt, wogegen Freiheit und Selbstbestimmung Angst und Unlust erzeugen.

Die Rationalisierung stützt die eigene Anpassung: «Der konformistische Weg, den die Mehrheit der Bevölkerung geht, kann nicht falsch sein, denn so viele Menschen können sich nicht irren.» Und die Ohnmachtserklärung rundet die Verfangenheit in der dritten Lebenslüge ab: «Lebensangst ist eine Grundgegebenheit des Menschen, und das angepasste Sicherheitsstreben ist die einzige Möglichkeit, die Angst zu bewältigen.»

*Vierte Lebenslüge: «Jeder ist sich selbst der Nächste.»*

Die Identifizierung mit dem Erfolgs- und Leistungsprinzip schafft die Voraussetzung für die Entwicklung des Egoismus.

Um des persönlichen Erfolges willen entartet die Ego-Zentrierung, und die Nächstenliebe wird verdrängt. Der eigene Egoismus wird in die Mitmenschen projiziert und dort bekämpft. Gleichzeitig bietet die Projektion eine Rationalisierungshilfe: «Solange die anderen egoistisch sind, muss ich mich selbst auch egoistisch verhalten, um nicht das Nachsehen zu haben.» Die Symptombildung der vierten Lebenslüge sind Geiz, übersteigerter Ehrgeiz, Kontaktstörungen, Muskelspannungen, Magengeschwüre und Liebesunfähigkeit. Anstatt den Egoismus zu bekämpfen, wird er mit der Reaktionsbildung durch eine machiavellistische Ellenbogenideologie bekräftigt. Der Irrtum des egoistischen Denkens wird zwar meist erkannt, aber mit der Ohnmachtserklärung besänftigt: «Ein Einzelner ist gegen die egoistische Mehrheit machtlos, er muss selbst egoistisch handeln, um nicht unter die Räder zu kommen.»

*Fünfte Lebenslüge: «Die Menschen sind nicht gleich, es gibt Rang- und Wertunterschiede.»*

Mit dem Status- und Rangdenken identifiziert sich der Einzelne spätestens in der Schule, die ihn zensiert und auf intellektuelle und soziale Rangplätze verweist. Da täglich Rang- und Wertunterschiede erlebt werden, wird das Bewusstsein der Gleichwertigkeit der Menschen verdrängt. Das geweckte Geltungsstreben pervertiert zu einem egoistischen, ausbeuterischen Statusstreben, das verdrängt wird und als Projektion auf die Mitmenschen das eigene Verhalten beschönigt: «Die anderen wollen mir imponieren – also muss ich ihnen auch imponieren, um mich zu behaupten.

Die Symptombildung der fünften Lebenslüge ist ein Dauerstress im Kontakt zu den Mitmenschen. Der Einzelne entgeht diesem Stress durch eine symbiotisch enge Partnerwahl (zu zweit allein) und skeptische, enttäuschte bis verbitterte Isolation, um dadurch dem Imponierstress auszuweichen. Das verhasste Rang- und Imponiergehabe wird nicht verurteilt und abgewertet, sondern als Reaktionsbildung bei den oberen Zehntausend und den Erfolgreichen der Showbranche bewundert. Von dieser Reaktionsbildung lebt die Regenbogenpresse, die sie genüsslich ausschlachtet. Die Rationalisierung rechtfertigt den Statuskampf und die ungerechte Privilegienverteilung so: «Der Tüchtige erhält in unserer Gesellschaft die Chance, über die Mehrheit hinauszuwachsen, seine Statussymbole sind verdient. – Wir wollen doch nicht neidisch sein.» Die krassen Einkommensunterschiede in einer Firma vom Arbeiter bis zum Vorstandsvorsitzenden sind durch diese Rationalisierung nicht voll gerechtfertigt, deshalb versichert die Ohnmachtserklärung: «Rangunterschiede und Hackordnungen gibt es auch im Tierreich, das ist biologisch natürlich, dagegen kann man nichts machen.»

*Sechste Lebenslüge: «Intelligenz ist wichtiger als Gefühl.»*

In der Schule vollzieht sich die Identifizierung mit der Überbewertung der Intelligenz im Vergleich zur Kreativität, Emotionalität und Sensibilität. Die Emotionalität wird teilweise verächtlich gemacht und abgewertet und als unerwünscht verdrängt. Gefühle, die man an sich selbst nicht wahrhaben möchte, werden in die Mitmenschen projiziert und als Sentimentalität abgewertet. Die Gefühlsunterdrückung führt zur Symptombildung der Gefühlspanzerung und zur Überbetonung der Intellektualisierung. Die emotionalen Bedürfnisse werden auf Ersatzobjekte verschoben. Das Übergewicht der Intellektualität wird nicht abgebaut, sondern als Reaktionsbildung zum Intelligenzkult weiter ausgebaut. Als Rechtfertigung dient die Rationalisierung: «Nur Intelligenz verhilft zum Erfolg, wogegen Emotionalität störend ist.» Die Ohnmachtserklärung rundet die Verfangenheit in der sechsten Lebenslüge ab: «Die Gesellschaft, die Arbeitswelt benötigt die Ausbildung der intellektuellen Kräfte, während Emotionalität, Kreativität und Sensibilität weniger gebraucht werden – gegen die Störung des Persönlichkeitsgleichgewichts muss also nichts unternommen werden.»

*Siebte Lebenslüge: «Wer liebt, möchte besitzen.»*

Die Identifizierung mit der Geschlechtsrolle führt zwangsläufig zu der Introjektion, der spezifischen Machtkonstellation im Kampf der Geschlechter. Die Idee der Emanzipation der Geschlechter wird verdrängt oder nur als reines Lippenbekenntnis geäußert, während an dem alten Besitzdenken in der Partnerschaft festgehalten wird. Dieses Besitzdenken wird in den Partner projiziert, vor allem, wenn eigene Seitensprungwünsche auftauchen. Die Symptombildung des Besitzdenkens ist die Eifersucht und die gestörte Liebesfähigkeit (unter anderem Impotenz, Frigidität, Sadismus, Masochismus), ein diffuses Gefühl, dass mit der Liebe etwas nicht stimmt. Die Symptombildung ist ein versuchter, aber missglückter Ansatz zur Lösung des Dilemmas.

Die nicht geglückte zwischenmenschliche Liebe wird auf Ersatzobjekte verschoben (Haustiere, Hobby, Beruf). Aber auch in der Verschiebung glückt meist keine Liebesbeziehung, weil auch hier der Besitzwunsch zerstörerisch wirkt. Der Vorteil besteht darin, dass ein Tier den Menschen nicht zu besitzen versucht und keine Besitzforderungen stellt.

Die Reaktionsbildung vertuscht das Besitzdenken und äußert sich durch besonders intensive Liebes- und Treueschwüre, nach dem Motto: «Ich will dein Bestes.» Das eifersüchtige Besitzenwollen wird, wenn es überhaupt zugegeben wird, rationalisiert: «Ich möchte dich nicht verlieren, insofern muss ich dich besitzen wollen.» Und zur Abrundung wieder die Ohnmachtserklärung: «Das Wesen der Liebe ist Besitz ergreifend, dagegen ist kein Kraut gewachsen.»

*Achte Lebenslüge: «Der Körper ist Mittel zum Zweck.»*

Die Identifizierung mit der Körperfeindlichkeit der Eltern geschieht schon in den ersten Lebensjahren. Körperlichkeit und Sinnlichkeit werden verdrängt, da andere Prioritäten (Intellektualisierung, Beherrschung, Selbstkontrolle) gesetzt sind. Die Symptombildung bleibt nicht aus, sie zeigt sich in körperlichen und psychischen Stressschäden, in vegetativer Dystonie und dem weiten Feld der psychosomatischen Symptome. Die verlorene Körperlichkeit wird durch ein vermehrtes Intellektualisieren zu kompensieren versucht.

Die unausgelebte Körperlichkeit wird bedauert, und als Reaktionsbildung wird sportliche Leistung von anderen besonders bewundert. Außerdem entsteht Freude an Technischem, Maschinellem, Roboterhaftem, wo Materie nur als Mittel zum Zweck funktioniert. Die eigene Unlebendigkeit und die Liebe zur toten Lebendigkeit der Maschine gehen eine Legierung ein, die den Menschen zum lustvollen Sklaven der Maschine macht, er bedauert schließlich, dass er selbst nicht so perfekt funktioniert wie eine Maschine, und er versucht, es ihr gleichzutun, indem er eine Arbeitsmaschine wird.

Die Rationalisierung lautet: «Der Geist steht über dem Körper, er kann ihn beherrschen und nach seinen Wünschen einsetzen.» Die Antwort sind Arterienverkalkung und Herzinfarkt. Die Ohnmachtserklärung auf die Reaktion des Körpers: «Wir leben eben nicht mehr in dem körpernahen Urzustand der Naturvölker und müssen den Preis unserer Zivilisation auf diese Weise bezahlen.»

*Die Vor- und Nachteile der Lebenslügen*

Die Vorteile der Lebenslügen sind offensichtlich. Sie sollen dem Lebenserfolg, der Selbstbehauptung und erfolgreichen Durchsetzung dienen. Mit Hilfe der Abwehrmechanismen werden sie gestützt und die zeitweise aufkommenden Ängste und die latent vorhandenen Zweifel bewältigt.

*Die Vorteile*

*Erste Lebenslüge:* Der Fremdmanipulierung sind das Kind, der machtlose Jugendliche und Erwachsene recht hilflos ausgeliefert. Die Übernahme der Normen und die Verdrängung der Individualität erleichtern das Hineinwachsen in die Gesellschaft. Wer die Normen peinlich genau erfüllt und sich zu einem überschaubaren Charakter entwickelt, kommt beruflich und privat leichter voran.

*Zweite Lebenslüge:* Die Anerkennung von Vorbildern und Idealen und die Selbsterziehung dient dem gleichen Zweck wie die erste Lebenslüge, nach dem Motto: «Tue, was du tun musst, mit

Freude und Lust.» Oder salopper formuliert: «Besser ein normaler Irrer als ein irrer Normaler.» Die Selbstmanipulation und das Hineinzwängen in anerkannte Charakter- und Persönlichkeitshüllen sollen den Lebenserfolg (im Sinne der Gesellschaft) erleichtern.

*Dritte Lebenslüge:* Der sicherste Weg, mit dem Leben zurechtzukommen, wird in der Anpassung gesehen. Die Anpassung und Unterwerfung unter die anerkannten Normen soll die Lebensangst dämpfen. Der Gedanke an Freiheit erzeugt Angst und verstärkt den Anpassungsprozess.

*Vierte Lebenslüge:* Die Ego-Zentrierung wird zu einem handfesten Egoismus entwickelt, der den Lebenskampf erleichtern soll. Gemeinschaftsgefühl, Nächstenliebe und Solidarität behindern nach dieser Auffassung den eigenen Aufstieg; rücksichtsloser Egoismus gilt dagegen als sicheres Erfolgsrezept und scheint es auch häufig zu sein.

*Fünfte Lebenslüge:* Wer egoistisch nach persönlichem Lebenserfolg in einer Konkurrenz- und Leistungsgesellschaft strebt, möchte sich nicht mit dem Gedanken der Gleichwertigkeit der Menschen auseinander setzen. Er akzeptiert das Imponier- und Statusverhalten als wichtiges Attribut des Kampfes um Anerkennung, Erfolg und Privilegien, denn der Statusaufstieg ist schließlich der Preis für die Mühe der ersten vier Lebenslügen.

*Sechste Lebenslüge:* Auch der Intelligenzkult dient dem Lebenserfolg. Das verlorene Gleichgewicht der Persönlichkeit wird in Kauf genommen, weil einseitige Intelligenzentwicklung (auf Kosten der Emotionalität) der erfolgreichen Lebensbewältigung dient.

*Siebte Lebenslüge:* Auch die nicht emanzipierte Partnerschaft dient der Lebensbewältigung. Die Familie ist ein Kriegsschauplatz der Neurosen, auf dem jeder versucht, am anderen seine psychischen Schwierigkeiten abzureagieren und seine Frustrationen zu heilen.

*Achte Lebenslüge:* Der Körper dient als Mittel zu dem Zweck, in der Gesellschaft erfolgreich zu bestehen. Wer sich den meisten Stress zumutet, kann seine Kollegen schneller und nachhaltiger überspielen und auf der Hierarchieleiter des Erfolgs rascher und weiter nach oben kommen.

*Die Nachteile*

Die Nachteile der Lebenslügen wurden in den einzelnen Kapiteln bereits ausführlich dargestellt, sie sollen deshalb hier nur kurz und stichwortartig zusammengefasst werden.

*Erste Lebenslüge:* Es entsteht der Charakterpanzer, der normierte Mensch mit zwanghafter Perfektionismussehnsucht, der seine Individualität nicht ausreift, sondern sie unterdrückt und vergewaltigt.

*Zweite Lebenslüge:* Die Selbstmanipulation führt zur Selbstentfremdung und zum Bewertungszwang. Die ersten beiden Lebenslügen erzeugen die bösartige Aggression, die nekrophile Destruktion, die Hörigkeit und Verführbarkeit gegenüber anonymen Autoritäten.

*Dritte Lebenslüge:* Das Sicherheitsstreben und die Anpassung führen in die kollektive Neurose, mit dem beschriebenen Symptombild. Die Neurose ist kein statistisch seltenes Krankheitsbild mehr, sondern die Norm des Durchschnitts der zivilisierten Bevölkerung.

*Vierte Lebenslüge:* Der praktizierte Egoismus schlägt auf jeden Einzelnen wieder als sozialer Bumerang zurück. Er fühlt sich frustriert, bekämpft und isoliert. Dies fördert seine Skepsis, Verbitterung und die Verstärkung des Egoismus.

*Fünfte Lebenslüge:* Das Streben nach Rang- und Wertunterschieden führt zu einem egoistischen, gnadenlosen Sozialdarwinismus. Die Folge sind ein biologisch ungesundes Übermaß an Status- und Imponierstress und die daraus erwachsenden psychosomatischen Symptome.

*Sechste Lebenslüge:* Das verlorene Gleichgewicht der Persönlichkeitsbereiche auf Kosten der Intelligenzhypertrophie deformiert den Menschen in seiner Gesamtpersönlichkeit. Er verödet emotional, verpanzert und fühlt sich psychisch unglücklich und krank.

*Siebte Lebenslüge:* Wer seinen Partner zu unterdrücken versucht, ihn besitzen will und ihn zur Lösung seiner psychischen Schwierigkeiten einsetzt, verliert die Liebe. Der Liebesverlust ist ein bedeutender Verlust des seelischen Glücksempfindens und verstärkt die Anfälligkeit für die depressive Verstimmung.

*Achte Lebenslüge:* Der Missbrauch des Körpers als Mittel zum Zweck hat zur Folge, dass sich die biologische Natur des Menschen mit den geschilderten Stresskrankheiten rächt.

Nach meiner Auffassung und Erfahrung wiegen die Nachteile die Vorteile der Lebenslügen nicht auf. Und dennoch werden Sie als kollektive Neurose von der Mehrheit der Bevölkerung praktiziert und mit Hilfe der Abwehrmechanismen gestützt und verteidigt.

Die Gründe dafür sind vielfältiger Art. Der junge Mensch tritt nicht in eine heile Welt, in der er sich frei und ohne Hindernisse neu selbst entscheiden kann, wie er sein Leben psychisch gesund leben möchte. Er wächst vielmehr in eine von den Lebenslügen bereits beherrschte Gesellschaft hinein. Durch den Erziehungsstil der Eltern und Erziehungspersonen wird er mit den Erziehungsmitteln Lob, Tadel, Belohnung und Bestrafung in den Angstabwehrmechanismus Identifizierung und Introjektion hineingetrieben. Wurde die Introjektion der Normen und falschen Lebensphilosophien, Lebenslügen und Durchsetzungsregeln erst einmal aus Angst vor der Autorität und der drohenden eigenen Außenseiterrolle vollzogen, ist der weitere Lügenweg vorgezeichnet. Aus der Identifizierung heraus entwickeln sich die Selbstmanipulation, das Anpassungsstreben, die entartete Ego-Zentrierung, das Rangstreben, die Intelligenzhypertrophie, die Gefühlsunterdrückung, die Charakter- und Gefühlspanzerung, die Liebesunfähigkeit und der Körpermissbrauch als Mittel zum Zweck.

Bereits mit den ersten frühen Identifizierungen wird der Weg in die Lebenslüge vorgezeichnet. Die Zeit der Pubertät bringt ein

Aufbäumen gegen die Normen der Gesellschaft und die introjizierten Lebensregeln. In dieser schöpferischen Entwicklungsphase werden die bestehenden Denkstrukturen und Lebenslügen in Frage gestellt. Auf diese Fragen bietet die Alltagsrealität jedoch keine Antwort, und der Sog der sozialen Realität ist stark genug, um den schöpferischen Pubertierenden wieder in die Anpassung hineinzuziehen. Danach bringen mehr oder weniger ausgeprägte Lebenskrisen erneut schöpferische Perioden, und die Symptombildung setzt Warnsignale, sodass die Fragen nach der richtigen Lebensbewältigung erneut auftauchen.

Die meisten Menschen haben Angst davor, ihre Schwierigkeiten und Probleme untereinander offen zu diskutieren. Sie zeigen nach außen hin die Fassade: «Mir geht es gut, ich bin mit meinem Leben zufrieden, vieles ist zwar nicht so, wie ich es mir wünsche, aber so ist eben das Leben, wir sitzen ja alle in einem Boot. Ich wünsche mir vieles anders, freier, zwangloser, aber die Erde ist nun mal kein Paradies.»

Der rheinische Mundartdichter Ludwig Soumagne trifft dieses Schwanken zwischen «uns geht es gut» und «irgendetwas stimmt nicht» mit lyrischen Zwischentönen:

> Echh hann
> alles
> wat ech bruch
> und jetzt
> sull
> ech zufriede sin
> ech ärme Deufel

Gibt man sich die Mühe, etwas tiefer hinter die äußere Fassade zu schauen, und lockert das Gespräch mit Alkohol auf und beseitigt durch Verständnis und Anteilnahme die Angst vor dem konkurrierenden Partner, der sich an den Problemen des anderen «hochziehen» will, dann eröffnet sich die ganze Symptomwelt des psychischen Leidens an der Gesellschaft und den Lebenslügen, auch bei scheinbar erfolgreichen Menschen, beispielsweise Führungskräften der Industrie mit Jahresgehältern zwischen 40 000 und 100 000 Mark. Meine Erfahrung stützt sich also nicht nur auf Arbeiter, die recht schnell nach der «mir geht es gut»-Fassade zu der Formel finden «alles Scheiße», sondern auch auf Personen der Mittel- und Oberschicht in Chefpositionen und auf Intellektuelle der Mittelschicht.

Die Resignation gegenüber dem eigenen Leben und der Gesellschaft ist ungeheuer groß, das kann jeder nachprüfen, der sich der Mühe unterzieht, seine Maske abzulegen, um das ehrliche Gespräch zu suchen. Diese Mühe machen sich aus Angst und Abwehr leider nur wenige. Sie wollen nicht zur Sprache kommen lassen, dass fast alles, woran sie sich täglich klammern, ein schäbiger Ersatz ist für verfehltes, durch Abwehr und Lebenslügen verhindertes Leben. Die Erkenntnis, das Leben und die Selbstverwirklichung zu versäumen, ist sehr schmerzhaft, und oft fließen Tränen, wenn diese Problematik mit Echtheit und dann natürlich mit Betroffenheit zur Sprache kommt.

Warum beenden wir die Lügen nicht? Warum klammern wir uns an die falsche Denkhaltung und leben morgen wieder, nachdem wir uns ausgeweint haben, unser altes Lügenleben weiter? Herbert Gruhl gibt folgende Antwort: «Vielleicht hat sich die Lüge schon so tief in alle Hirne eingefressen, dass sie nicht mehr frei sind. Vielleicht ist das menschliche Großhirn direkt schuld.»[2]

Die Lüge hat sich tatsächlich so tief in die Hirne, in die Denkstruktur eingefressen, dass ein freies, neues Denken nur sehr schwer möglich ist. Ich glaube jedoch nicht, dass das Großhirn des Menschen zur Lügenstruktur prädestiniert ist. Ich glaube an die Fähigkeit des Großhirns, die Lügen zu durchschauen und sich das verlorene Leben zurückzuholen, weil ich nicht nur Symptombilder des versäumten Lebens sah, sondern auch die wiedergewonne Freiheit der Selbstfindung und Selbstbestimmung beobachten konnte.

Meine Erfahrung und Hoffnung wird von dem Philosophen Karl Popper bestätigt, der in einem Interview mit der «Deutschen Zeitung» sagte: «Die Hauptthese meines ersten Buches, ‹Logik der Forschung›, kann man so formulieren: Wir können aus unseren Fehlern lernen. Wir lernen nicht, indem wir Beobachtungen sammeln und aus den gesammelten Beobachtungen dann herausdestillieren, was wesentlich ist, sondern wir lernen, indem wir über die Probleme stolpern. Die Probleme sind sehr oft praktische Probleme; manchmal sind sie theoretische Probleme, die aus den vorgeschlagenen Lösungen der praktischen Probleme herauswachsen. In beiden Fällen stoßen wir auf Probleme und versuchen, diese Probleme zu lösen. Wir lösen sie durch die versuchsweise Aufstellung von Theorien; und dann versuchen wir, diese Theorien zu überprüfen. Ganz allgemein lernen wir im Wesentlichen von unseren falschen Theorien: von der Korrektur unserer Fehler.» Zu der Korrektur unserer Denkfehler, des falschen Durchsetzungsverhaltens, soll dieses Buch auffordern.

*Wir sind manipulierter und manipulierbarer, als wir glauben*

Die Abwehrmechanismen führen in Verbindung mit den Lebenslügen zur Resignation, bereitwilligen Unterordnung, Passivität, Manipulierbarkeit, Verführbarkeit, Hörigkeit, Einschüchterung, Charakter- und Gefühlspanzerung. Die Bereitwilligkeit, die persönliche Freiheit und Menschenwürde antasten zu lassen, nimmt wie die psychosomatischen Symptome in der zivilisierten Welt zu. Wir lassen uns immer mehr einschüchtern, ohne uns aufgrund der Verfangenheit in den Lebenslügen wehren zu können.

Der Sozialpsychologe Thomas Moriarty führte über mehrere Jahre Labor-Experimente an der New York University über das Problem der Wehrlosigkeit und Opferbereitschaft durch.[4] Studenten wurden zu einem Test, der Konzentrationsfähigkeit erforderte, bestellt. Zwei Personen befanden sich in dem Testraum, sie saßen Rücken an Rücken, jeder an einem eigenen Tisch. Der Experimentator konnte durch eine Einwegscheibe ungestört das Verhalten der beiden Personen beobachten. Einer der beiden Studenten (instruierter Mitarbeiter des Experimentators) holte einen Kassettenrekorder aus seiner Tasche und spielte während des Tests Beatmusik. Die Frage war: Wie reagiert die im Test gestörte Person auf die Störung mit welchem Nachdruck?

Nur vier von zwanzig Versuchspersonen protestierten wenigstens einmal, die anderen sechzehn Studenten (achtzig Prozent) tolerierten die störende Musik, ohne ein Wort zu sagen. In einem nachträglichen Gespräch gaben sie zu, dass sie sich überlegt hätten, den Störer um Ruhe zu bitten, aber aus Angst schwiegen sie.

Die Versuchsanordnung wurde von Thomas Moriarty so variiert, dass der Test eine größere Bedeutung für die Auswahl des Studenten hatte, aber der Protest der Gestörten wurde dadurch nicht stärker, wieder sagten sechzehn Studenten gar nichts, und nur einer protestierte so lange, bis der Störer den Kassettenrekorder abschaltete.

Andere Störexperimente wurden in einer Alltagssituation im Kino durchgeführt. Hier protestierten von vierzig Personen nur vierzehn (gegen eine laute Unterhaltung während des Films). Ein anderes Experiment wurde so gestaltet: Ein Mitarbeiter des Teams sprach zwanzig Männer an, die in einer Telefonzelle telefoniert hatten; er erklärte, dass er diese Telefonzelle kurz zuvor benutzt und einen Ring verloren habe: «Haben Sie den Ring gefunden? ... Sind Sie sicher, dass Sie ihn nicht gesehen haben? Manchmal steckt man etwas ein, ohne dass man sich dessen bewusst wird ... Dann zeigen Sie mir doch mal, was Sie in Ihren Taschen haben.»

Von zwanzig Personen leerten sechzehn bereitwillig ihre Taschen, also achtzig Prozent. Einer protestierte gegen diese Aufforderung und ging weg, die restlichen drei waren höflich, aber weigerten sich, ihre Taschen zu leeren. Dieser Versuch wurde von Moriarty in verschiedenen Variationen noch etwa fünfzig Mal durchgeführt, und das Ergebnis blieb stets fast gleich.

Die Experimente von Moriarty ergänzen sich auf fatale Weise mit den Untersuchungsergebnissen des Psychologen Stanley Milgram[5], der nachwies, dass zwei Drittel der Erwachsenen in extremem Maß autoritätshörig sind und ein Opfer mit Elektroschocks bis zu einer Voltzahl von 450 (nach der Aufforderung eines Versuchsleiters) malträtierten.

Beide sozialpsychologischen Ergebnisse lassen folgende Schlussfolgerung zu: Etwa achtzig Prozent der Menschen können und wollen sich bei Störungen und unverschämten Eingriffen in ihren Persönlichkeitsbereich nur schwach oder gar nicht wehren oder durchsetzen, sie verhalten sich als passiv und hilflos manipulierbare Opfer. Und etwa fünfundsechzig Prozent gehorchen einer Autorität, wenn sie einen Mitmenschen mit Elektroschocks (450 Volt) bestrafen sollen, sie sind zwar keine aktiven Sadisten, denen es bewusst Freude macht, einen Mitmenschen zu quälen, aber latenter Sadismus und Autoritätshörigkeit gehen eine verhängnisvolle Legierung ein.

Die Versuchspersonen in Milgrams Experiment setzten sich nicht gegen den Bestrafungsmodus zur Wehr. Insofern hängen beide Experimente eng zusammen. Sie zeigen, wie wenig die eigene Persönlichkeitsstärke ausgeprägt ist, sich gegen unverschämte Angriffe von Mitmenschen zu wehren und sich andererseits gegen Aufforderungen zur Schädigung anderer Personen zu behaupten. Die Mehrheit der Menschen ist bereit, sich in den eigenen Persönlichkeitsrechten verletzen zu lassen und die Persönlichkeitsrechte anderer (mit Abstützung auf eine Autorität) zu verletzen. Beide Reaktionsweisen sind typisch für den eingeschüchterten psychischen Zustand der zivilisierten Bevölkerung.

Der Grund für dieses Verhalten der Mehrheit ist in den beschriebenen Abwehrmechanismen und Lebenslügen zu suchen. Das erschütternde soziale und individuelle Verhalten der Bevölkerungsmehrheit ist nicht damit zu erklären, dass der Mensch von Natur aus böse ist, sondern ist durch die Verfangenheit in den Abwehrmechanismen und Lebenslügen verursacht. Wenn die Lebenslügen aufgegeben werden, verschwinden auch ihre negativen individual- und sozialpsychologischen Symptome.

*Wir müssen uns wehren*

Die Ergebnisse der Experimente von Moriarty und Milgram – so überraschend sie für den Laien sind und es teilweise auch für Psychiater waren, wie Expertenbefragungen zum Milgram-Experiment gezeigt haben – sind psychologisch verständlich, sobald man die Struktur der Abwehrmechanismen und der beschriebenen acht Lebenslügen transparent gemacht hat. Die beiden Experimente haben also psychologisch nichts Rätselhaftes an sich, gerade in ihrer Selbstverständlichkeit und Eindeutigkeit sind sie erschreckend und verursachen Horrorvisionen, wenn man sie in die Zukunft einer weiter wachsenden Menschheit und technischen Zivilisation projiziert.

Wir müssen die Wehrlosigkeit, Manipulierbarkeit und Bereitwilligkeit, sich selbst zu verleugnen, abbauen und gleichzeitig die Hörigkeit, sich von Autoritäten im Verhalten bestimmen zu lassen. Wir müssen uns selbst finden, damit wir unsere Menschenwürde nicht mehr verleugnen und im Auftrag von Autoritären nicht mehr anpassungsbereit die Menschenwürde von Mitmenschen verletzen. Um dieses Ziel zu erreichen, ist es notwendig, dass das intrapsychische Abwehr- und Lügensystem durchschaut und abgebaut wird.

Es besteht wenig Hoffnung, dass Politiker, Unternehmer, Lehrer, Kindergärtnerinnen, Bürokraten und andere Mächtige über Mitmenschen von sich aus die Initiative ergreifen, Motivationen setzen und Lehrprogramme entwickeln, darauf sollte niemand warten und bis zum Tage X die Hände in den Schoß legen. Die Initiative muss sofort beginnen, jeder ist zuständig für die Gesundung seiner Psyche, ob er als Arbeiter am Fließband steht, Kinder unterrichtet, Geschäftsführer einer Handelsgesellschaft ist oder als Abgeordneter im Bundestag sitzt. Die Misere der Psyche betrifft jeden, allerdings ist nicht jeder gleich stark daran interessiert, dass die Identitätsfindung einer möglichst breiten Mehrheit der Bevölkerung gelingt. Es ist ein wichtiges sozialpsychologisches und politisches Sonderproblem, dass das herrschende psychische Elend für manche wünschenswert und erhaltenswert ist. Davon unabhängig, glaube ich, dass die Veränderung des Lügensystems letztlich allen nützt, auch denen, die sich zunächst noch heftig gegen diese Veränderung sträuben und sich vor ihr fürchten.

Die Lebenslügen sind nicht irreversibel in die Psyche einprogrammiert. Wir können lernen, das Leben ehrlicher zu bewältigen, mit psychischer Gesundheit anstatt mit psychosomatischen Symptomen im Gefolge.

Die meisten Leser dieses Buches sind wahrscheinlich über zwanzig Jahre alt, sie befinden sich also in einem Alter, in dem das Lügensystem und die Abwehrmechanismen bereits aufgebaut und durchstrukturiert sind. Die Vermeidung der ersten Identifizierungen und der Über-Ich-Aufblähung ist nicht mehr möglich. Auf die radikale Veränderung unserer Erziehungspraxis wurde deshalb nachdrücklich an früherer Stelle hingewiesen.

Ich glaube, dass es nicht zu spät ist, sich für Gegenwart und Zukunft neu zu orientieren. Das Durchschauen des eigenen intrapsychischen Abwehr- und Lügensystems ist ein erster Schritt. Ich bin davon überzeugt, dass ein neues Denken auch neues Handeln vorbereitet und ermöglicht.

Wir dürfen unser Über-Ich nicht weiter durch «Identifikation mit dem Aggressor» der anonymen Autorität stützen. Distanz zu den Forderungen nach Perfektionismus und Normenerfüllung ist angezeigt. Wir müssen uns inhumanen Arbeitsbedingungen verweigern und die reale Angst und Spannung der neuen Selbstbehauptung aushalten lernen, damit wir selbstbewusster und selbstbestimmter leben können. Die Überwindung jeder Lebenslüge weckt Angstgefühle, da die Lebenslüge auch zur Angstvermeidung praktiziert und aufrechterhalten wird. Die Angst kann

33: Wir müssen uns wehren

durch Erfahrungsaustausch mit Gleichgesinnten kurze Zeit etwas gemildert werden, mit dieser Angst müssen wir jedoch leben und umgehen lernen, wenn wir die Identifizierung, Introjektion und Fremdbestimmtheit aufgeben.

Wir müssen Vorbilder und Ideale kritisch überprüfen, denn «der Weg zur Hölle ist mit guten Vorsätzen gepflastert». Wehren wir uns gegen die Bewertung unserer Person, wenn ihre Verwertbarkeit für andere mit der Zensierung unserer Eigenschaften angepeilt wird! Wir müssen endlich von der Selbstentfremdung zur Selbstbestimmung kommen.

Das falsche Erfolgsdenken ist Streben nach Sicherheit und Anpassung. Wer sich anpasst, fördert zwar seine Verwertbarkeit, aber er begibt sich auf den «normalen» Weg in die kollektive Neurose, und er versäumt die Selbstverwirklichung und Entfaltung seiner Individualität.

Die beschriebenen Nachteile der dritten Lebenslüge wiegen die zurückgedrängte Lebensangst nicht auf. Sie bricht als Symptombildung, ohne dass ihr Sinn begriffen wird, an allen möglichen Organstellen, für die Erkrankungsdispositionen bestehen, ins Somatische transformiert, wieder auf. Es ist besser, der Lebensangst offen, konkret und frei gegenüberzustehen und für die in Freiheit empfundene Lebensangst der Selbstbestimmung mutig einzutreten.

Wir können nicht nach dem Motto «Ich bin mir selbst der Nächste», wie Erfolgsbücher, Karrierekurse, Managementseminare und verbitterte Mitmenschen predigen, psychisch gesund werden. Der Mensch wird nur glücklich und psychisch frei, wenn er die Angst vor dem Mitmenschen überwindet und sich nicht egoistisch und konkurrenzdenkend isoliert. Wir müssen uns auf unsere biologische Bestimmung als soziale Wesen besinnen, die einerseits ihre Distanz und Würde respektieren, aber andererseits ein solidarisches Gemeinschaftsgefühl im Sinne Alfred Adlers entfalten. Als «einsamer Wolf» muss das Individuum scheitern, wie auch eine Gesellschaft, die sich aus einsamen Wölfen oder einsamen Rudeln zu einem System zusammensetzt, scheitern muss. Der Einzelne und die Gesellschaft sind an dem Stress des falschen Egoismus bereits alarmierend erkrankt.

Mit dem Gemeinschaftsgefühl muss der Abbau der Rang- und Wertunterschiede zwischen den Menschen verwirklicht werden. Wir müssen die ersehnte Gleichwertigkeit der verschiedenen Individualitäten praktizieren, die Statusunterschiede abbauen und das Geltungsstreben auf sein normales Maß reduzieren, volle Anerkennung innerhalb der Gemeinschaft für jeden garantieren, wie es das Grundgesetz auf dem Papier fordert. Wir müssen uns aktiv für die Gleichwertigkeit einsetzen, die Emanzipation vorantreiben, die Statushierarchien in den Organisationen abbauen, die Vermögen gerechter verteilen, Chancengleichheit schaffen. Nur mehr Gleichwertigkeit zwischen den Individuen bringt den psychisch wirklich humanen Arbeitsplatz.

Wir müssen der Persönlichkeitsstruktur endlich zu ihrer Balance verhelfen, indem wir die Intelligenzhypertrophie aufgeben und der Emotionalität zu ihrem Recht verhelfen. Millionen Menschen müssen ihren Gefühlspanzer aufgeben können, ohne die Verächtlichmachung und Abwertung ihrer Person zu riskieren. Die Emotionalität muss sich frei entfalten können. Wir müssen hinter unseren Masken hervorkommen und aus den Charakterhüllen heraustreten, um uns wieder begegnen zu können.

Wenn sich die Emotionalität hemmungsloser entfaltet, wird auch die Partnerschaft der Geschlechter davon positiv durchdrungen. Gemeinsam mit dem abgebauten Egoismus, der Selbstbestimmung, der Gleichwertigkeit gelingt es, ohne egoistisch-ängstlich-geltungsstrebendes Besitzdenken zu leben. Wir brauchen die emanzipierte Partnerschaft, um neben den humanen Arbeitsbedingungen humane Partnerschaftsbedingungen zu erreichen.

Mit der Überwindung der ersten sieben Lebenslügen ist die Heilung von der Körperentfremdung verbunden. Unsere toten Sinne können erwachen, wenn wir uns aus der egoistisch nach Rangpositionen strebenden, gefühlsgepanzerten Normenhülle befreit haben. Der Körper ist dann nicht mehr biologisch missbrauchtes Mittel, eine funktionierende, vom Geist fehlgeleitete Biostruktur, die den Stress überspielen will und die Alarmreaktionen des Körpers missachtet.

Neben der biologischen Einheit müssen die intrapsychischen Vorgänge mit den extrapsychischen Prozessen harmonisiert werden. Wir müssen die krank machende Außenwelt verändern, damit sie uns nicht mehr korrumpiert.

# Die Macht der Sozialstrukturen

«Wenn eine bürokratische Diktatur die kommunistische Gesellschaft beherrscht und bestimmt, wenn faschistische Regime als Partner der freien Welt fungieren, wenn das Wohlfahrtsprogramm des aufgeklärten Kapitalismus erfolgreich vereitelt wird, indem man es mit dem Etikett Sozialismus, versieht, wenn die Grundlagen der Demokratie reibungslos in der Demokratie abgeschafft werden, dann werden die alten geschichtlichen Begriffe durch hochmoderne operationelle Neubestimmungen außer Kraft gesetzt. Diese Neubestimmungen sind Verfälschungen, die dadurch, dass sie von den bestehenden und faktischen Mächten durchgesetzt werden, dazu dienen, das Falsche in Wahrheit zu verwandeln.»
*Herbert Marcuse*

Die sozialen Errungenschaften der Industrieländer erreichten in den letzten zwanzig Jahren einen vergleichsweise hohen Leistungsstand. In der Bundesrepublik haben sechsundachtzig Prozent aller Arbeitnehmer die Vierzig-Stunden-Woche, etwa fünfundachtzig Prozent erhalten mindestens vier Wochen Urlaub pro Jahr, neunundsiebzig Prozent erhalten Urlaubsgeld, sechzig Prozent zusätzliche Gratifikationen und siebenundsiebzig Prozent vermögenswirksame Leistungen.[1] 1967 wurde die Versicherungspflicht in der Sozialversicherung eingeführt, 1969 das Arbeitsförderungsgesetz, 1972 die flexible Altersgrenze der Rentenversicherung und Öffnung der Rentenversicherung für Selbständige und 1974 die Leistungsverbesserungen der Krankenkassen. Das Netz der sozialen Sicherungen wurde immer dichter geknüpft und wird in Zukunft weiter ausgebaut. So gesehen scheint kein Grund zur Klage zu bestehen – und doch nehmen die psychosomatischen Störungen nicht ab, sondern zu.

An der Gesellschaft ist etwas anderes nicht in Ordnung, etwas, das der Philosoph Jean-Paul Sartre im Juli 1973 in einem Interview so formulierte: «Die Jugendlichen erhoben Forderungen in Deutschland und in Frankreich, die nicht mehr so sehr die Löhne und die Preise betreffen, sondern die Mittel und Möglichkeiten, ein freies Leben zu führen, ein Leben, das es wert ist, gelebt zu werden, und nicht ein Leben, in dem es viele Konsumgüter gibt. Aus diesem Grunde liegt ihnen nicht so sehr daran, weiterhin in einer Gesellschaft des Wachstums zu leben, wo immer mehr für immer größeren Profit produziert und in der die Umwelt verseucht wird. Sie denken viel mehr daran, wirklich von den Bedürfnissen ausgehend zu produzieren, wie die Chinesen, die nicht mehr die Gewalt ihrer «kleinen Chefs» hinter sich spüren. Sie wollen wohl produzieren, vielleicht sogar nicht weniger als jetzt, aber auf andere Art. Sie wollen beispielsweise nicht gezwungen sein, alle drei oder fünf Jahre einen neuen Kühlschrank zu kaufen, sondern im Gegenteil einen Kühlschrank produzieren, der zehn oder fünfzehn Jahre hält.»[2]

Die Menschen wollen in Freiheit leben, allgemeiner Wohlstand und soziale Sicherung darf kein Ersatz für fehlende Freiheit sein. Sie wollen nicht die Gewalt des kleinen oder großen Chefs hinter sich spüren, sie wollen ohne Lüge leben und sich selbst bestimmen können. Sie sehnen sich nach Arbeitsbedingungen, wie sie durch das Menschenbild von McGregor vorgeschlagen werden und von Kuriloff und James eingeführt wurden. Was hilft dem Einzelnen eine soziale Sicherung von 2000 Mark Rente nach heutiger Kaufkraft im Alter von fünfundsechzig Jahren, wenn er vierzig Jahre in einer Betriebshierarchie arbeiten muss, die ihn zum machiavellistischen Egoismus verführt, sein Geltungsstreben pervertiert und ihn durch die gesellschaftlich durch die Arbeitswelt bedingten Konflikte, zu Hause in einen ehepartnerschaftlichen Lösungsmechanismus zwingt, der ihn liebesunfähig und sexuell gestört macht. Das Netz der sozialen Sicherungen hat nur einen Sinn, wenn die gesicherte Existenz ein lebenswertes, psychisch gesundes Leben ist.

Die Reformen müssen sich in Zukunft verstärkt auf die sozialpsychologischen und intrapsychischen Bedürfnisse des Menschen richten. Wir müssen die Lebenslügen gesamtgesellschaftlich abbauen. Wir brauchen die freie und offene Schule, in der der Mensch nicht mehr nur auf Leistung für seine Verwertbarkeit gedrillt wird, sondern in der er seine ganze Persönlichkeit entfalten darf. Wir müssen die Intelligenzdifferenzen der allgemeinen Intelligenz durch die Ausbildung ausgleichen, wir dürfen sie nicht noch vergrößern. Wir brauchen Persönlichkeitstrainingsprogramme für Kinder aus der sozialen Unterschicht, damit sie ihre Intelligenzkapazität gleichfalls entfalten können. Wenn wir die Intelligenzquotienten ausgleichen, müssen wir auch die Bewertung der Arbeitsplätze angleichen, die Hierarchien abbauen, die Gehaltsunterschiede egalisieren und die Statussymbole abbauen. Wir brauchen mehr als Mitbestimmung der Arbeitnehmer im Aufsichtsrat, wir sehnen uns nach der Mitgestaltung und Mitverantwortung unseres Arbeitsplatzes. Wenn wir das alles erreicht haben, fällt es uns auch leichter, unsere Kinder weniger autoritär, sondern zur freien Selbstbestimmung ihres Lebens zu erziehen.

Dieser Traum könnte Wirklichkeit werden, denn die Psyche und Biostruktur des Menschen sind für die Realität dieses Traumes eingerichtet, sie erkranken nur dann, wenn sie ihn *nicht* verwirklichen können. Die Abwehrmechanismen, Lebenslügen und psychosomatischen Symptome sind als ein Warnsignal für die Erkrankung an den Lebensbedingungen zu verstehen, sie sind kein Manko, das jeder Einzelne für sich selbst zu verantworten hat und das dem Erkrankten zur Last gelegt werden kann, sondern ein Manko der Gesellschaftsstruktur. Wen müssen wir für unsere Sozialstruktur zur Verantwortung ziehen? Diejenigen, die davon profitieren, dass die Arbeits- und Lebensbedingungen so beschaffen sind. Und dazu gehören wir trotz unserer Erkrankung (Vorteile der Abwehrmechanismen und Lebenslügen) auch selbst, solange wir unser Verhalten nicht ändern und aktiv für neue Lebensbedingungen eintreten.

*Die Hoffnung auf Freiheit und Gleichheit verstärkt sich*

Von den Umfrageforschern werden seit zwanzig bis dreißig Jahren an mehr oder weniger repräsentativen Stichproben Einstellungen, Meinungen und Stimmungen der Bevölkerung empirisch erfasst, die Rückschlüsse auf die Zufriedenheit und die Bedürfnisse zulassen. Die Leiterin des Allensbacher Demoskopie-Instituts, Elisabeth Noelle-Neumann, veröffentlichte 1975 einige interessante Ergebnisse über Veränderungen der Werthaltungen in der Bevölkerung der Bundesrepublik.[3]

Umfragen zwischen 1967 und 1972 ergaben, dass bei Arbeitern Sparsamkeit, Integration in Ordnung, Anpassung, Bescheidenheit und Glaubensfestigkeit an Wert verloren haben, wogegen Durchsetzungsfähigkeit und Toleranz in der Wertschätzung gestiegen sind. Das zeigt, dass die Arbeiter nach und nach mehr Selbstbewusstsein gewinnen und sich aus ihrem klassenspezifischen Normendruck etwas lösen und in Richtung von mehr Freiheitlichkeit und Selbstbestimmung tendieren in einem für die psychische Gesundheit erwünschten Sinne.

Wenn sich diese Tendenz weiter verstärkt, wird sich die Arbeiterklasse in Zukunft an die Wertvorstellungen der heutigen Mittel- und Oberschicht langsam annähern. Die Wertvorstellungen der Arbeiter verbürgerlichen nicht, sondern atmen mehr Freiheit der Selbstbestimmung, ein Bedürfnis, das unabhängig von sozialen Schichten ein menschliches Grundbedürfnis darstellt, das von der Mittel- und Oberschicht teilweise bisher leichter befriedigt werden konnte als von der Arbeiterschicht.

Nach Abraham A. Maslow sind Selbstverwirklichung und Selbstbestimmung Bedürfnisse, die erst verwirklicht werden können, wenn untere Stufen der körperlichen und materiellen Sicherheit befriedigt sind. Dies ist in der Arbeiterschicht teilweise erfolgt, und so offenbart sich hier ein sich verstärkender Druck nach mehr Selbstbestimmung, von «unten» in die oberen Bedürfnisbereiche hineinzukommen.

Auf die Allensbacher Frage: «Was denken Sie über die wirtschaftlichen Verhältnisse bei uns in der Bundesrepublik – ich meine, was die Menschen besitzen und was sie verdienen: Herrscht da im Großen und Ganzen eine gerechte oder keine gerechte Verteilung?», glaubten 1964 einundfünfzig Prozent, es herrsche keine gerechte Verteilung, und 1971 zweiundsechzig Prozent. Das kritische Bewusstsein der Gerechtigkeit (unter anderem mehr Egalität des Verdienstes) wächst mit dem Bedürfnis nach mehr Freiheit gleichzeitig mit. Das belegt auch die Beantwortung folgender Frage: «Würden Sie selbst gerne in einem Land leben, in dem es keine Reichen und keine Armen gibt, sondern alle möglichst gleich viel haben?» 1962 wollten nur sechsundvierzig Prozent der Arbeiter in diesem Land leben, und 1972 waren es fünfundfünfzig Prozent. Das Bewusstsein, dass mehr Gleichheit (besser: Gleichwertigkeit) mehr Gerechtigkeit und Lebensfreude bringt, wächst in der Arbeiterschaft.

Das Glücksgefühl hat trotz des zunehmenden materiellen Wohlstands und der sozialen Sicherung – wie könnte es nach der Kenntnis der beschriebenen psychischen Verhältnisse auch anders sein – in der Bundesrepublik nicht zugenommen. Die Arbeiter sind enttäuscht darüber, dass sich neben den sozialen Sicherungen die Arbeitsbedingungen in den vergangenen Jahrzehnten nicht wesentlich verbesserten. Zwischen 1963 und 1972 verminderte sich die Meinung «Jeder ist seines Glückes Schmied» bei den jungen Arbeitern von sechsundsechzig auf achtundvierzig Prozent, weil eben täglich erlebt wird, dass wir bisher keine Egalität verwirklichen.

Die Lebenslügen werden von den Unternehmern und Politikern unterstützt und nicht etwa abgebaut. Sozialreformen lassen zwar das Gefühl aufkommen, dass sich vieles verbessert – aber solange die entscheidenden Faktoren nicht verändert werden, bleibt das Gefühl, sich nicht glücklich in diesem Sozialstaat fühlen zu können, bestehen.

Wir brauchen deshalb Reformen ganz anderer Art, in eine Richtung, die unsere gesamte Sozialstruktur humanisieren, die Abwehrmechanismen überflüssig machen und die Lebenslügen abbauen.

*Unsere Abhängigkeit von der Sozialstruktur*

Jede Gesellschaft rechtfertigt ihr Sozialsystem damit, dass es dem Menschen angeboren sei, in diesem oder jenem System zu leben, dass die menschliche Natur (Bio- und Psychostruktur) das jeweilige Gesellschaftssystem erfordert. Die anthropologischen Erkenntnisse der letzten hundert Jahre an Naturvölkern zeigten jedoch, dass der Mensch sehr sozialisationswillig ist und seine Charakter- und Persönlichkeitsstruktur anpassungsbereit nach der vorgefundenen Gesellschaft ausrichtet.

Der Anthropologe E. R. Service schrieb die bisher umfassendste Monographie über primitive Jäger und Sammler, unter anderem über die Sozietäten von Eskimos, die Algonkinjäger Kanadas, die Indianer von Tierra del Fuego, die Australneger und die Semang auf der malaiischen Halbinsel.[4] Er stellte fest, dass es hier weder eine Hackordnung gibt noch eine hierarchisch gegliederte Ordnung mit Machtbefugnissen durch Reichtum, Standesprivilegien und militärischen oder politischen Einfluss. Einen höheren Status nehmen zwar die Älteren und Weiseren ein, sie gebrauchen diesen Status jedoch nur zur Beratung, nicht zur Beherrschung oder Ausbeutung einzelner Gruppenmitglieder. Sie stellen ihre Kenntnisse und Erfahrungen in den Dienst der Gemeinschaft, es besteht das Prinzip der Gegenseitigkeit und Gleichwertigkeit.

Diese Sozialstruktur macht die vierte (jeder ist sich selbst der Nächste) und die fünfte Lebenslüge (Die Menschen sind nicht gleich, es gibt Rang- und Wertunterschiede) überflüssig. Diese beiden Lebenslügen sind eine Anpassung an unsere bestehende Sozialstruktur und nicht die Ursache für das Entstehen einer Gesellschaftsform. Ähnlich verhält es sich mit den anderen Abwehrmechanismen und Lebenslügen, die Reaktionsweisen (Alarmreaktionen und Durchsetzungstechniken) auf das bestehende Gesellschaftssystem sind.

So sind auch die Aggressivität und Destruktivität keine angeborenen Deformationen des Menschen, sondern die verzweifelte Antwort auf die gesellschaftlichen Verhältnisse. Erich Fromm schrieb 1974: «Wenn schon zivilisierte Menschen so kriegslüstern sind, wie viel kriegslüsterner müssen dann erst die Primitiven gewesen sein. Aber die Ergebnisse von Wright[5] bestätigten die These, dass die primitivsten Menschen die am wenigsten kriegerischen sind und dass die Kriegslust mit der Zivilisation zunimmt. Wenn die Destruktivität dem Menschen angeboren wäre, müsste die entgegengesetzte Tendenz zu beobachten sein.»[6]

Die Verhaltensbeobachtungen an heute noch lebenden primitiven Kulturen von Ruth Benedict, Margaret Mead, G. P. Murdock, C. M. Turnbull und John Nance[7] haben gezeigt, dass Naturvölker nicht durchgehend eine lebensbejahende oder destruktive Gesellschaftsstruktur entwickeln. Die einfache Gleichung von den «glücklichen Wilden», primitive Lebensweise = lebensbejahende, freiheitliche, repressionsfreie, altruistische, egalitäre Sozialstruktur, geht nicht immer auf. Erich Fromm ordnete die bekanntesten anthropologischen Untersuchungsergebnisse drei Gesellschaftsformen zu, den lebensbejahenden, den nicht destruktiven, aber aggressiven und den destruktiven Gesellschaften.

Die lebensbejahenden Gesellschaften kennen kaum Feindseligkeiten, Aggressionen oder gar destruktive Grausamkeiten, es gibt keine hierarchische Struktur und keine harten Strafen, Verbrechen sind sehr selten, und es gibt keine Kriege. Die Frauen sind den Männern gleichgestellt, und die Einstellung zur Sexualität ist freiheitlich und tolerant. Es gibt kaum Neid, Habgier, Ausbeutung, Rivalität, egoistisch-ausbeutendes Konkurrenzstreben, sondern Hilfsbereitschaft, Vertrauen, Güte, Zuversicht und Freundlichkeit. Zu dieser Gesellschaftsgruppe gehören Jäger (Mbutu), Ackerbauern und Viehzüchter (Zuñi). Zu ihr gehören auch die erst 1971 im

Regendschungel der Philippineninsel Mindanao entdeckten Tasaday, die, vom zwanzigsten Jahrhundert völlig isoliert, auf der Stufe von Steinzeitmenschen in Höhlen wohnen. Der Journalist John Nance lebte zweiundsiebzig Tage mit den Höhlenmenschen[8], die weder Tiere jagen noch Fallen stellen, sondern vorwiegend als Vegetarier Wurzeln, Beeren und Früchte sammeln. Sie kennen weder Aggressionen noch Herrschaftsansprüche eines Führers. Begriffe wie Kampf, Krieg, Feind und Töten sind ihnen unbekannt.

Die nicht destruktiven, aber aggressiven Gesellschaften kennen zwar Rivalität und schaffen eine hierarchische Ordnung; Aggressivität und Krieg haben zwar keine zentrale Bedeutung, sie kommen jedoch vor.

Die destruktiven Gesellschaften entwickeln Freude am Krieg, an der Gewalttätigkeit, Zerstörungswut und Grausamkeit. Es herrscht ein starkes Maß von Rivalität, eine strenge Hierarchie, und die Menschen leben in gegenseitigem Misstrauen, sie sind feindselig eingestellt, empfinden Spannung und Angst und neigen zur Grausamkeit und zum Sadismus.

Destruktivität, Sadismus, Rivalität, Egoismus, hierarchisches Streben, Neid, Habgier, Misstrauen, Angst sind Eigenschaften, die eng zusammenhängen und als Eigenschaftssyndrom eines typischen Sozialcharakters in destruktiven Gesellschaften auftreten. Dieses Eigenschaftssyndrom ist nicht wesensmäßig mit der Natur des Menschen verbunden, also nicht im genetischen Code unveränderlich und schicksalhaft festgelegt, da es auch lebensbejahende Sozietäten gibt, die ein anderes Persönlichkeitsbild ihrer Mitglieder aufweisen. Das besagt nicht, dass dieses Eigenschaftssyndrom deshalb nicht weit verbreitet sein müsste und sich nicht auch in Zukunft weiter verbreiten würde. Es besagt aber auch nicht, dass dieses Eigenschaftssyndrom als den Menschen wesensmäßig hingenommen werden muss und nicht verändert werden könnte.

Die modernen Industriegesellschaften tragen destruktive Züge und bringen den für destruktive Gesellschaften typischen Sozialcharakter hervor. Der einzelne Mensch strebt egoistisch und habgierig nach Besitz, er verhält sich konkurrenzbezogen zum Mitmenschen, ist misstrauisch auf seinen Vorteil und sein Prestige bedacht, entwickelt offene und unterdrückte Aggressionen, neigt zur sadistischen Machtausübung über andere, er entwickelt Konkurrenzspannungen und Lebensangst, ist hierarchiebezogen auf den Machtaufstieg bedacht und andererseits durch anonyme Autoritäten unterdrück- und versklavbar, er neigt zur depressiven Verstimmung und entwickelt wenig Lebensfreude, er erzieht seine Kinder repressiv und vorwiegend strafend.

Der Einzelne kann sich der fortschreitenden weltweiten destruktiven Sozialisation kaum mehr durch Flucht in eine lebensbejahende zivilisierte und industrialisierte Gesellschaft entziehen. Er perfektionisiert deshalb als psysische Reaktion auf die Außenwelt seine intrapsychischen Abwehrmechanismen und Lebenslügen, um sich von Angst und Depression vordergründig zu entlasten. Er erkrankt psychosomatisch und beweist damit, dass die Abwehrmechanismen nur eine Notlösung sind, ein missglückter Selbstheilungsversuch. Die Lebenslügen unterstützen die bestehenden Verhältnisse, und sie rechtfertigen scheinbar die falschen Durchsetzungsstrategien des Einzelnen und fördern damit die Aufrechterhaltung des Sozialcharakters.

Die psychosomatische Erkrankung lässt sich durch die Lebenslügen nicht aufhalten. Wir müssen deshalb unsere Gesellschaft so verändern, dass der Mensch in ihr ohne Abwehrmechanismen und Lebenslügen leben kann. Wir müssen erkennen, dass die zunehmenden psychosomatischen Erkrankungen kein Manko des Einzelnen sind, sondern eine Reaktion auf die bestehende Sozialstruktur. Der Einzelne verändert sich krankhaft, und signalisiert damit ein Leiden an den Fehlern der psychodestruktiven Gesellschaft. Wir müssen die Gesellschaft reformieren, damit der Einzelne symptomfrei in ihr leben kann. Neben den Psychotherapeuten für die Individualtherapie benötigen wir Sozialtherapeuten, die krank machende Strukturen aufzeigen und sie verändern.

Jeder kann an dieser Sozialtherapie mithelfen, indem er seine Lebenslügen abbaut und seine falsche Anpassungs-Durchsetzungsstrategie aufgibt. Er gewinnt dadurch zunächst an individueller Freiheit, Selbstbestimmung und Gesundheit, er verstärkt durch seine Veränderung den Druck auf die reformbedürftige Sozialstruktur, und das bedeutet auf lange Sicht der Weg zur lebensbejahenden und lebenswerten Gesellschaft.

Unsere «menschliche Natur» steht dieser Veränderung nicht grundsätzlich entgegen, ein psychobiologisch begründeter Kulturpessimismus ist nicht angebracht, eher die Befürchtung, dass die Beherrscher unserer kranken Sozialstruktur die Veränderung nicht zulassen wollen, weil sie davon zu profitieren glauben.

# Anhang

## Quellenverzeichnis

### Das vernachlässigte psychische Weltbild
1 Vgl. Fechner, G. Th.: «Zur experimentellen Ästhetik, 1. Teil», Leipzig 1871
2 «Bild der Wissenschaft», Juli 1974, S. 72
3 Lorenz, Konrad: «Das so genannte Böse», Wien 1963, S. 316
4 «Der Spiegel», Nr. 2/1973, S. 36
5 Blüchel, Kurt: «Die weißen Magier», München 1974, S. 147
6 Siehe 5, S. 148
7 Siehe 5, S. 148
8 «Materialsammlung IV zur Enquête über die Lage der Psychiatrie in der BRD», Bd. 17, 1974, S. 43
9 Siehe 8, S. 44
10 «Der Spiegel» Nr. 31/1975, S. 94
11 «Der Spiegel», Nr. 42/1973, S. 210

### Die Abwehrmechanismen
1 Vgl. Freud, Anna: «Das Ich und die Abwehrmechanismen», München 1973
2 Perls, Frederick S.: «Gestalttherapie in Aktion», Stuttgart 1974
3 Siehe 2, S. 26
4 Siehe 1, S. 44
5 Lauster, Peter: «Statussymbole», Stuttgart 1975
6 Siehe 1, S. 88
7 Neill, A. S.: «Theorie und Praxis der antiautoritären Erziehung», Reinbek bei Hamburg 1969, S. 333
8 «Der Spiegel», Nr. 36/1974, S. 11
9 Lauster, Peter: «Menschenkenntnis ohne Vorurteile», Stuttgart 1973

10 Cremerius, J.: «Schichtspezifische Schwierigkeiten bei der Anwendung der Psychoanalyse», Münchener med. Wochenschrift, Nr. 117/1975
11 Plack, Arno: «Die Gesellschaft und das Böse», München 1967
12 Ardrey, Robert: «Der Gesellschaftsvertrag», München 1974, S. 18
13 «Der Spiegel», Nr. 17/1975
14 «Der Spiegel», Nr. 50/1974, S. 72
15 Nimmergut, Jörg: «Deutschland in Zahlen», München 1975, S. 195
16 Siehe 15, S. 196
17 «Sexualmedizin», Nr. 10/1975, S. 645, 647, 651
18 «Deutsche Zeitung», Nr. 43/1975, S. 2
19 Perls, Frederick S.: «Gestalttherapie in Aktion», Stuttgart 1969, S. 11
20 Siehe 9, S. 13
21 Böll, Heinrich, Linder, Christian: «Drei Tage im März», Köln 1975, S. 98
22 Siehe 21, S. 102, 103
23 «Josse», ARD, 20.10.1975, 21.15 Uhr
24 Miller, Merle: «Offen gesagt – Harry S. Truman erzählt sein Leben», Stuttgart 1975
25 «Kölner Stadt-Anzeiger», Nr. 154/1975
26 Gruhl, Herbert: «Ein Planet wird geplündert», Frankfurt 1975, S. 348

*Erste Lebenslüge*

1 Jensen, Arthur R.: «Hertability and Teachability», in: J. E. Bruno: «Emerging Issues in Education», D. C. Heath, Lexington, Mass. 1972
2 Fromm, Erich: «Anatomie der Destruktivität», Stuttgart 1974
3 Freud, Anna: «Das Ich und die Abwehrmechanismen», München 1973, S. 28
4 Borg, W. R.: «Die ewigen Gesetze des Erfolges», Avignon, Prospekt S. 6
5 «Handelsblatt», Nr. 145, S. 15
6 Siehe 5, S. 15
7 Berner, Con: «Der Karriere-Terror», Düsseldorf 1972

*Zweite Lebenslüge*

1 Mitscherlich, Alexander: «Der Kampf um die Erinnerung», München 1975, S. 42
2 Siehe 1, S. 218
3 Perls, Frederick S.: «Gestalttherapie in Aktion», Stuttgart 1974, S. 26
4 Siehe 3, S. 16
5 «Die Zeit», Nr. 30/1975, S. 29
6 Fromm, Erich: «Anatomie der menschlichen Destruktivität», Stuttgart 1974, S. 412
7 Siehe 6, S. 418

8 «Der Spiegel», Nr. 49/1975, S. 87
9 «Stern», Nr. 49/1975, S. 40
10 Lorenz, Konrad: «Das sogenannte Böse», Wien 1963, S. 339
11 Siehe 10, S. 341
12 Siehe 10, S. 350
13 Mitscherlich, Alexander: «Der Kampf um die Erinnerung», München 1975, S. 227
14 Duhm, Dieter: «Der Mensch ist anders», Lampertheim 1975, S. 123
15 Marcuse, Herbert: «Der eindimensionale Mensch», Neuwied und Berlin 1967, S. 11, S. 12
16 Siehe 15, S. 99
17 Fromm, Erich: «Der moderne Mensch und seine Zukunft», Frankfurt 1960, S. 320
18 Perls, Frederick S.: «Gestalttherapie in Aktion», Stuttgart 1974, S. 38

*Dritte Lebenslüge*

1 Lauster, Peter: «Selbstbewusstsein kann man lernen», München 1974, S. 157
2 Duhm, Dieter: «Angst im Kapitalismus», Lampertheim 1972.
3 Fromm, Erich: «Der moderne Mensch und seine Zukunft», Frankfurt 1960, S. 175
4 Siehe 3, S. 176

*Vierte Lebenslüge*

1 Kirschner, Josef: «Manipulieren – aber richtig», München 1974
2 «Der Spiegel», Nr. 39/1972, S. 126
3 «Handelsblatt», Nr. 247/1975, S. 2
4 Duhm, Dieter: Der Mensch ist anders», Lampertheim 1975, S. 220

*Fünfte Lebenslüge*

1 Maslow, A. M.: Motivation and Personality», New York 1954
2 Statistisches Bundesamt, «Die Zeit», Nr. 2/1976
3 Trebesch, Karsten; Jäger, Dieter: «Analyse der Bedeutung und Verteilung von Status-Symbolen in bürokratischen Organisationen», Zeitschrift Kommunikation, Nr. 4/1971, S. 149
4 Lauster, Peter: «Statussymbole», Stuttgart 1975
5 WDR III, 23.11.1975, «Copyright», Autor: Ekkehard Bösche
6 «Bild der Wissenschaft», Nr. 1/1976, S. 85
7 Jungk, Robert: «Plädoyer für eine humane Revolution», Zürich 1975, S. 14
8 «Die Zeit», Nr. 29, S. 46
9 «Welt am Sonntag», 1.11.1975

*Sechste Lebenslüge*
1 «Der Spiegel», Nr. 22/1975, S. 41
2 «Psychologie heute», Mai 1975, S. 10

*Siebte Lebenslage*
1 Bundesministerium für Jugend, Familie und Gesundheit: «Frauen in der Bundesrepublik Deutschland», Bonn 1974, S. 16
2 Siehe 1, S. 14
3 «Kölner Stadt-Anzeiger», 19.2.1976: «Bundesbürger wurden nicht glücklicher»
4 Weininger, Otto: «Geschlecht und Charakter», Wien–Leipzig 1920, S. 81
5 Richter, Horst Eberhard: «Patient Familie», Reinbek bei Hamburg 1970
6 «Die Zeit», Nr. 37/1970

*Achte Lebenslüge*
1 Selye, Hans: «Stress beherrscht unser Leben», Düsseldorf 1957
2 Marcuse, Herbert: «Der eindimensionale Mensch», Neuwied und Berlin 1967
3 Siehe 2, S. 6
4 Mayo, Elton: «Probleme industrieller Arbeitsbedingungen», Frankfurt 1950
5 McGregor, Douglas: «The Human Side of Enterprise», New York 1960
6 Kuriloff, Arthur H.: Experiment im «management», in: «Personnel», Nov–Dez 1963
7 James, William: «The application of Theory Y at Rotterdam», in «Oil and Gas Journal», 1970
8 Ardrey, Robert: «Der Gesellschaftsvertrag», München 1974, S. 155
9 «Der Spiegel», Nr. 29/1972, S. 74
10 Siehe 8, S. 157
11 «Wirtschaftswoche», Nr. 43/1975, S. 43

*Die Lebenslügen sind Alarmreaktionen*
1 Soumagne, Ludwig: «Möt angere Woert jedaht jedonn», Düsseldorf 1975
2 Gruhl, Herbert: «Ein Planet wird geplündert», Frankfurt 1975
3 «Deutsche Zeitung», Nr. 1/1976, S. 9
4 «Psychologie heute», Nr. 10/1975, S. 27
5 Milgram, Stanley: «Das Milgram-Experiment», Reinbek bei Hamburg 1975

*Die Macht der Sozialstrukturen*
1 Bundesministerium, 31.11.1974, zit. nach der «FAZ»
2 «Der Spiegel», Nr. 7/1973, S. 91
3 «Die Zeit», Nr. 25 und 26/1975

4 Service, E. R.: «The Hunters», Englewood Cliffs, N. J., Prentice-Hall, 1966
5 Wright, Q.: «A Study of War», Chicago 1965
6 Fromm, Erich: «Anatomie der menschlichen Destruktivität», Stuttgart 1974, S. 133
7 Benedict, Ruth: «Urformen der Kultur», Hamburg 1955; Mead, Margaret: «Cooperation and Competition Among Primitive Peoples», New York 1937; Murdock, G. P.: «Our Primitive Contemporaries», New York 1934; Turnbull, C. M.: «Wayward Servants, or the Two Worlds of the African Pygmies», New York 1949; Nance, John: «The gentle Tasaday», New York
8 Nance, John: «The gentle Tasaday», New York

## *Quellenverzeichnis der Abbildungen*

Abb. 1: vom Verfasser
Abb. 2: vom Verfasser
Abb. 3: vom Verfasser
Abb. 4: nach «Materialsammlung IV zur Enquête über die Lage der Psychiatrie in der BRD», Bd. 17, 1974, S. 43
Abb. 5: Peter Lauster: «Menschenkenntnis ohne Vorurteile», Stuttgart 1973, S. 102
Abb. 6: vom Verfasser
Abb. 7: nach «Der Spiegel», Nr. 50/1974, S. 72
Abb. 8: vom Verfasser
Abb. 9: nach Thomas A. Harris: «Ich bin o. k. Du bist o. k.», Reinbek bei Hamburg 1973, S. 32, 34, 40 (Kombination)
Abb. 10: nach Dennis Meadows: «Die Grenzen des Wachstums», Stuttgart 1972, S. 138
Abb. 11: Peter Lauster: «Begabungstest», Stuttgart 1971, S. 15
Abb. 12: Peter Lauster: «Begabungstest», Stuttgart 1971, S. 8
Abb. 13: Peter Lauster: «Menschenkenntnis ohne Vorurteile», Stuttgart 1973, S. 116
Abb. 14: PeterLauster: »Menschenkenntnis ohne Vorurteile», Stuttgart 1973, S. 115
Abb. 15: vom Verfasser
Abb. 16: vom Verfasser
Abb. 17: nach Deutsches Institut für Wirtschaftsforschung, «Der Spiegel», Trends 1975, S. 80
Abb. 18: nach Statistisches Bundesamt, «Die Zeit», Nr. 2/1976

Abb. 19: nach Karsten Trebesch/Dieter Jäger: «Analyse der Bedeutung und Verteilung von Status-Symbolen in bürokratischen Organisationen», Zeitschrift Kommunikation, Nr. 4/1971, S. 163
Abb. 20: vom Verfasser
Abb. 21: vom Verfasser
Abb. 22: nach «Bild der Wissenschaft», Nr. 1/1976, S. 83
Abb. 23: vom Verfasser
Abb. 24: «Wirtschaftswoche», Nr. 52/53, 1975, S. 22
Abb. 25: nach «Capital», Nr. 2/1976, S. 128. Korda, Michael: «Macht», München 1976, Mosaik-Verlag
Abb. 26: nach Jörg Nimmergut: «Deutschland in Zahlen», München 1974, S. 189
Abb. 27: nach «Der Spiegel», Nr. 22/1975, S. 50
Abb. 28: vom Verfasser
Abb. 29: Werner Kirst/Ulrich Dieckmeyer: «Creativitätstraining», Reinbek bei Hamburg 1974, S. 17
Abb. 30: nach Statistisches Bundesamt, «Frankfurter Allgemeine Zeitung», Grafik: Ruwedel
Abb. 31: nach Stern, 1976, «Als Geschiedene grüßen», S. 20f.
Abb. 32: nach «Sexualmedizin», Nr. 9/1975, S. 582
Abb. 33: vom Verfasser

## *Quellenverzeichnis der Tabellen*

Tab. 1: nach Jörg Nimmergut: «Deutschland in Zahlen», München 1975, S. 195
Tab. 2: nach Herbert Gruhl: «Ein Planet wird geplündert», Frankfurt 1975, S. 63
Tab. 3: Peter Lauster: «Selbstbewusstsein kann man lernen», München 1974, S. 157
Tab. 4: vom Verfasser nach A. M. Maslow
Tab. 5: nach «Bild der Wissenschaft», Nr. 1/1976, S. 85
Tab. 6: nach «Psychologie heute», Nr. 2/1976, S. 63

## Bibliographie

Ardrey, Robert: «Der Gesellschaftsvertrag», München 1974
Benedict, Ruth: «Urformen der Kultur», Hamburg 1955
Berner, Con: «Der Karriere-Terror», Düsseldorf 1972
Blüchel, Kurt: «Die weißen Magier», München 1974
Böll, Heinrich/Linder, Christian: «Drei Tage im März», Köln 1975
Borg, W. R.: «Die ewigen Gesetze des Erfolges», Avignon, Prospekt S. 6
Bundesministerium für Jugend, Familie und Gesundheit: «Frauen in der Bundesrepublik Deutschland», Bonn 1974
Cremerius, J.: «Schichtspezifische Schwierigkeiten bei der Anwendung der Psychoanalyse», Münchener med. Wochenschrift, Nr. 117/1975
Deutsches Institut für Wirtschaftsforschung: Statistik 1974
Duhm, Dieter: «Angst im Kapitalismus», Lampertheim 1971
Duhm, Dieter: «Der Mensch ist anders», Lampertheim 1975
Fechner, G. Th.: «Zur experimentellen Ästhetik», 1. Teil, Leipzig 1871
Freud, Anna: «Das Ich und die Abwehrmechanismen», München 1973
Fromm, Erich: «Anatomie der Destruktivität», Stuttgart 1974
Fromm, Erich: «Der moderne Mensch und seine Zukunft», Frankfurt 1960
Gruhl, Herbert: «Ein Planet wird geplündert», Frankfurt 1975
Harris, Thomas A.: «Ich bin o. k. Du bist o. k.», Reinbek bei Hamburg 1973
James, William: «The application of Theory Y at Rotterdam», in Oil and Gas Journal», 1970
Jensen, Arthur R.: «Hertability and Teachability», in: J. E. Bruno: «Emerging Issues in Education», D. C. Heath, Lexington, Mass. 1972
Jungk, Robert: «Plädoyer für eine humane Revolution», Zürich 1975
Kirschner, Josef: «Manipulieren – aber richtig», München 1974
Kirst, Werner/Dieckmeyer, Ulrich: «Creativitätstraining», Reinbek bei Hamburg 1974
Kuriloff, Arthur H.: «Experiment in management», in: «Personnel», Nov–Dez 1963
Lauster, Peter: «Menschenkenntnis ohne Vorurteile», Stuttgart 1973
Lauster, Peter: «Selbstbewusstsein kann man lernen», München 1974
Lauster, Peter: «Statussymbole», Stuttgart 1975
Lorenz, Konrad: «Das sogenannte Böse», Wien 1963
Marcuse, Herbert: «Der eindimensionale Mensch», Neuwied und Berlin 1967
Maslow, A. M.: «Motivation and Personality», New York 1954
Materialsammlung IV zur Enquête über die Lage der Psychiatrie in der BRD; Bd. 17, 1974
Mayo, Elton: «Probleme industrieller Arbeitsbedingungen», Frankfurt 1950

McGregor, Douglas: «The Human Side of Enterprise», New York 1960
Mead, Margaret: «Cooperation and Competition Among Primitive Peoples», New York 1937
Meadows, Dennis: «Die Grenzen des Wachstums», Stuttgart 1972
Miller, Merle: «Offen gesagt – Harry S. Truman erzählt sein Leben», Stuttgart 1975
Milgram, Stanley: «Das Milgram-Experiment», Reinbek bei Hamburg 1975
Mitscherlich, Alexander: «Der Kampf um die Erinnerung», München 1975
Murdock, G. P.: «Our Primitive Contemporaries», New York 1934
Nance, John: «The gentle Tasaday», New York
Neill, A. S.: «Theorie und Praxis der antiautoritären Erziehung», Reinbek bei Hamburg 1969
Nes, Jan Pieter van: «Zur Problematik der Verwendung von Statussymbolen in der Organisation der Unternehmung», Dipl.-Arbeit, Gießen 1974
Nimmergut, Jörg: «Deutschland in Zahlen», München 1975
Perls, Frederick S.: «Gestalt-Therapie in Aktion», Stuttgart 1974
Plack, Arno: «Die Gesellschaft und das Böse», München 1967
Selye, Hans: «Stress beherrscht unser Leben», Düsseldorf 1957
Service, E. R.: «The Hutters», Englewood Cliffs, N. J., Prentice-Haff, 1966
Soumagne, Ludwig: «Möt angere Woert jedaht jedonn», Düsseldorf 1975
Trebesch, Karsten/Jäger, Dieter: «Analyse der Bedeutung und Verteilung von Status-Symbolen in bürokratischen Organisationen», in: Zeitschrift Kommunikation, Nr. 4/1971, S. 149, 163
Turnbull, C. M.: «Wayward Servants, or the Two Worlds of the African Pygmies», New York 1949
Weininger, Otto: «Geschlecht und Charakter», Wien–Leipzig 1920
Wright, Q.: «A Study of War», Chicago 1965

## *Empfohlene Literatur*

Bloomfield, Harold/Caine, Michael Peter: «TM-Transzendentale Meditation», Düsseldorf 1976. Einführung in die Methode und Leistungsfähigkeit der transzendentalen Meditation.
Eberlein, Gisela: «Gesund durch autogenes Training», Düsseldorf 1974. Gute praktische Einführung in die Entspannungstechnik des autogenen Trainings.
Fromm, Erich: «Der moderne Mensch und seine Zukunft», Frankfurt 1960. Einführung in die sozialpsychologischen Probleme, die wir zu bewältigen haben.

Harris, Thomas A.: «Ich bin o. k. Du bist o. k.», Reinbek bei Hamburg 1973. Hilfreiche Lektüre, um die mitmenschliche Kommunikation zu verstehen und zu verbessern.

Kirst, Werner/Dieckmeyer, Ulrich: «Creativitätstraining», Reinbek bei Hamburg 1974. Konkrete Übungsaufgaben erleichtern die Entfaltung der kreativen Fähigkeiten.

Mitscherlich, Alexander: «Der Kampf um die Erinnerung», München 1975. Einführung in die tiefenpsychologischen Probleme der Psychoanalyse.

Selye, Hans: «Stress beherscht unser Leben», Düsseldorf 1957. Viele wertvolle Informationen, um den Stress besser zu verstehen und mit ihm fertig zu werden.

## *Resonanzfragebogen*

Alle eingehenden Resonanzfragebogen werden vom Autor vertraulich behandelt und statistisch ausgewertet. Sie dienen der weiteren wissenschaftlichen Arbeit des Autors und geben Ihnen die Möglichkeit, Ihre Meinung zu sagen und Kritik zu üben.

1. Hat Ihnen die Lektüre des Buches geholfen, Ihre individuellen und sozialen Reaktionen besser zu durchschauen?
   ja teilweise nein

2. Über welchen Abwehrmechanismus hätten Sie gerne mehr Informationen gelesen?

   Identifizierung               Vermeidung
   Verdrängung                   Rationalisierung
   Projektion                    Betäubung
   Symptombildung                Abschirmung
   Verschiebung                  Ohnmachtserklärung
   Sublimierung                  Rollenspiel
   Reaktionsbildung              Gefühlspanzerung

3. Glauben Sie, dass Sie in Zukunft Ihre Abwehrmechanismen leichter durchschauen können?
   ja                teilweise        nein

4. Über welche Lebenslüge hätten Sie eine intensivere Aufklärung erwartet?
   Erste Lebenslüge: «Charakter ist wichtiger als Individualität.»
   Zweite Lebenslüge: «Der Mensch braucht Vorbilder und Ideale.»
   Dritte Lebenslüge. «Sicherheit geht vor. Freiheit führt zum Chaos.»
   Vierte Lebenslüge: «Jeder ist sich selbst der Nächste.»
   Fünfte Lebenslüge: «Die Menschen sind nicht gleich, es gibt Rang- und Wertunterschiede.»
   Sechste Lebenslüge: «Intelligenz ist wichtiger als Gefühl.»
   Siebte Lebenslüge: «Wer liebt, möchte besitzen.»
   Achte Lebenslüge: «Der Körper ist Mittel zum Zweck.»

5. Welche Lebenslüge ist nach Ihrer persönlichen Lebenserfahrung am schwierigsten zu überwinden?

6. Welche Probleme beschäftigen Sie besonders?
   o Anpassung an die Normen der Gesellschaft
   o Eigene und fremde Aggression
   o Angst
   o Eigener und fremder Egoismus
   o Geltungsstreben und Statusdenken
   o Gleichwertigkeit der Menschen
   o Rangordnung und Hierarchie
   o Entwicklung und Bewertung der Intelligenz
   o Gefühlspanzerung und Gefühlsbefreiung
   o Emanzipation
   o Humanisierung der Arbeitswelt
   o Sozialcharakter
   o Vorschläge zur Sozialtherapie
   o Psychotherapie
   o Selbstfindung
   o Eigene Vorschläge:

7. Welche Anregungen fanden Sie am interessantesten?
   Vorname:/Name:
   Straße:
   PLZ:/Ort:
   Beruf:/Alter:

Senden Sie den Fragebogen an: Peter Lauster, Usambarastr. 2, 50733 Köln

Das für dieses Buch verwendete FSC®-zertifizierte Papier
*Lux Cream* liefert Stora Enso, Finnland.